DER JENAER MALER

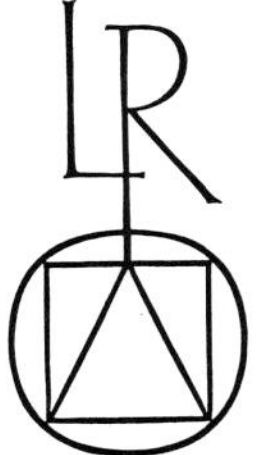

# DER JENAER MALER

## Eine Töpferwerkstatt im klassischen Athen

Fragmente attischer Trinkschalen der
Sammlung Antiker Kleinkunst der
Friedrich-Schiller-Universität Jena

Eine Ausstellung des Lehrstuhls für Klassische Archäologie
der Friedrich-Schiller-Universität Jena in Zusammenarbeit mit dem
Stadtmuseum Göhre in Jena

Stadtmuseum Göhre in Jena vom 11. 4. bis 26. 5. 1996

DR. LUDWIG REICHERT VERLAG · WIESBADEN

Herausgeber:
Lehrstuhl für Klassische Archäologie und Sammlung Antiker Kleinkunst der Friedrich-Schiller-Universität Jena

Konzeption:
Angelika Geyer, Günther Schörner und studentische Teilnehmer am ‚Ausstellungsworkshop'

Realisation und Organisation:
Angelika Geyer, Verena Paul-Zinserling, Günther Schörner sowie Mitarbeiter des Stadtmuseums Jena

Restaurierung:
A. Buhl, Martin-von-Wagner-Museum der Universität Würzburg; H. Storch, Friedrich-Schiller-Universität Jena

Photographien:
U. Thomas, Friedrich-Schiller-Universität Jena; K. Öhrlein, Martin-von-Wagner-Museum der Universität Würzburg; G. Pöhlein, Antikensammlung der Universität Erlangen

Redaktionelle Betreuung:
Hadwiga Meschederu, Günther Schörner

Leihgeber:
Martin-von-Wagner-Museum der Universität Würzburg
Antikensammlung der Universität Erlangen
Schloßmuseum Gotha
Archäologisches Museum der Universität Heidelberg

Die Drucklegung des Kataloges sowie der Begleitmaterialien wurde gefördert durch:
Gesellschaft der Freunde und Förderer der Friedrich-Schiller-Universität Jena
Thüringer Ministerium für Wissenschaft, Forschung und Kultur
PROGAS GmbH & CO KG, Dortmund

Die Deutsche Bibliothek – CIP-Einheitsaufnahme
Der **Jenaer Maler** : eine Töpferwerkstatt im klassischen Athen ; Fragmente attischer Trinkschalen aus dem Besitz der Friedrich-Schiller-Universität Jena ; eine Ausstellung des Lehrstuhls für Klassische Archäologie der Friedrich-Schiller-Universität Jena in Zusammenarbeit mit dem Stadtmuseum Jena ; Stadtmuseum Jena vom 11. 4. bis 26. 5. 1996 / [Hrsg.: Lehrstuhl für Klassische Archäologie Jena und Sammlung Antiker Kleinkunst der Friedrich-Schiller-Universität Jena. Konzeption: Angelika Geyer … Photogr.: U. Thomas]. – Wiesbaden : Reichert, 1996
ISBN 3-88226-864-6
NE: Geyer, Angelika [Hrsg.]; Universität <Jena> / Lehrstuhl für Klassische Archäologie; Stadtmuseum <Jena>


Gesamtherstellung: MZ-Verlagsdruckerei GmbH, Memmingen
Printed in Germany
Gedruckt auf alterungsbeständigem Papier mit neutralem ph-Wert

*»Zu guter Letzt habe ich noch Schererei mit der Douane; ich kaufte in einem Hause von Athen für fünf Taler Vasenscherben, weil mehreres darunter war, was gut gezeichnet schien, und weil es mir interessant war, von echt attischen Töpfen etwas zu haben – Gott verzeihe mir die Dummheit! – ... und doch ist die Sache für unser kleines Museum von Wert...«*

Brief C. W. Goettlings vom 22./25. Mai 1852 aus Athen
(UB Jena Ms Prov. q 95/61f.)

# Inhaltsverzeichnis

# Vorwort

Die Eröffnung der in diesem Katalog dokumentierten Ausstellung fällt zeitlich mit dem in Jena tagenden Kongreß des Deutschen Altphilologenverbandes zusammen – eine bewußt gewählte Koinzidenz, die an ein 150 Jahre zurückliegendes Ereignis erinnern soll, nämlich die feierliche Einweihung des Archäologischen Museums der Universität Jena aus Anlaß der damals gleichfalls in Jena stattfindenden IX. Philologenversammlung (Altphilologen und Orientalisten) im Jahre 1846.

Das Archäologische Museum wurde 1962 mit der Schließung der letzten Ausstellungsräume im Universitätshauptgebäude und der Überführung der monumentalen Abgußsammlung antiker Skulptur zunächst nach Schloß Sondershausen, später nach Berlin, als Einrichtung aufgelöst. Die in Jena verbliebene Kollektion meist kleinformatiger antiker Originale – heute Sammlung Antiker Kleinkunst – umfaßt gleichwohl einen Komplex griechischer Keramik, der der Jenaer Antikensammlung in der archäologischen Forschung unseres Jahrhunderts zu Ruhm verhalf: Es handelt sich hierbei um einen Fund bemalter Trinkschalen, der 1852 in Athen für das Archäologische Museum in Jena erworben wurde und wohl als ‚Inventar' einer athenischen Töpferwerkstatt des frühen vierten Jahrhunderts v. Chr. zu interpretieren ist. Benannt nach dem Aufbewahrungsort Jena und dem führenden Dekorateur (Maler) dieser Gefäße ging der Fundkomplex unter der Bezeichnung ‚Werkstatt des Jenaer Malers' in die Keramikforschung ein.

Die Ausstellung führt erstmals das gesamte Material aus dem Ankauf von 1852 einer breiten Öffentlichkeit vor und verfolgt dabei das Ziel, über die museal-ästhetische Präsentation hinaus wesentliche Bedingungen und Aspekte griechischer Keramikproduktion – Technik, Werkstattorganisation, Handel, Funktion der Gefäße, Themen ihrer Dekoration –, also ihren ‚Sitz im Leben' zu veranschaulichen.

Zugleich stellt sie einen ersten Schritt zur Reaktivierung der klassisch-archäologischen Sammlungen der Friedrich-Schiller-Universität und somit zu deren Rückkehr ins öffentliche Bewußtsein dar, begleitet von der Hoffnung auf eine räumliche wie materielle Wiedergewinnung und Neuinstallierung des Archäologischen Museums der Universität.

Der im Einzelfall unübersehbare experimentelle Charakter des Ausstellungsprojektes spiegelt die Art des Zustandekommens: Konzept und Realisierung sowohl des Katalogs wie der musealen Präsentation wurden mit ausdauernd engagierten Studierenden des Faches Klassische Archäologie im Rahmen eines mehrsemestrigen Workshops erarbeitet – Studierende, die entschieden die mit dem Besitz universitätseigener archäologischer Sammlungen gegebene Chance zum konkreten Einstieg in Theorie und Praxis ihres Faches nutzten.

Für das Zustandekommen von Ausstellung und Katalog habe ich vielen zu danken: Dem Leiter des Stadtmuseums, H. Nowak, der die Idee dieser Ausstellung begeistert aufgriff und ihre räumliche wie technische Realisierung ermöglichte, E. Simon, U. Sinn, I. Wehgartner (Universität Würzburg), P. Kranz, M. Boss (Universität Erlangen), B. Schäfer, U. Wallenstein (Schloßmuseum Gotha) und T. Hölscher, H. Pflug (Universität Heidelberg), die durch bereitwillige Überlassung eigener Sammlungsobjekte die Jenaer Ausstellung entscheidend bereicherten.

Die Drucklegung des Katalogs sowie der Begleitmaterialien verdanken wir der großzügigen finanziellen

Unterstützung durch die Freunde und Förderer der Friedrich-Schiller-Universität Jena, das Thüringer Ministerium für Wissenschaft, Forschung und Kultur sowie durch die Progas GmbH & CO KG Dortmund. Für umsichtige Durchführung des Katalogdrucks gilt unser Dank Ursula Reichert, Dr.-Ludwig-Reichert-Verlag Wiesbaden, für geduldige Plakat- und Infoblattgestaltung B. Adam, Jena.

Jena, im April 1996 *Angelika Geyer*

# Abkürzungsverzeichnis

Außer den in der Archäologischen Bibliographie 1993 und dem Archäologischen Anzeiger 1992 verwendeten Abkürzungen gelten die folgenden:

| | |
|---|---|
| Beazley, ARV | J.D. Beazley, Attic red-figure vase painters (1942). |
| Beazley, ARV$^2$ | J.D. Beazley, Attic red-figure vase painters (1963$^2$). |
| Hahland, Meidias | W. Hahland, Vasen um Meidias (1930). |
| Hahland, Studien | W. Hahland, Studien zur attischen Vasenmalerei um 400 v. Chr. (1931). |
| Kunst der Schale | K. Vierneisel – B. Kaeser (Hrsg.), Kunst der Schale – Kultur des Trinkens. Ausstellung Antikensammlungen München 1990 (1990). |
| Paul-Zinserling, Jena-Maler | V. Paul-Zinserling, Der Jena-Maler und sein Kreis. Zur Ikonologie einer Schalenwerkstatt um 400 v. Chr. (1994). |
| Paul-Zinserling, SAK | V. Paul-Zinserling, Sammlung Antiker Kleinkunst der Friedrich-Schiller-Universität Jena (1981). |
| Schefold, Kertscher Vasen | K. Schefold, Kertscher Vasen (1930). |
| Scheibler, Töpferkunst | I. Scheibler, Griechische Töpferkunst (1995$^2$). |
| Simon, Vasen | E. Simon – M. und A. Hirmer, Die griechischen Vasen (1976). |

weitere Abkürzungen:

| | |
|---|---|
| A bzw. B | Außenseiten A bzw. B der Vasen, besonders der Schalen |
| Dm. | größter Durchmesser |
| I | Innenseite der Schalen |
| SAK | Sammlung Antiker Kleinkunst der Friedrich-Schiller-Universität Jena |

*Kursiv* gesetzte Wörter sind in einem Glossar am Ende erklärt.

# Carl Wilhelm Goettling und der Erwerb des Fundkomplexes

Die Mehrzahl der ausgestellten Stücke stammt aus einem einzigen Fund. Seinen Erwerb verdanken wir dem Initiator der Jenaer Antikensammlung Carl Wilhelm Goettling[1], der damit die Grundlage für diese Ausstellung schuf (Abb. 1).

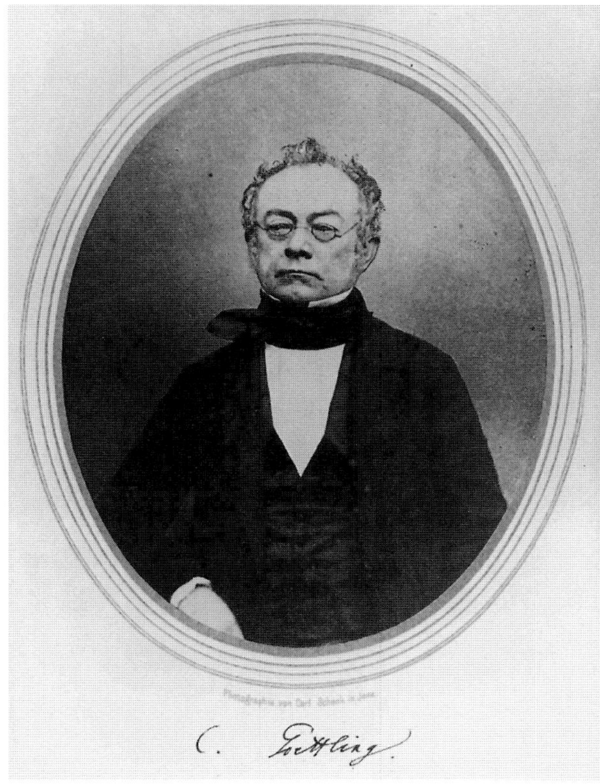

Abb. 1: Carl Wilhelm Goettling (1858)

Carl Wilhelm Goettling kam am 19. Januar 1793 als Sohn von Sophie Christiane Goettling, geb. Schultze, und des von Goethe seinerzeit geförderten Chemikers Johann Friedrich August Goettling in Jena zur Welt.

Im Anschluß an die dreijährige Gymnasialausbildung in Weimar studierte er seit 1811 in Jena Philologie. Als Soldat im Weimarischen Freiwilligen-Corps der Reitenden Jäger nahm er am Feldzug gegen Frankreich 1814 teil. Nach seiner Heimkehr erhielt er am 22. Mai des gleichen Jahres das Diplom eines „doctoris philosophiae honoris causa" in Jena und setzte seine Studien in Berlin fort. Eine erste kleine Schrift „Über das Geschichtliche im Nibelungenliede" erschien 1814 in Rudolstadt. Zwei Jahre später lehrte Goettling dort auch am Gymnasium. Erstes Ergebnis altphilologischer Studien war die „Lehre vom Accent der griechischen Sprache" (Rudolstadt 1818). Ostern 1819 übernahm er das Direktorat des gerade gegründeten Gymnasiums im rheinländischen Neuwied. Da er den finanziellen und konzeptionellen Problemen nicht gewachsen war, erfolgte nach vierundzwanzig Monaten die erbetene Entlassung[2]. Der Ernennung zum außerordentlichen Professor der Philologie in Jena (1822) ging ein mehrmonatiger Paris-Aufenthalt zu Studienzwecken voraus.

Zu dieser Zeit gelang es Goettling, Beziehungen mit Goethe zu knüpfen, indem er 1824 dem Dichter seine Ausgabe der Aristotelischen Politeia widmete. Goethe ermöglichte als Weimarer Minister der „Großherzoglichen Oberaufsicht über die unmittelbaren Anstalten für Wissenschaft und Kunst" die Ernennung Goettlings zum Universitätsbibliothekar[3] und Mitdirektor des Philologischen Seminars 1826. In den gleichen Zeitraum fällt die Revision und Korrektur der Werke Goethes durch Goettling. Ein recht umfangreicher Briefwechsel beider zeugt von ähnlicher Begeisterung für die Klassische Antike[4]. Finanzielle Zuwendungen und Empfehlungsbriefe Goethes ebneten den Weg für die Goettling prägende Italienreise 1828. Der Altphilologe stand nun den archäologischen Hinterlassenschaften antiker Kultur gegenüber, die ihm bisher fast nur vom Schreibtisch bekannt waren. Johann Peter Eckermann überliefert eine Aussage des soeben nach Deutschland zurückgekehrten Goettling: »Nach Rom müssen Sie, um etwas zu werden! – Alles, was in unserer Natur Kleines ist, kann in Deutschland nicht herausgebracht werden. Aber sobald wir in Rom eintreten, geht eine Umwandlung mit uns vor, und wir fühlen uns groß wie die Umgebung«[5].

Diese Reise weckte in ihm den Wunsch, für die Universität sowie die Stadt Jena ein archäologisches Museum einzurichten. Diesmal jedoch versagten die Beziehungen zum Minister Goethe, der das Vorhaben mit Blick auf die Kosten abschlug. 1829 wurde Goettling ordentlicher Honorarprofessor und Beisitzer in der Philosophischen Fakultät mit Platz und Stimme im Senat, 1831 ordentlicher Professor. In diesem Jahr erschienen auch seine Bearbeitungen der Werke Hesiods. Trotz intensiver Beanspruchung durch Lehrtätigkeit, akademische Ämter, vor allem durch die Leitung der Universitätsbibliothek und Veröffentlichung der „Allgemeinen Lehre vom Accent der griechischen Sprache" (Jena 1835) sowie der „Geschichte der römischen Staatsverfassung von Erbauung der Stadt bis zu Caesars Tod" (Halle 1840), verzichtete Goettling nicht auf Studienreisen. Der erste Griechenlandaufenthalt im Jahr 1840 bestärkte seinen Wunsch hinsichtlich eines archäologischen Museums. Er wandte sich an den Mitvorsteher des Instituto di Corrispondenza Archeologica (heute: Deutsches Archäologisches Institut) in Rom, Emil Braun. Der befreundete Archäologe half bei der Vermittlung einer größeren Schenkung, die der Herzog Joseph von Sachsen-Altenburg finanzierte. Neben zahlreichen Gipsabgüssen gelangten so originale griechische Vasen und Terrakotten aus der umfangreichen Sammlung des römischen Marchese Campana nach Jena und wurden zum Grundstock des Museums[6]. Dreizehn Jahre nach Goethes Tod erhielt Goettling 1845 vom Weimarer Hof die Zusage für die Einrichtung eines archäologischen Museums, das im darauffolgenden Jahr aus Anlaß der in Jena stattfindenden Neunten Philologenversammlung eröffnet wurde.

Das Museum war eine Stiftung und unterstand somit dem Weimarer Staatsministerium Departement Auswärtige Angelegenheiten mit der „Großherzoglichen Oberaufsicht über die unmittelbaren Anstalten für Wissenschaft und Kunst" als Kontrollorgan. Ein Jahresetat von 50 Talern wurde bewilligt. Wie an anderen Universitäten auch sollte das Museum vorrangig Gipsabgußsammlung antiker Statuen und Reliefs sein[7]. Zu größeren Ankäufen reichte der geringe Etat nicht aus: So kostete beispielsweise der Abguß des Apollon vom Belvedere 72,13 Taler. Goettling, der 1842 den Titel „Geheimer Hofrat" von der Weimarer Regierung erhalten hatte, gründete deshalb einen Archäologischen Verein. Mit dessen Hilfe rief er im Winter 1845/46 die sogenannten Rosenvorlesungen ins Leben. Sie sollten noch bis in die zwanziger Jahre des 20. Jahrhunderts in Jenas akademischen Rosensälen stattfinden. Wissenschaftler der Universität hielten öffentliche Vorträge, deren Einnahmen einen Großteil der Museumskosten deckten. Hinzu kamen Geldspenden und Schenkungen, unter anderem elf Gipsabgüsse von Antiken des Berliner Museums von König Friedrich Wilhelm IV. von Preußen, da Goettling mit dem Generaldirektor der Königlichen Museen Ignaz Franz Werner Maria von Olfers befreundet war. Goettlings Initiative gelang es, ein ansehnliches archäologisches Museum zu gestalten. Als erster Direktor verfaßte er ein Sammlungsverzeichnis, „Das archäologische Museum der Universität Jena" (Jena 1846). Während hier nur 70 Objekte katalogisiert wurden, hatte das Museum 1865 schon einen Bestand von 557 Stücken. Goettling, mittlerweile Professor für griechische Sprache und Professor der Beredsamkeit, unternahm 1852 eine zweite Griechenlandreise. Der Philologe Ludwig Preller und der Kunsthistoriker Hermann Hettner begleiteten ihn[8].

Die Jenaer Schalenfragmente für das Archäologische Museum kaufte Goettling während des Aufenthaltes in Athen.

Neunmal war Goettling während seines achtundvierzigjährigen Wirkens als Universitätslehrer Dekan der Philosophischen Fakultät, viermal Prorektor der Universität. Rufe anderer deutscher Universitäten lehnte er zugunsten Jenas ab. Seine Lehrtätigkeit bezog sich auf den gesamten Bereich der Altertumswissenschaften[9]: Neben Vorlesungen über griechische und lateinische Grammatik, griechische und römische Literaturgeschichte, klassische Autoren alter Sprachen finden sich solche über Mythologie und Archäologie, letztere vor allem anhand der Abgußsammlung. Seine Vielseitigkeit in den Alten Wissenschaften spiegelt sich auch in den späteren Publikationen wider. Besonders die „Gesammelten Abhandlungen aus dem Klassischen Alterthum“ (I. Bd. Halle 1851, 2. Bd. München 1863) und die nach seinem Tod erschienenen „Opuscula academica“ (Leipzig 1869) enthalten verschiedenste Beiträge zu Grammatik, Literatur, Philosophie, Kunst, Epigraphik, Geographie, Geschichte und Politik der Antike.

Goettlings Beliebtheit beruhte auf seinen breitgefächerten Interessen, seinem außergewöhnlichen Engagement, seiner Fähigkeit zum Begeistern anderer und nicht zuletzt auf seinem Humor. 1864 ließ der Großherzog Carl Alexander eine vom Berliner Bildhauer Johann Friedrich Drake geschaffene Gipsbüste Goettlings in Marmor wiederholen und zu seinen Ehren im Archäologischen Museum aufstellen. Carl Wilhelm Goettling genoß bis zu seinem Tod am 20. Januar 1869 als herausragende Persönlichkeit der Universität allgemeine respektvolle Anerkennung und fand seine letzte Ruhestätte auf dem Alten Friedhof an der Friedenskirche in Jena (Abb. 2).

Kern der Ausstellung sind jene Schalenfragmente, die Goettling auf seiner zweiten Griechenlandreise 1852 für das Jenaer Archäologische Museum erwarb. Die Scherben des später sogenannten Jenaer Malers (man benennt das Werk eines unbekannten Vasenmalers oft nach dem Hauptaufbewahrungsort) fanden zwar kurze Erwähnung in der dritten Auflage des Museumsverzeichnisses, wurden aber nicht katalogisiert[10]. Versucht man Licht in die Fundumstände zu bringen, wird deutlich, daß der umgebende Nebel aus heutiger Sicht undurchdringbar ist. Die Stücke kamen 1852 beim Neubau eines Hauses in der Hermesstraße in Athen zutage. Ein Interesse, Situation und Umstände näher zu erhellen, bestand seitens der Käufer nicht und war bei den damaligen philologisch ausgerichteten Altertumsforschern auch nicht zu erwarten. Die ausführlichsten Äußerungen finden sich bei Ludwig Preller[11]. Von ihm erfahren wir, daß Teile des Fundes schon vorher zum Verkauf gelangten und er einige Scherben, die heute verschollen sind, für sich erwarb. Alle weiteren noch vor Ort befindlichen

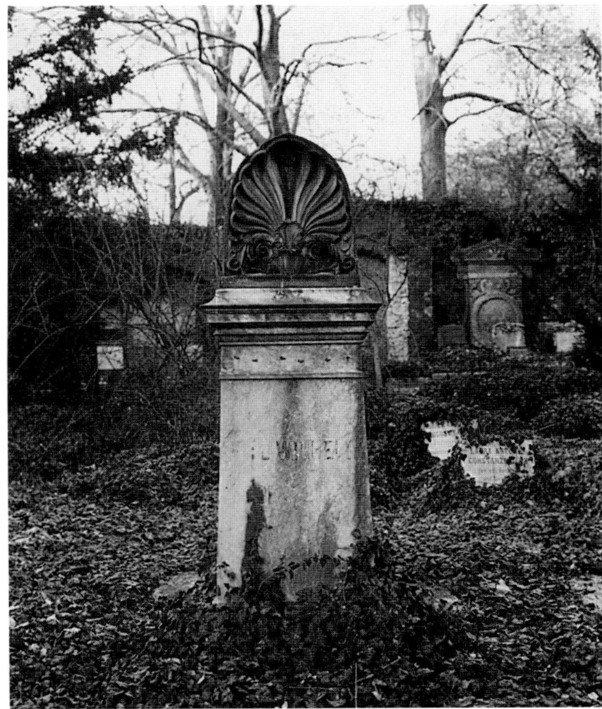

Abb. 2: Grabmal Goettlings auf dem Alten Friedhof in Jena

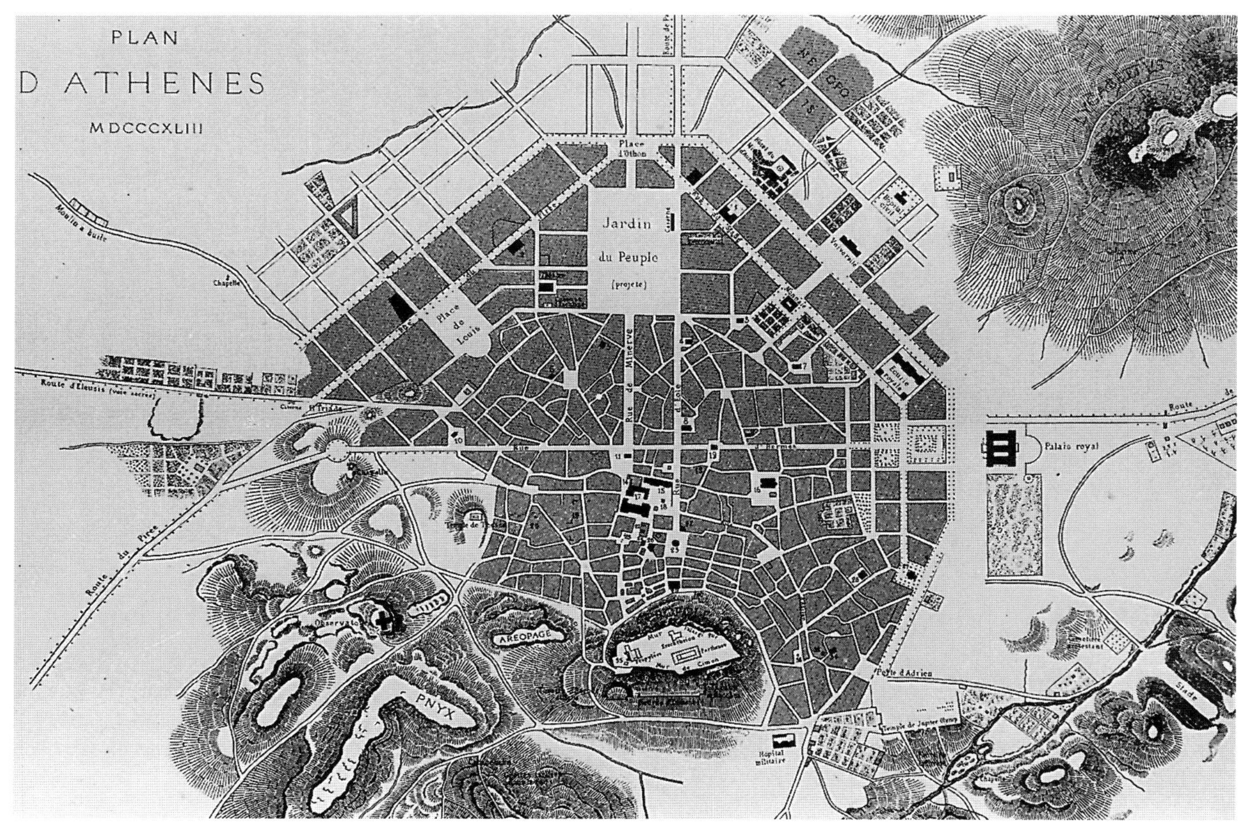


Abb. 3: Plan Athens aus dem Jahr 1843 mit der Hermesstraße als zentraler Ost-West-Achse.

Stücke kaufte Goettling für das Jenaer Museum. Der Ankauf besteht sowohl aus rotfigurig bemaltem Material als auch aus solchen Fragmenten, die ausschließlich mit einer gemalten Efeuranke und eingeprägtem Ornament geschmückt sind.

Trotz fehlender Dokumentation lassen sich dennoch weiterführende Aussagen zum Fund aufgrund der topographischen Situation treffen: Die Hermesstraße (Abb. 3) verläuft durch den antiken Stadtteil „Kerameikos", der diesen Namen nach dem dort befindlichen Töpferviertel trägt (gr.: κεραμεύς, kerameús; dt. Töpfer)[12].

Pausanias erwähnt die mythologischen Zusammenhänge: »Die Örtlichkeit Kerameikos hat ihren Namen von dem Heros Keramos, der ebenfalls ein Sohn des Dionysos und der Ariadne gewesen sein soll«[13]. Aufgrund seiner Lokalisierung stammt der Fund also wohl aus der Werkstätte oder dem Warenlager eines Töpfers.

Der Kerameikos erstreckte sich im Nordwesten des

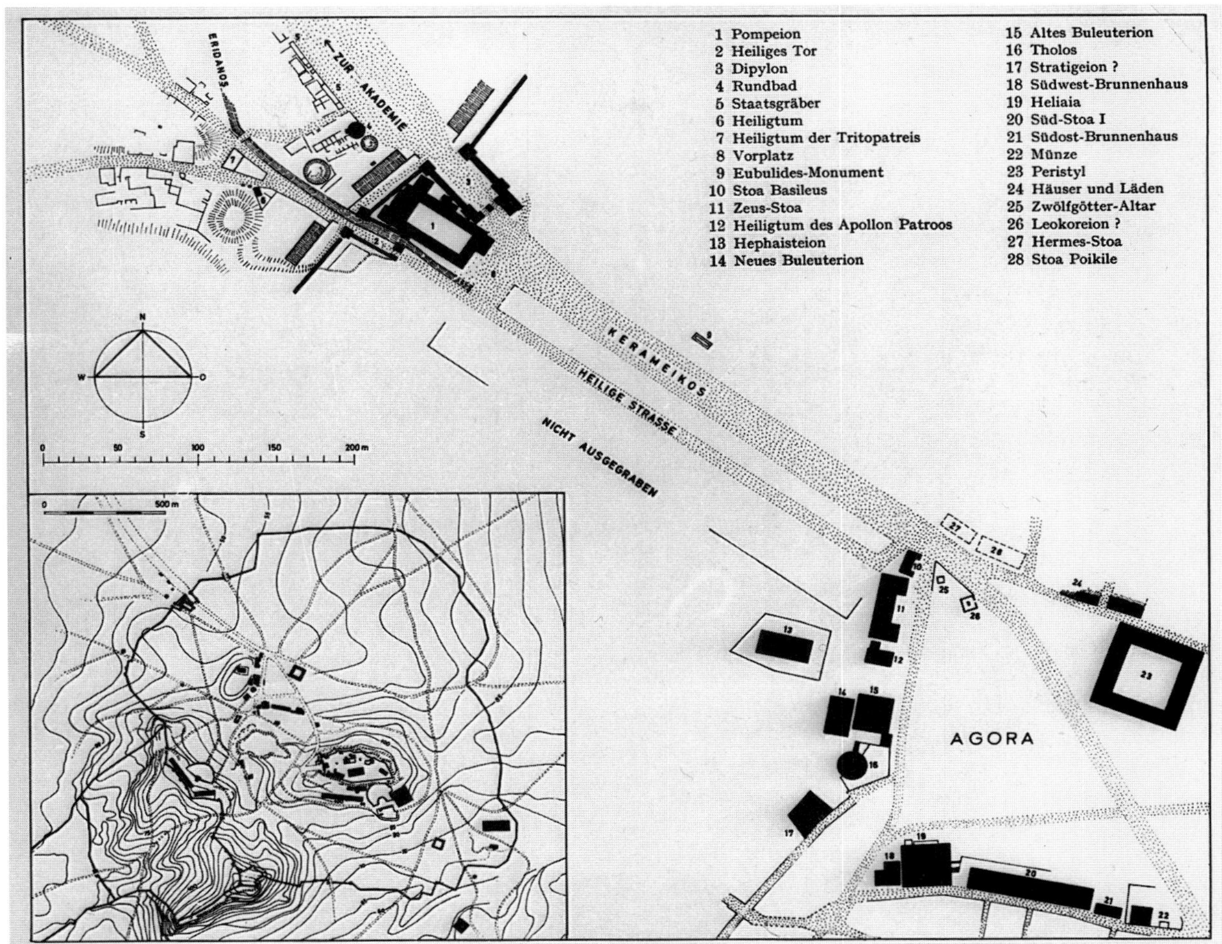

Abb. 4: Lageplan des Kerameikos und der Agora im antiken Athen (4. Jh. v. Chr.)

antiken Athen, einschließlich des nördlichen Teiles der Agora, des Marktplatzes (Abb. 4). Schon im frühen 5. Jh. v. Chr. erfolgte die Zweiteilung in einen inneren und einen äußeren Kerameikos durch die Stadtmauer. Ihren Bau veranlaßte der athenische Staatsmann Themistokles, unter dessen Führung die griechische Flotte die Perser 480 v. Chr. bei Salamis bezwang. Die 1863 einsetzenden Ausgrabungen beschränken sich bis heute hauptsächlich auf die Befestigungsanlagen und den äußeren Kerameikos, der in antiker Zeit als Friedhof Athens diente. Auf der Grundlage antiker literarischer Quellen wurde das größte Stadttor, das sogenannte Dipylon (Abb. 4, 3), sowie das nur wenig südlich gelegene Heilige Tor (Abb. 4, 2) ergraben[14]. Vom Dipylon führte die Prozession der Großen Panathenäen, die alle vier Jahre als Hauptfest zu Ehren der Stadtgöttin Athena gefeiert wurden, über die Agora zur *Akropolis*. Zwischen beiden Toren befand sich das sogenannte Pompeion (Abb. 4, 1). Dieses um 400 v. Chr. errichtete Gebäude, bestehend aus Säulenhallen, die einen rechteckigen Hof allseitig umgaben, diente zur Vorbereitung der Festlichkeiten. Den vorgelagerten Torbau des Pompeion konnte der schiffsförmige Wagen passieren, der den Hauptgegenstand des Festzuges, das von Jungfrauen gewebte Gewand für das Kultbild der Athena Polias auf der Akropolis anstelle eines Segels am Mast trug[15]. An die Säulenhallen schlossen sich Bankettráume an. Nach der Prozession begaben sich die Honoratioren der Stadt dorthin zum Festmahl, bei dem das Fleisch des Großen Opfers verzehrt wurde[16]. Es ist gut möglich, daß bei diesem Bankett auch Schalen des Jenaer Malers verwendet wurden. Das für das Volk bestimmte Fleisch wurde zwischen eigens errichteten Festbuden im Hof des Dipylon verteilt[17]. Ein inschriftlich erhaltener Volksbeschluß aus dem Jahr 335/34 v. Chr. gibt darüber Aufschluß[18]: »...Wenn sie der Stadtgöttin und der Athena Nike geopfert haben, sollen sie das Fleisch von allen Kühen, die von den einundvierzig *Minas* gekauft wurden, an das Volk Athens im Kerameikos verteilen wie bei den anderen Fleischverteilungen«[19]. Weitaus weniger wissen wir über den inneren Kerameikos, wo man den Fund der Schalenfragmente lokalisieren muß, da dieser Teil des antiken Athen unter der modernen Stadt ruht. Daß es sich dabei um das Töpferviertel handelte, wurde durch Ergrabung einiger Töpferöfen in der Nähe der Tore belegt.

Die auf dem Gelände des Kerameikos in Athen erworbenen Stücke des Jenaer Malers sowie weitere erstrangige Vasen bilden das Herz der Sammlung antiker Kleinkunst der Friedrich-Schiller-Universität. Solange das Archäologische Museum bestand, führten diese Originale ein wenig beachtetes Dasein im Schatten der Gipsabgüsse antiker Statuen und Reliefs. Ihnen waren die Ausstellungsräume im Jenaer Schloß und im an seiner Stelle nach Plänen Theodor Fischers von 1904 bis 1908 errichteten Universitätshauptgebäude gewidmet[20]. In diesem Bau nahm das Museum (Abb. 5) den Südostflügel mit dem monumentalen Erdgeschoßsaal (Abb. 6) als drittem großen Repräsentationsraum neben Aula und Senatssaal ein.

Die Originale waren in Nebenräumen aufgestellt, die für Besucher, insofern sie um die Existenz dieser Stücke wußten, auf Verlangen zugänglich waren. Ab 1936 befand sich das Archäologische Institut, das zu-

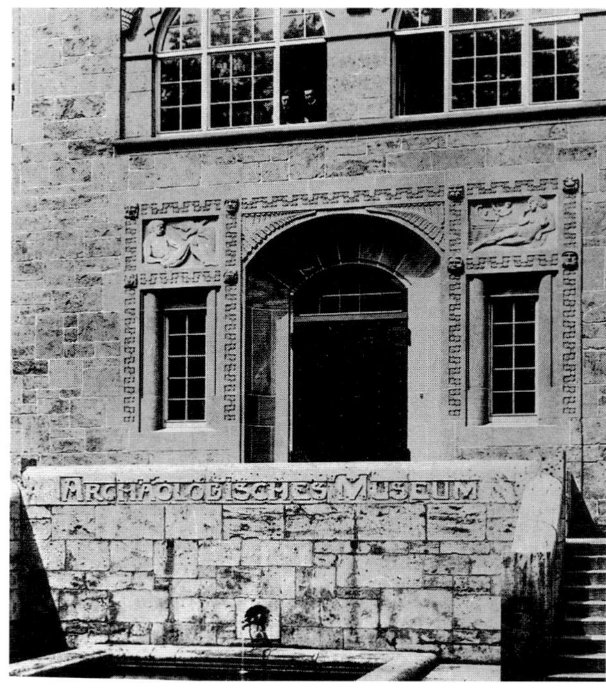


Abb. 5: Portal des Archäologischen Museums am Südostflügel des Jenaer Universitätshauptgebäudes.

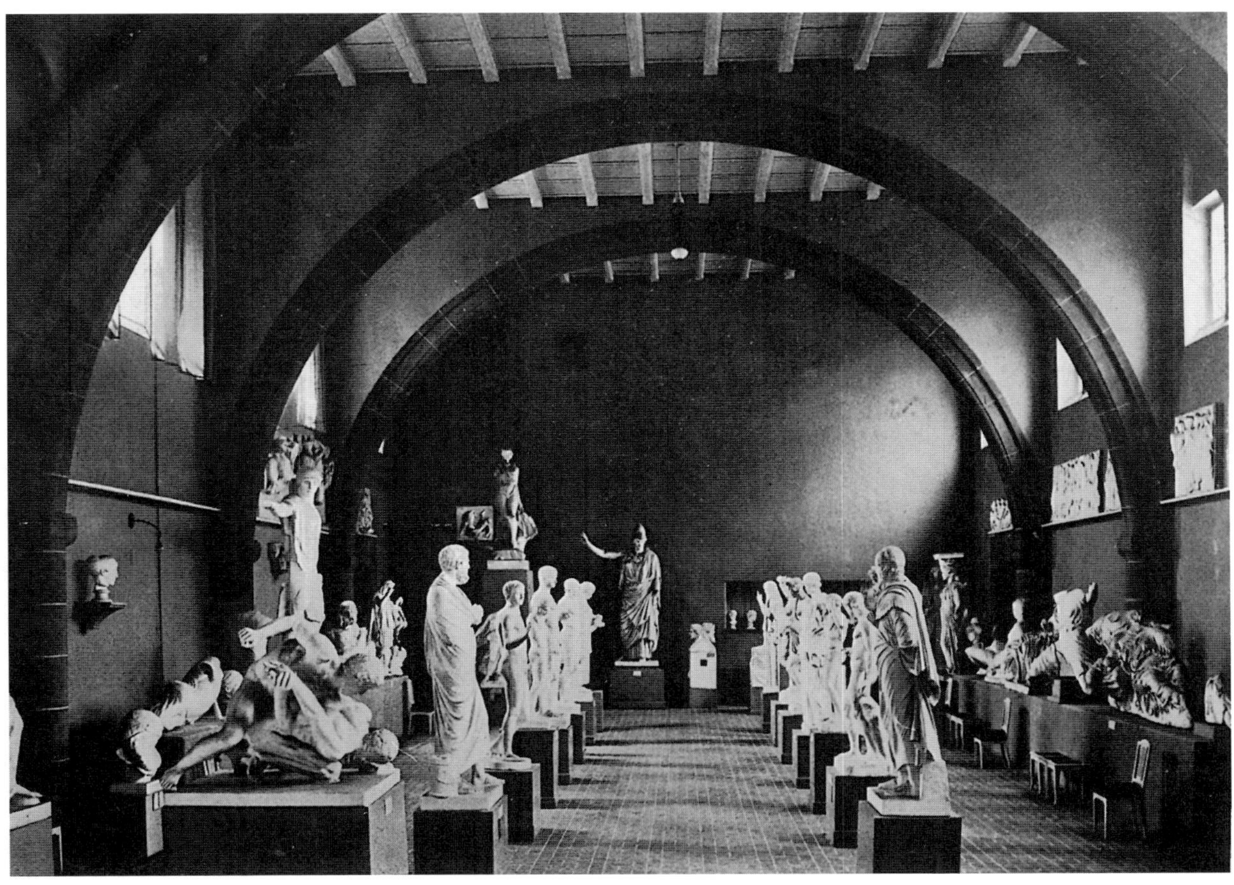

Abb. 6: Der Erdgeschoßsaal des Archäologischen Museums

vor an das Museum gekoppelt war, in einem Gebäude am Löbdergraben. Die ,Kleinkunst', so auch die Vasensammlung, folgte diesem Umzug allmählich. Im Zweiten Weltkrieg wurden viele Gipsabgüsse und Vasen beschädigt. Nach Restaurationsarbeiten konnte das Archäologische Museum 1950 als Abgußsammlung wiedereröffnet werden. Die Originalsammlung hingegen wurde im Archäologischen Institut neu aufgestellt und konnte bis 1969 nach Absprache besichtigt werden. Danach kam es zur Magazinierung der Sammlung. Während sich die ,Kleinkunst' also noch heute in Jena befindet, wurden die Abgüsse 1962 aus Platzgründen ausgelagert, zunächst dem Schloßmuseum Sondershausen als Leihgabe übertragen, und gelangten 1983 in die Magazine des Berliner Pergamonmuseums.

Ungeachtet der fehlenden musealen Präsentation kann man jedoch nicht von mangelnder Wertschätzung der Originalsammlung zur Zeit Goettlings sprechen. Dies läßt eine die Stücke des Jenaer Malers betreffende Äußerung Ludwig Prellers deutlich werden: »Unter den mir zugefallenen sind noch mehrere von sehr schöner und feiner Zeichnung und Ausführung, wie sich die attische Vasenmalerei denn überhaupt auf diesen Scherben in einer seltenen Vollendung und mit einem solchen Raffinement zeigt, wie es nur nach langer und anhaltender Übung gewonnen werden konnte«[21].

Allerdings erweckten die Schalenfragmente erst in unserem Jahrhundert vermehrt die Aufmerksamkeit der Forschung. Hier sind vor allem John D. Beazley, dessen Werke noch heute die Grundlage jeglicher Vasenforschung bilden, und Walter Hahland zu nennen. Letzterer folgte 1936 einem Ruf nach Jena und rückte mit „Vasen um Meidias" (Berlin 1930) und der Promotionsschrift „Studien zur attischen Vasenmalerei um 400 vor Christus" (Marburg 1931) den Maler der Jenaer Schalen in den Mittelpunkt wissenschaftlicher Betrachtungen.

1 Zur Biographie: Allgemeine Deutsche Biographie 9 (1879) 487-489 s.v. Goettling, Karl Wilhelm (Bursian). – G. Goetz, Zeitschrift des Vereins für Thüringische Geschichte und Altertumskunde, N.F. Beih. 12, 1, 1928, 50-67; Foto Goettlings mit Kurzbiographie: V. Wahl, Das Fotoalbum der akademischen Senatsmitglieder von 1858 (1983) 80f.; vgl. demnächst H. Richter, Zur Geschichte des Archäologischen Museums der Universität Jena 1846 bis 1962 (unveröffentl. Magisterarbeit Jena 1996).

2 G. Wendt, Preußische Jahrbücher 47, H. 2, 1881, 135.

3 Zur Leitung der Universitätsbibliothek: K. Bulling, „Wer bewahret und erhält...". C. W. Goettling und die Jenaer Universitätsbibliothek zwischen Stagnation und Fortschritt (1983).

4 K. Fischer, Briefwechsel zwischen Goethe und C. W. Goettling (1880).

5 Gespräch vom 8. Oktober 1828: J. P. Eckermann, Gespräche mit Goethe in den letzten Jahren seines Lebens (1984) 247.

6 Zur Sammlung Campana: C. B. Stark, Archäologie der Kunst 1 (1880) 302. 304.

7 So dem Anfang eines Briefes von Goettling an „Großherzogl. S. Oberaufsicht" vom 28. Juli 1849 zu entnehmen, wiedergegeben bei Paul-Zinserling, SAK 8ff.

8 Zur Reise allgemein: H. Hettner, Griechische Reiseskizzen (1853).

9 G. Lothholz in: Programm des Königlichen und Gröningschen Gymnasiums zu Stargard in Pommern (1887) 1-33.

10 C. W. Goettling, Das Archäologische Museum der Universität Jena ($1854^3$) 34.

11 L. Preller, BerVerhLeipzig 7, 1855, 23.

12 Zum Kerameikos: U. Knigge, Der Kerameikos von Athen. Führung durch Ausgrabungen und Geschichte (1988); zu Verlauf und Bebauung der Hermesstraße von 1843-1858 vgl. Pläne in: A. Papageorgiou-Venetas, Hauptstadt Athen. Ein Stadtgedanke des Klassizismus (1994) Abb. 138-142; unbebautes Gebiet im Bereich der später dort verlaufenden Hermesstraße bei: F. Stademann, Panorama von Athen (1841) Bl. 9.

13 Paus. I 3, 1 (in der Übersetzung von E. Meyer, Pausanias' Beschreibung Griechenlands [1954] 58).

14 Angabe der wesentlichen Quellen bei Knigge a. O. 8ff. 34ff. – dies., AW 4, 1973, 2ff. – Travlos, Athen 299ff. s. v. Kerameikos.

15 W. Hoepfner, Das Pompeion und seine Nachfolgebauten. Kerameikos. Ergebnisse der Ausgrabungen X (1976) 126.

16 Hoepfner a. O. 127.

17 ebenda.

18 Dittenberger, $Syll.^3$ Nr. 271. – IG II/III Nr. 334; zur Interpretation: Hoepfner a. O. 127.

19 H. W. Parke, Athenische Feste (1987) 68.

20 G. Keyssner in: Theodor Fischer. Öffentliche Bauten (1922) 1ff.

21 Preller a. O. 23.

*Ronald Hirte / Torsten Kleinschmidt*

# Technische Aspekte der antiken Vasenherstellung

## Gebrauchskeramik und figürlich dekorierte Keramik

Zu den ältesten Zeugnissen vergangener Kulturen gehört die Keramik. Voraussetzung für ihre Herstellung bildete die Entdeckung plastisch verformbarer Tonerden, die nach dem Trocknen (bzw. Brennen) hart und wasserundurchlässig waren. Der gut gebrannte Ton ist ein sehr billiges Material, das in allen Bereichen des Alltags verwendet wurde. Es ließen sich Gefäße und Behälter für Wasser oder auch Wein, Dachziegel und vieles andere daraus herstellen. Der Schritt von der alltäglich benutzten Keramik zum künstlerisch gestalteten Objekt wurde bald getan, wobei es immer parallel die etwas gröbere sog. Gebrauchskeramik gab.

In Griechenland spielte besonders die feine, figürlich dekorierte Keramik eine hervorragende Rolle[1]. Viele der politisch selbständigen *Poleis* besaßen eigene Töpfereibetriebe, in denen sich ein eigener Stil entfalten konnte.

Korinth war um das Jahr 700 v. Chr. das Zentrum der schwarzfigurigen Vasenmalerei. Die korinthischen Töpfer kamen mit Gefäßen aus dem Orient – die wohl aus Elfenbein oder Metall bestanden und somit Luxusgüter waren – in Berührung. Man kopierte sie als Tongefäße, exportierte diese in andere Poleis, auch nach Athen. Die in Korinth produzierte Keramik (Kat. 34) war vielfarbig und für die Technik des attischen Töpfers vorbildhaft. Später, ungefähr in der Zeit ab der Mitte des 6. Jhs. v. Chr., begannen die Künstler aus Athen die Führungsposition in der Gestaltung schwarzfiguriger Vasen zu übernehmen, vielleicht weil sie sich mehr der erzählenden statt der ornamentalen Dekoration bedienten[2]. Desweiteren gab es in der Gegend um Athen einen qualitativ hochwertigen Ton.

## Vorbereitung des Tons

Die Aufgaben des Töpfers waren umfangreich und z. T. sehr verantwortungsvoll, da er den gesamten Entstehungsprozeß von der Tongewinnung bis zur fertigen Vase kontrollierte. Der Ton wurde im Tagebau abgearbeitet, meist mit Hilfe eines hackeähnlichen Werkzeugs, wie es *Pinakes* aus Korinth zeigen.

Die „Geoponica", ein Sammelwerk landwirtschaftlicher Regeln aus dem 10. Jahrhundert n. Chr., berichtet von Töpfererde, die überall zu finden wäre, »sei es oberflächlich, sei es in der Tiefe, oder an verborgenen Teilen und Stellen des Landes« (Geoponica II, 42, 3)[3]. Heute sind die einstigen Tonlager nicht mehr bekannt; die in der Antike bekanntesten Abbaustätten lagen in der attischen Ebene am Vorgebirge Kolias. In der Suda, einem vermutlich um das Jahr 1000 n. Chr. in Konstantinopel entstandenen Lexikon, wurde dieser Ton als der beste bezeichnet, weil er sich auch mit „miltos" (Rötel) überziehen ließ.

Die vielen Abbaustätten zeigen den hohen Bedarf an diesem natürlichen Rohstoff, der chemisch gesehen eine Zusammensetzung aus Aluminiumsilikaten und Wasser ist. Hinzutreten können auch Eisenoxide, Kalk, Magnesium und Pottasche. Er ist ein Verwitterungsprodukt von Feldspat und feldspathaltigen Gesteinen, von Granit, Gneis, Porphyr, Ton- und Sandstein usw. Durch Wasser und Wind wird er auf Ablager in tiefere Erdschichten transportiert und dabei verunreinigt. Da dieser Ton nicht aus dem reinen Feldspat besteht – das ist das weiße Kaolin – wird diese zweite Tonerde „sekundär" genannt. Die einzelnen Bestandteile verändern die Eigenschaften des Tones, bei den zuletzt genannten Stoffen wird der Ton „kurz" oder „mager", beim „reinen" Ton eher plastisch. Der Ton sollte eine günstige Mischung aus beidem sein – leicht zu verarbeiten, aber dennoch stabil[4].

Um den Ton abzubauen, mußte der Töpfer oder sein Gehilfe in die Tongrube gehen und den Ton in die Werkstatt bringen (Abb. 7).

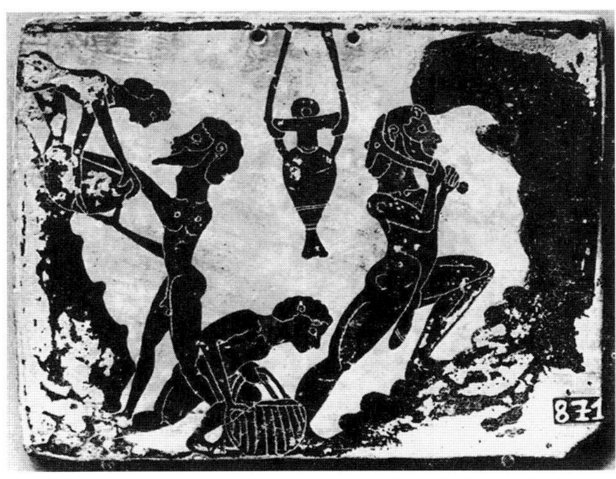


Abb. 7: Tonabbau in der Grube. Korinthischer Pinax, um 580 v. Chr. (Berlin)

Dort wurde der Ton in seichte, miteinander verbundene Wasserbecken zum Schlämmen gebracht. Unter diesen Voraussetzungen konnten sich die leichten von den schweren Tonteilchen trennen und bewegten sich von einem Becken zum nächsten, weil zwischen ihnen ein leichtes Niveaugefälle lag. Während dieser Zeit wurden aber auch andere Stoffe hinzugefügt, wie z.B. Fäkalien oder kleingehäckseltes Stroh, welche die Verarbeitungsqualität des Tones verbesserten. Dieser Vorgang wird „Mauken" genannt. Die immer feiner werdenden Teilchen wurden schließlich abgeschöpft und konnten dann als Malschlicker verwendet werden. In dem letzten Becken floß das Wasser langsam ab oder verdunstete, bis nur noch der geschlämmte Ton übrigblieb. Es folgte die wichtige Zeit der Zwischenlagerung. Dafür wurde der Ton in Blöcken abgestochen und in Trögen (Aristoph. av. 1145) für mehrere Monate kühl und trocken in gesonderten Räumen gelagert[5]. In dieser Zeit reagierten die beigefügten Stoffe biochemisch mit dem Ton (dieser Vorgang wird als „Altern" bezeichnet und ist ein Gärungsprozeß)[6]. Nach der Lagerung schloß sich der eigentliche Töpfervorgang an.

## Das Töpfern

Über das Innere einer Töpferwerkstatt unterrichten uns Vasenbilder[7]: Wichtigstes technisches Hilfsmittel ist die Töpferscheibe. Diese war schon seit der Zeit um 2000 v. Chr. bekannt[8]. Das älteste literarische Zeugnis in Griechenland bietet Homer in der Ilias[9]:

»Und so kreisten sie bald mit kundigen Schritten vorüber
leicht, als säße ein Töpfer und suchte mit drehenden Händen
flink die Scheibe zu schwingen, ob sie behende liefe.«

Zuvor wurden die Gefäße freihändig geformt, die Formschüssel war – allerdings wesentlich später – auch bekannt[10].

In der griechischen Tradition wird die Erfindung der Töpferscheibe entweder dem Skythen Anacharsis[11] oder dem Hyperbolos von Korinth[12] oder den Athenern (Ath. I 28 C) zugeschrieben. Von Töpferscheiben gibt es wiederum Abbildungen auf korinthischen Tontäfelchen, die eine Rekonstruktion erlauben. Die Drehscheibe ruhte auf einem Fuß, der im Boden der Werkstatt verankert war und sich nach oben hin verjüngte. Die Verbindung zwischen Drehscheibe und Fuß war ein Zapfen; das Zapfloch befand sich in der Mitte der Scheibe. Eine Töpferscheibe bestand aus Holz oder Stein, es wurden aber auch solche aus Ton gefunden[13]. Die an die Scheibe angrenzende Fußfläche war ausgehöhlt. Dadurch konnte eine störende Reibung vermindert und ein unruhiger Lauf vermieden werden. Auf Abbildungen ist ersichtlich, daß die Töpferscheibe mit Hilfe eines Gehilfen oder bei kleineren Gefäßen auch vom Töpfer selbst gedreht wurde (Abb. 8)[14].

Vor dem Töpfern mußte der gelagerte Ton geknetet und getreten werden. Dadurch wurde der Ton leicht

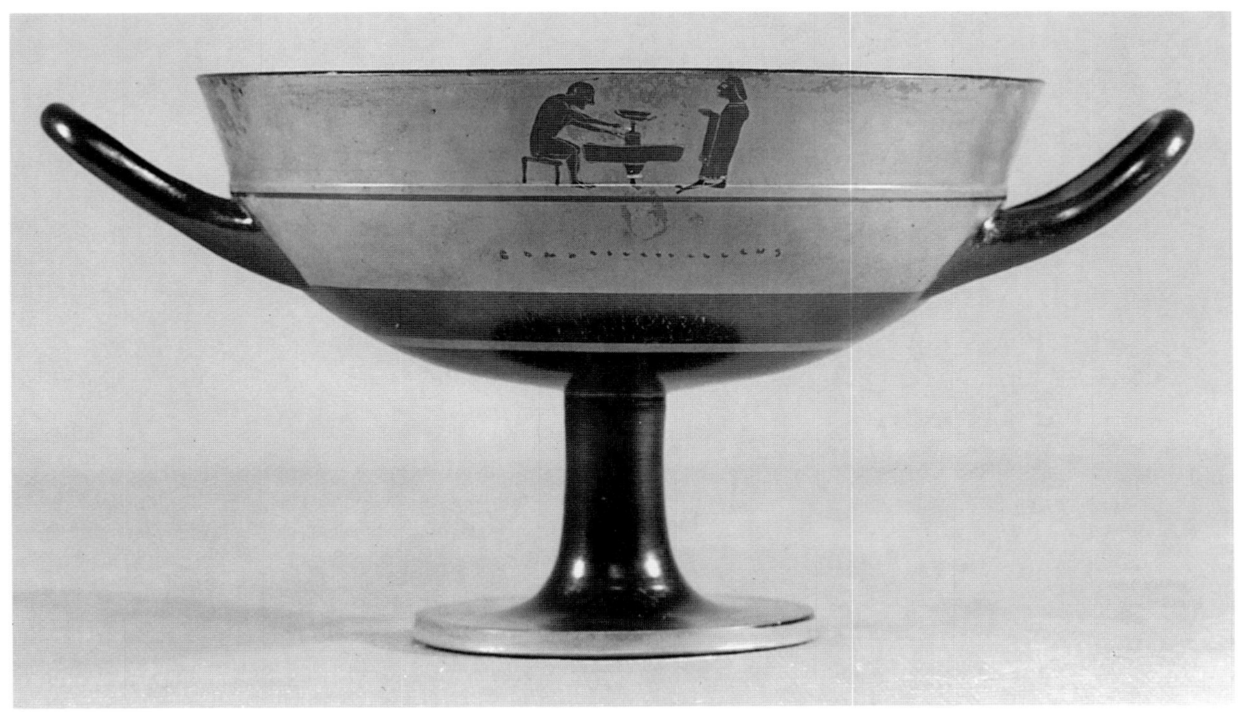

Abb. 8: Töpfern auf der Scheibe mit einem Gehilfen. Attische Kleinmeisterschale, um 550 v. Chr. (Karlsruhe)

verformbar und konnte nun besser verarbeitet werden[15]. Zuerst wurde ein Tonklumpen auf die Töpferscheibe geschlagen. Der Töpfer begann mit der Formgebung durch seine Hände, wobei er diese ständig feucht halten mußte, damit der Ton leicht verformbar blieb. Während des Drehens wurde der Ton mit dem Daumen aufgebrochen. Dadurch entstand eine Aushöhlung, und der Gefäßboden wurde vorgeformt. Die künftige Gefäßwand wurde nun als dicker Wulst vorbereitet und beim weiteren Drehen nach oben in die gewünschte Form gezogen. Dabei mußte der Töpfer auf die gleichmäßige Verteilung der Tonmasse achten. Fuß und Henkel wurden gesondert getöpfert und später angebracht. Als nächster Arbeitsgang folgte die eigentliche Formgebung. Der Töpfer benutzte dafür eine Hand für die Ausformung der Schale, mit den Fingern der anderen Hand wurde die äußere Form bestimmt. Im weiteren Verlauf wurden Hals und Mündung ausmodelliert. Mit einem nassen Schwamm und einem schaberähnlichen Instrument glättete der Töpfer die Oberfläche auf der rotierenden Töpferscheibe. Diese Glättung benötigte trotz der hervorragendenen Eignung des attischen Tons eine gewisse Zeit. Danach wurde das Gefäß ungefähr einen Tag lang an der Luft getrocknet. Der abschließende Prozeß des Töpferns begann, indem das nun lederhart getrocknete Gefäß umgekehrt auf der Töpferscheibe zentriert und mit feuchtem Ton dort befestigt wurde.

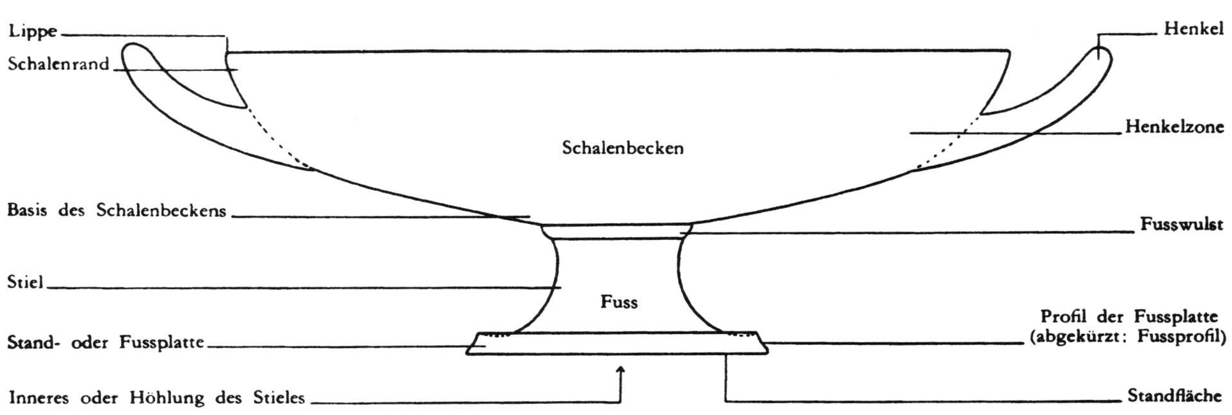

Abb. 9: Anatomie der Schale (nach Bloesch)

Das noch unfertige Gefäß wurde durch einen Schaber, das sogenannte Formeisen, bis auf die gewünschte Form abgedreht. Problemzonen sind dabei beispielsweise Schalenmündung oder -lippe, die sehr dünnwandig waren. Material- oder Verarbeitungsfehler konnten daher zum Bruch dieser Stellen führen. Nach und nach wurde das unfertige Gefäß in der Form vervollkommnet: Fuß und Henkel wurden mit feuchtem Ton angestückt. Das Gefäß selbst wurde auf der langsam rotierenden Töpferscheibe mit einem Faden abgenommen. Nun mußte das Gefäß wiederum trocknen, danach wurde es mit einem feuchten Lederlappen poliert, ehe es bemalt werden konnte[16].

## Die Gefäßformen

Bei den Gefäßen des Jenaer Malers handelt es sich um Kylikes (Sing.: die Kylix). (Abb. 9).

Die Kylix, die bekannteste Form der griechischen Trinkschale, besitzt zwei waagerechte Henkel, einen niedrigen oder hohen Fuß und einen mehr oder weniger gewölbten Schalenkörper. Vorläufer dieser Gefäße waren die sogenannten Kleinmeisterschalen. Ihre Blütezeit fällt in das dritte Viertel des 6. Jhs. v. Chr., Zentren der Herstellung waren Athen, Sparta und Ionien. Von diesen Schalen gibt es zwei Haupttypen: Die Bandschale mit schwarzer Randzone und einem Bildfries in Höhe der Henkel sowie die Randschale mit tongrundigem, meist figürlich verziertem Rand.

Bei den Kylikes können drei verschiedene Typen unterschieden werden:

- Typus A: Das Becken ist vom Fuß durch einen Wulst abgesetzt, das Profil des Fußes normalerweise konkav, der Rand des Schalenbeckens in der Frühzeit oft kantig. Als Töpfer dieser Schalen traten in der ersten Zeit Exekias, Nikosthenes und die Töpfer der Andokidesgruppe (Kat. 88) auf. Die Schalen stehen auf einer breiten, tongrundigen Standfläche. Besonders eindrucksvoll ist die 540/30 v. Chr. geschaffene Augenschale des Exekias mit dem auf dem Meer segelnden Dionysos in München, die vielleicht das erste Exemplar dieses Typus darstellt.[17]
- Typus B: Schalen dieses Typus wirken eleganter, weil es innerhalb der Trinkschale keine harte Abtrennung zwischen den einzelnen Bestandteilen gibt. Dadurch wirkt der Fuß auch höher. Diese Form entstand in Athen am Ende des 6. Jhs. v. Chr. und wurde

zur gebräuchlichsten Form während der ersten Hälfte des 5. vorchristlichen Jahrhunderts.

- Typus C: Bei Trinkschalen dieses Typus handelt es sich um billigere Gebrauchsware. Sie sind niedrig, und häufig ist die Lippe nach innen abgesetzt. Diese Schalen wurden, wenn überhaupt, nur innen bemalt und waren seit dem dritten Viertel des 6. Jhs. v. Chr. im Gebrauch[18].

## Schwarzfigurig und rotfigurig

Für das Bemalen der Vasen im antiken Griechenland gab es zwei verschiedene Techniken, die ältere schwarzfigurige und die jüngere rotfigurige.

Die schwarzfigurige Technik (Kat. 33. 88-90. 93. 96-98. 102) wurde in Korinth um 700 v. Chr. erfunden. Bei dieser Technik wurde die Zeichnung mit Hilfe von Vorritzungen auf dem lederhart getrockneten Gefäß vorbereitet. Danach wurde der Malschlicker aufgetragen. Es konnten aber auch andere Farben wie Rot und Weiß aufgetragen werden, um besser Details wie Haut (besonders bei Frauen) und Ornamente (wie Schildzeichen etc.) zu charakterisieren[19]. Dieser Malstil wurde besonders wegen seiner Ausdrucksform und Formenfülle bald auch von anderen Vasenmalern übernommen. Bei der Betrachtung schwarzfiguriger Vasen kann man oft sehr gut die Vorritzung, die durch einen Griffel auf dem Gefäß angebracht wurde, beobachten.

Die rotfigurige Maltechnik, in der auch der Jenaer Maler arbeitete, wurde in Athen in der Zeit um 540 v. Chr. wahrscheinlich vom Andokides-Maler erfunden. Die Figuren wurden durch Kontur und in feiner Binnenzeichnung gegeben, hauchdünn mit Tonschlikker überzogen und vom Hintergrund durch einen Pinselstrich gegen unbeabsichtigte Überzeichnung getrennt[20]. Der Hintergrund wurde dagegen mit groberem Tonschlicker versehen, den man ebenfalls für die Innenzeichnung verwendete. In der rotfigurigen Malweise konnten Details naturgetreuer dargestellt werden. Dies kann man besonders gut an den sogenannten *Bilinguen* beobachten, an denen beide Techniken angewandt wurden[21].

Schon sehr früh erkannte man, daß dick aufgetragener Malschlicker nach dem Brand schwarz wurde, hauchdünn aufgetragene Striche aber rot[22]. Um die ausgesparten Teile wurde mit Hilfe von Holzkohle eine Vorzeichnung auf dem lederharten Gefäß angefertigt, eine andere Art war das Skizzieren mit einem Griffel; beide Arten treten teilweise auch in einer Vorzeichnung auf. Diese Techniken kann man besonders an solchen Vasen feststellen, wo Vorzeichnung und der spätere Glanzton nicht übereinstimmen. Die Figuren selbst wurden durch Malschlicker auf das Gefäß aufgetragen, die Vorzeichnung verschwand deshalb beim Brand[23].

Das Bild wurde also zuerst grob vorgezeichnet, dann folgte die mit Malschlicker gezeichnete Kontur der Figuren. Danach wurde die feine Innenzeichnung ausgeführt, der Hintergrund ausgemalt und das rahmende Ornament eingezeichnet.

Beim Berühren der schwarzfigurigen Vasen fällt eine leichte Erhebung der schwarz erscheinenden Bestandteile auf, bei den rotfigurigen sind aber deutlich Vertiefungen und Relieflinien spürbar. Die feinen Relieflinien, die z. B. für die Gestaltung der Augen oder feiner Gewandfalten verwendet wurden, wurden in jüngerer Zeit erforscht. G. Seiterle entwickelte die Linierhaar-Theorie[24] (Abb. 10): Ausschlaggebend war die Untersuchung solcher Linien, die einen merkwürdigen Grat in ihrer Mitte hatten.

Als Instrument nimmt Seiterle ein Linierhaar an, eine Art Pinsel mit wenigen, vielleicht sogar nur einem Haar. Die Linien wurden, so seine These, nicht wie üblich gezogen, sondern gelegt: Dazu wurde das Linierhaar durch den Malschlicker gezogen. Dabei schlossen sich die Haare. Daraufhin wurde es mit der Spitze auf das Gefäß gelegt und wie gewünscht abgerollt. Nach dem Abziehen dieses Instrumentes ergibt sich ein feiner Mittelgrat der ebenfalls feinen Linie.

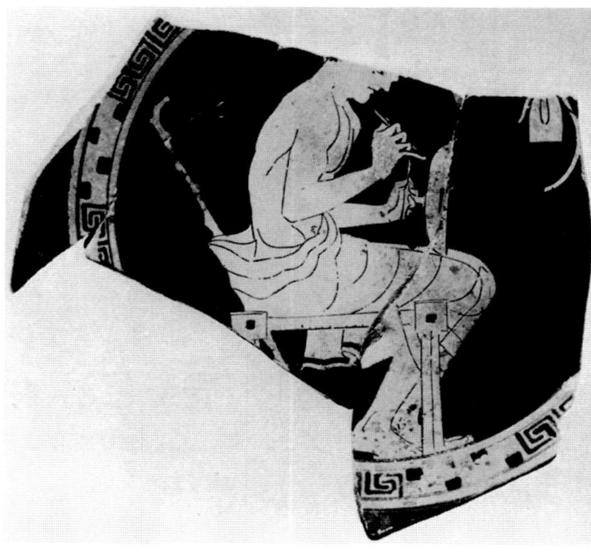

Abb. 10: Vasenmaler bei der Arbeit. Attisch-rotfigurige Schale, 490/80 v. Chr. (Boston)

Eine spezielle, hier nicht näher betrachtete Maltechnik wandte man für weißgrundige Gefäße, besonders für *Lekythen*, an (Kat. 35. 101). Als Überzug wurde ein weißer, d. h. besonders kalkhaltiger, eisenarmer Ton verwendet. Als Farben konnten auch Blau und Rot aufgetragen werden. Leider sind der weiße Überzug und die Farben nicht sehr haltbar, da sie leicht abblättern können[25].

## Das Brennen

Der Brand vollzog sich bei Temperaturen um 800-900° C in drei Phasen, in deren Verlauf das Schwarz der bemalten Stellen und das Rot des Tongrundes hervortraten. Der dreistufige Brand setzte einen regelbaren Brennofen voraus, der in Korinth um 700 v. Chr. erfunden wurde und einen erheblichen Fortschritt zu den sonst gebräuchlichen Meilern darstellte, die aus einer Feuerstelle, in die die zu brennende Ware gelegt wurde, und einem Abzug bestanden.

**Erste Phase:** Oxydation. Durch Reisigbrand oxydiert das im Ton enthaltene Eisen bei stetig steigender Temperatur und ständigem Sauerstoffzufluß zu rotem Eisenoxyd ($Fe_2O_3$). Das Gefäß muß während dieser Phase genügend hart werden.

**Zweite Phase:** Reduktion. Die Sauerstoffzufuhr wird durch grünes Reisig gedrosselt, d. h. im Innern des Ofens entwickelt sich viel Rauch, dadurch wird das Eisenoxyd zu schwarzem Eisenoxyduloxyd ($Fe_3O_4$) reduziert.

**Dritte Phase:** Reoxydation. Bei leicht sinkender Temperatur wird wieder Frischluft hinzugeführt, die Stellen mit dünnen Schlickerüberzug reoxydieren wieder zu rotem Eisenoxyd. Bei den Flächen mit starkem Überzug ist dieses wegen der Versinterung, einer Vorstufe der Glasschmelze, nicht mehr möglich, da die Teilchen an der Oberfläche miteinander verbacken sind.

Für die zweite Phase reichen schon bei einer Temperatur von ca. 880° C fünf Minuten aus, um das tiefe Schwarz zu erzeugen. Bei den ersten beiden Phasen ist das Rot wie auch das Schwarz glänzend. Das Gefäß wurde wahrscheinlich nur einmal gebrannt, ein zweiter Brandprozeß war nur für vielfarbige Gefäße notwendig. Die Schale brauchte jetzt nur noch aus der Brennkammer geholt zu werden und war nach einer Reinigung verkaufsfertig. Die Brenntechnik wird Eisenreduktionstechnik genannt[26].

## Der Brennofen

Der antike Töpferofen ist uns durch Darstellungen auf den korinthischen Tontäfelchen und durch Ausgrabungen bekannt. Adam Winter wies nach, daß die Darstellungen fast detailgetreu sind[27]. Dieser Töpferofen arbeitete mit aufsteigender Flammenführung. Er besaß meist einen rechteckigen Grundriß mit einem runden, bienenkorbartigen Aufbau (Abb. 11).

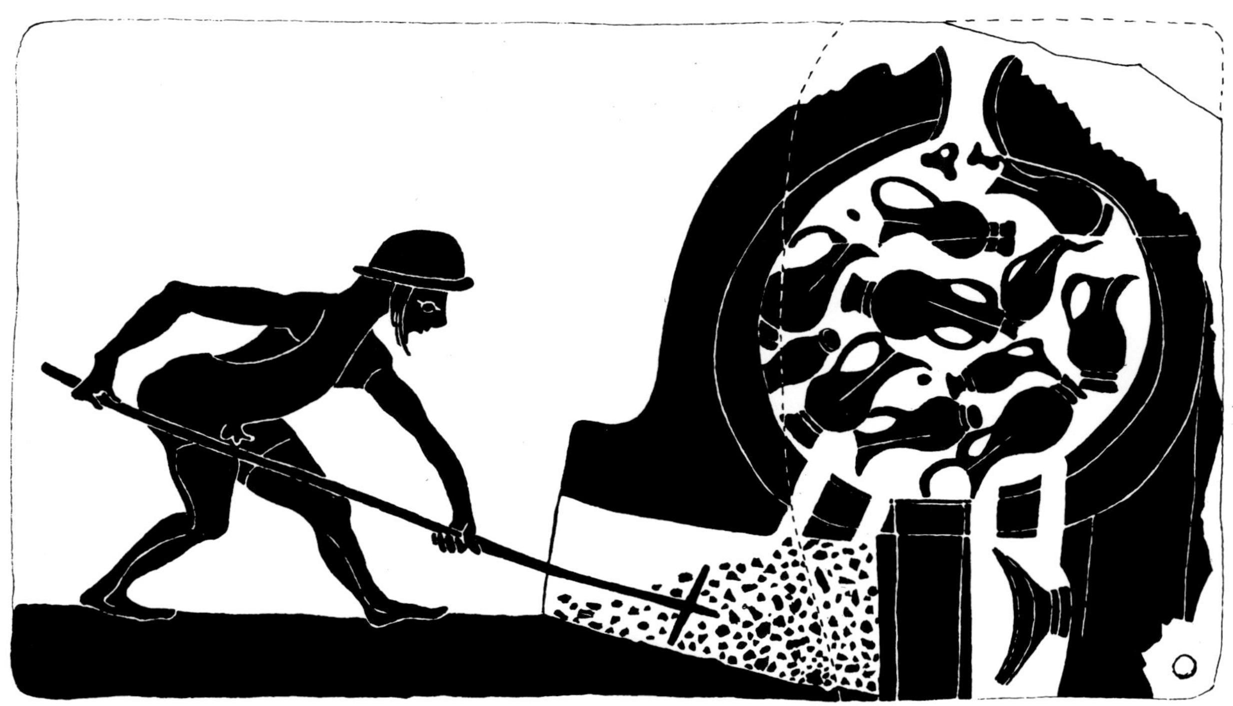

Abb. 11: Töpfermeister am Ofen. Ergänzter korinthischer Pinax, 6. Jh. v. Chr. (Berlin)

Die Größen des Ofens konnten differieren. Der Feuerkeller war von dem eigentlichen Brennraum, in den die Gefäße sorgsam eingestellt wurden, durch eine Lochtenne abgetrennt. Er hatte eine Verbindung nach außen, in die der Heizer Reisig und Hölzer einlegen konnte. Der Brennraum wurde von der äußeren Umgebung durch eine Öffnung abgetrennt, die vor Beginn des Brandes vermauert wurde. Nach dem Brand wurde sie wieder aufgebrochen. Am Scheitelpunkt der Kuppel war ein verriegelbarer Abzug angebracht. Die Kontrolle über diesen Abzug wie über den gesamten Brand hatte, wie es wiederum die korinthischen Votivtäfelchen zeigen, ein Brandmeister[28]. Eine Temperaturmessung, wie sie heute üblich ist, war nicht möglich. Man verstand es, die ungefähre Temperatur an der Helligkeit der Glut abzulesen. Das Ende des Brandes bemerkte man daran, daß der Ruß, der während des Brandes nur mühsam abzog, während der Stunden des Brandprozesses zu Asche verbrannte und sich um das Abzugsloch herum absetzte. Über den Zustand der Ware im Ofen informierte man sich, indem man ein kleines Gefäß oder einen einfachen Tonkringel so plazierte, daß der Brennmeister diese Gegenstände bequem mit einem Haken durch eine kleine Öffnung, die beim Zumauern dafür ausgespart wurde, aus der Glut herausholen konnte. Dies war eine der gefährlichsten Tätigkeiten des Töpfers, da er beim Aufstieg auf den Ofen und beim Blick in den

Brennraum großer Hitze und der Glut ausgesetzt war. Bestand der Schürhaken aus Eisen, so schützte man ihn, da Metall in der Antike ein teurer Werkstoff war, durch einen Tonmantel vor der Zerstörung[29].

1 Scheibler, Töpferkunst 8.
2 J. Boardman, Schwarzfigurige Vasen aus Athen (1994²) 9. 15f.
3 L. Hussong, Zur Technik der attischen Gefäßkeramik (1928) 7.
4 G. M. A. Richter, The craft of the Athenian pottery (1923) 1. – A. Winter in: Technische Beiträge zur Archäologie (1959) 3f. – Scheibler, Töpferkunst 73. 76.
5 s. u.U. Sonnenschein 17ff.
6 Vgl. Richter a.O. 2. – Winter a.O. 12f. – Scheibler, Töpferkunst 74. 76.
7 s. u.U. Sonnenschein 17ff.
8 Im östlichen Mittelmeerraum war die Töpferscheibe schon seit ca. 3000 v. Chr. bekannt, trojanische Gefäße wurden um 2500 v. Chr. auf der Töpferscheibe gedreht, so daß eine Verbreitung innerhalb Griechenlands im 2. Jahrtausend v. Chr. anzunehmen ist. Vgl. Richter a.O. 9. – Scheibler, Töpferkunst 77.
9 Hom., Il. 18, 599-601 (Übersetzung Th. von Scheffer).
10 Richter a.O. 4.
11 »‚Anacharsis', sagte er (Poseidonius), ‚erfand die Töpferscheibe, durch deren Herumdrehen Gefäße modelliert werden.'« (Sen. epist. 90,31). Seneca selbst tut dies wegen der Nachricht von Homer als Fabel ab.
12 »Das Schmieden des Eisens erfanden die Kyklopen, die Töpferei der Athener Koroibos, die Töpferscheibe dabei der Skythe Anacharchis, nach anderen der Korinther Hyperbolos.« (Plin. nat. VII 198, Übersetzung R. König).
13 Eine aus dem 7. Jh. v. Chr. stammende Töpferscheibe aus Kreta ist 3,5 cm dick und hat einen Durchmesser von 41 cm. Vgl. Scheibler, Töpferkunst 77f.
14 Winter a.O. 24. – Scheibler, Töpferkunst 77.
15 Winter a.O. 24. – Scheibler, Töpferkunst 74.
16 Scheibler, Töpferkunst 78ff.
17 vgl. z.B. Simon, Griechische Vasen Taf. XXIV. 73
18 H. Bloesch, Formen attischer Schalen von Exekias bis zum Ende des Strengen Stils (1940) IX. 1. 41. 111f. – J. V. Noble, Techniques of painted Attic pottery (1965) 21.
19 Boardman a.O. 15. – Scheibler, Töpferkunst 87f.
20 N. Kunisch, AntK 37, 1994, 84.
21 Boardman a.O. 112ff. – Scheibler, Töpferkunst 88.
22 W. Noll, AW 25, 1994, 81.
23 Scheibler, Töpferkunst 89f.
24 G. Seiterle, AW 7, 1976, H. 2, 3ff.
25 E. Simon, Vasen 10ff.
26 Hussong a.O. 32ff. 58ff. – Noll a.O. 22f. – Winter a.O. 40f. – Simon, Vasen 10.
27 Winter a.O. 40f. – Simon, Vasen 10.
28 s. u.U. Sonnenschein 17ff.
29 Scheibler, Töpferkunst 99ff.

*Tobias Netzbandt*

## Die Arbeitsorganisation in der Töpferwerkstatt

Hinweise auf die Organisation der Werkstätten bieten die Töpfer und Maler selbst. So geben ihre Vasensignaturen und die detaillierten Bilder des Arbeitsortes auf den erhaltenen Vasen Aufschlüsse darüber, wie die damaligen Werkstätten aufgebaut waren. Diese Selbstzeugnisse sind deshalb so wichtig, weil außer einer mittelalterlichen Zusammenstellung antiker Autoren (10. Jh.), den „Geoponica", die neben gesammeltem Wissen über landwirtschaftliche Vorgänge auch praktische Hinweise zur Töpferei enthalten[1], in den Schriftquellen keine Erwähnungen dieses Handwerkes existieren.

Im antiken Griechenland war der Töpfer der Werkstatt wahrscheinlich vom Beginn der Keramikproduktion mit Hilfe der Töpferscheibe an identisch mit dem Besitzer. Der Handwerker formte und dekorierte seine Keramik selbst, war also allein tätig. So konnte er aber nur recht kleine Gefäße auf der Töpferscheibe herstellen, denn er benötigte eine Hand zum Antreiben derselben. Ein ‚Lehrling' konnte diesem Problem abhelfen, indem er die Arbeit des Antreibens übernahm. Durch Zurufe teilte ihm dabei der Töpfer die erforderliche Geschwindigkeit mit. Die größeren Gefäße boten nun auch mehr Platz für Vasenbilder, sofern sie nicht als einfache undekorierte Gebrauchskeramik verkauft wurden. Weil das großflächige Dekorieren der Gefäße wesentlich zeitintensiver wurde als das eigentliche Töpfern, hätte der Handwerker weniger Ware als vorher verkaufen können. Deshalb wurden zum Bemalen der feinen Keramik vom Töpfer Gehilfen hinzugezogen, die sich auf diese Tätigkeit spezialisiert hatten. So entstanden nach und nach Werkstätten, die ein weites Spektrum an Tonprodukten herstellten, angefangen von einfacher Gebrauchskeramik über feine, d. h. figürlich oder ornamental bemalte Keramik bis hin zu Tonlampen. Dabei blieb der Töpfer die bestimmende Instanz innerhalb der Werkstatt, da er durch seine Arbeit dem späteren Erzeugnis seine Funktion zuwies. Ebenso war der Maler vom Töpfer abhängig, denn er brauchte diesen, um seiner Tätigkeit nachgehen zu können, wohingegen der Töpfer seine Gefäße auch ohne Bemalung verkaufen konnte. Die bereits oben erwähnten Signaturen legen ebenfalls den Schluß nahe, daß jegliches Geschehen in der Werkstatt vom Töpfer bestimmt wurde, denn die Töpfersignatur[2] „'εποίεσεν" (epoíesen; dt.: er hat gemacht) kommt öfter auf den erhaltenen Vasen vor als die Malersignatur „ἔγραψεν" (égrapsen; dt.: er hat gemalt). Mit Hilfe solcher Signaturen kennzeichneten Maler und Töpfer in einigen Fällen ihre Werke, so auch die auf dieses Handwerk spezialisierten Künstler Athens.

Die Töpfersignatur bei attisch schwarzfigurigen Vasen kommt dabei sechsmal häufiger vor als die Signatur der Maler. Trotz des Wegfalls aller Künstlersignaturen nach 400 v. Chr. kann das oben beschriebene Verhältnis zwischen Töpfer und Maler auch für die

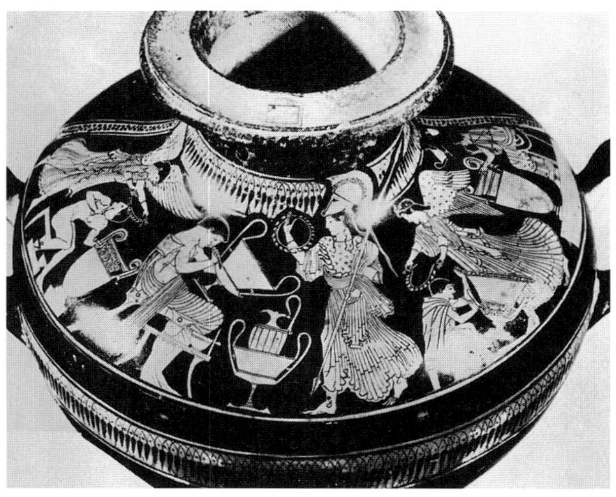

Abb. 12: Vasenmaler im „Atelier". Attisch-rotfigurige Hydria, um 470 v. Chr. (Mailand)

Zeit danach angenommen werden, also auch für die Werkstatt des Jenaer Malers, der mit seinen Kollegen für einen hauptsächlich auf Schalen spezialisierten Töpfer tätig war.

Es ist anzunehmen, daß abhängig von der Größe der Werkstatt und der Auftragslage ein Töpfermeister einen oder mehrere Maler beschäftigte. Dies beweisen Vasenbilder, etwa das einer Hydria in Mailand (Abb. 12), wo neben mehreren jungen Männern eine Frau mit dem Dekorieren eines Gefäßes beschäftigt ist, oder das Werkstattbild einer Hydria in München (Abb. 13), die nur einen ‚Prüfer' der fertigen Stücke zeigt.

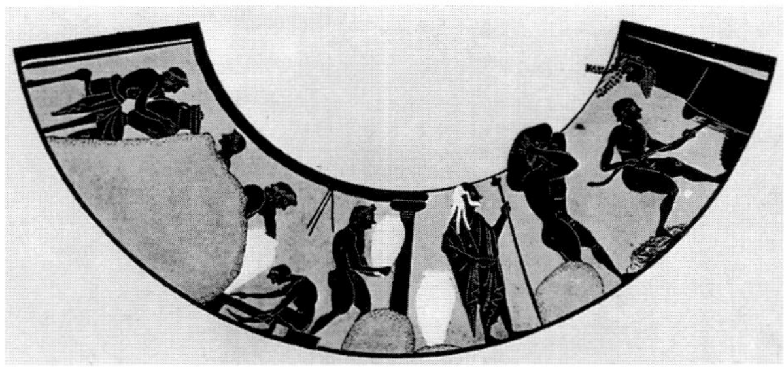

Abb. 13: Töpfern und Brennen als Arbeitsvorgänge. Attisch-schwarzfigurige Hydria, um 510 v. Chr. (München)

Eventuell stellen diese Bilder aber nur Ausschnitte dar, so daß man die Anzahl der Mitarbeiter dieser Werkstätten wahrscheinlich höher einstufen kann. Das Bemalen von Gefäßen muß aber nicht streng nur auf einen Töpfer als Arbeitgeber beschränkt gewesen sein. Einige Malernamen lassen sich zum Teil drei bis sechs verschiedenen Töpfernamen zuweisen[3]. Offenbar wechselten einzelne Malergehilfen in Athen häufiger die Werkstatt.

Beispiele für die konkrete Arbeitsteilung und Organisation einer Werkstatt stellen u. a. spätarchaische Maler auf den von ihnen bemalten Vasen dar, wie z. B. ein attisch-schwarzfiguriger Skyphos, der sich heute in Cambridge befindet (Abb. 14). Auf dessen Außenseiten werden jeweils vom Maler ähnliche Szenen gezeigt. Unter den Henkeln befinden sich Töpfer, welche damit beschäftigt sind, große Amphoren mit Henkeln auszustatten. Die Hauptszene der Seite A zeigt neben anderen Personen einen in ein *Himation* gekleideten Bärtigen, der sich der neben ihm stehenden *Herme* zuwendet. Diese Szene wiederholt der Maler in leicht abgewandelter Form auf Seite B des Skyphos. Der auf einen Knotenstock gestützte Mann beobachtet hier die Werkstattangestellten bei ihrer Arbeit. Den Raum in der Bildmitte beider Gefäßseiten nimmt der zu hohen Kegeln aufgetürmte Ton ein. Trotzdem werden in den Darstellungen zeitlich voneinander getrennte Arbeitsschritte gezeigt: Seite B bringt dabei den früher ausgeführten Arbeitsschritt zum Ausdruck. Ein Mann trägt einen mit Ton gefüllten Korb zum Tonkegel, um ihn dort auszuleeren. Der andere Arbeiter hat dies bereits getan und schlägt nun den Ton fest. Die Hauptszene auf Seite B stellt dagegen das spätere Stadium des Tontretens dar, dessen Hauptakteur vermutlich der Mann hinter dem Tonkegel ist. Die erforderliche Geschmeidigkeit erreichte man, indem der Tonkegel mehrmals hintereinander flach getreten und wieder aufgetürmt wurde[4]. Dies führt der gebeugte Mann neben dem Tonkegel aus.

Das Werkstattbild auf der Hydria in München (Abb. 13) gibt ebenfalls mehrere Phasen des Fertigungsprozesses wieder. Dabei ist die linke Bildseite ganz dem Töpfern bzw. dem Trocknen der Gefäße gewidmet. Der Mann ganz links überprüft ein bereits fertiges Gefäß. Dadurch wird klar, daß die Keramik in ein und derselben Werkstatt sowohl geformt als auch dekoriert wurde. Trotzdem stellt der Maler nochmals das eigentliche Töpfern dar. Durch eine Säule vom Rest der Darstellung getrennt erscheinen im rechten Bildteil drei Männer, die den Brand der Keramik vorbereiten. Der Mann neben dem angedeuteten Ofen fungiert als Heizer. Ein Lastenträger folgt ihm mit dem für das Feuern notwendigen Brennstoff. Die Person hinter ihm hebt sich durch ihre Kleidung deutlich von den anderen ab und überwacht vermutlich den Brand als Aufseher[5].

Diesen Bildern kann man entnehmen, daß so gut wie alle Arbeitsschritte zur Herstellung von Keramik in einer Werkstatt ausgeführt wurden. Nur das Tonstechen in den Tongruben erledigten häufig werkstattfremde Arbeitskräfte, welche sich auf die Förderung und den Verkauf von vorgereinigtem Ton spezialisiert hatten. Der Töpfer konnte sich aber seinen Ton auch selber aus den Tongruben besorgen, denn zur Herstellung von besonders feiner Keramik wollte er sich das dafür notwendige Material selbst suchen und aufbereiten.

Das Schlämmen und Brennen wurde außerhalb des Werkstattgebäudes im Hof durchgeführt, wie die Säule auf dem Bild der Münchner Hydria und die auf dem Skyphos in Cambridge dargestellten Hermen andeuten. In den rückwärtigen, recht dunklen und kühlen Räumen erfolgte das Trocknen der hergestellten Gefäße. Möglicherweise lagerten hier auch die abgestochenen Tonvorräte nach dem Schlämmen.

Die wichtigsten Arbeitsschritte, das Töpfern und Brennen, blieben dabei dem Töpfermeister vorbehalten, denn beides erforderte viel Erfahrung. Schließlich bestimmte sein Geschick im Umgang mit der Töpferscheibe oder dem Feuer, ob man die Keramik als Geschirr im Haushalt benutzen konnte und ob sie somit auf dem Markt oder gleich in der Werkstatt zu verkaufen war. Die Darstellungen, wie z.B. auf korinthischen *Pinakes* (Abb. 11) zeigen deshalb meistens den Töpfer bei der Durchführung des Brandes. In einigen Fällen sieht man den Töpfer aber auch nur als Aufseher, der das Brandgeschehen überwacht. Einen sol-

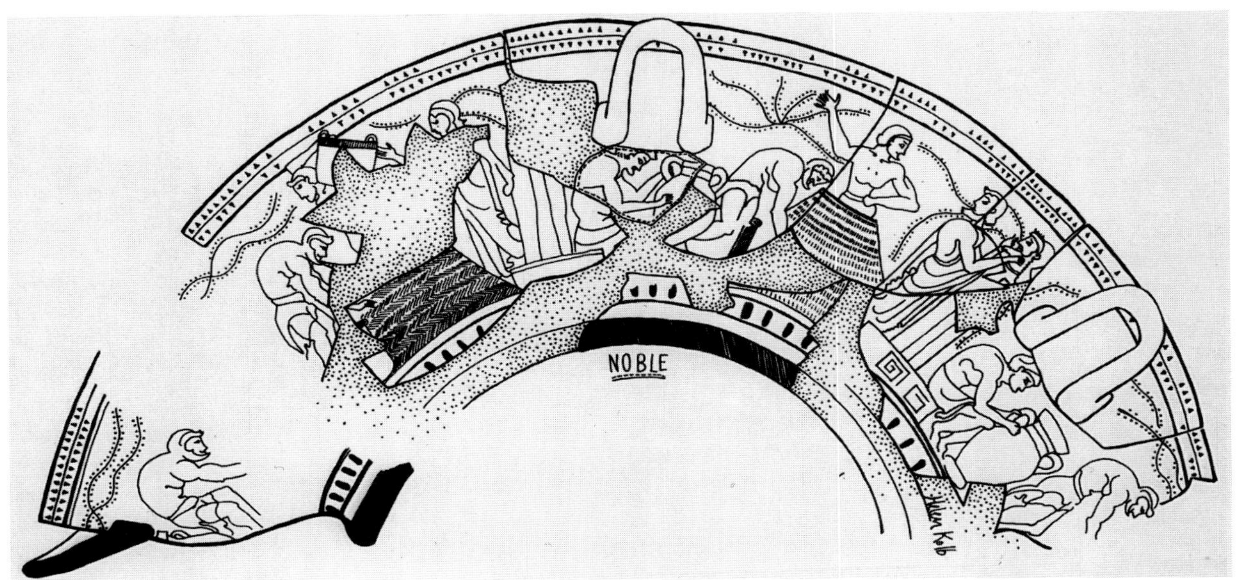


Abb. 14: Aufbereitung des Tones in der Werkstatt. Attisch-schwarzfiguriger Skyphos, um 500 v. Chr. (Cambridge, Mass.)

chen kann man in dem alten Mann erkennen, der auf der Münchner Hydria dargestellt ist. Seinen Brennofen baute der Töpfer meist selbst, weil Fehler in dessen Konstruktion verheerende Folgen für die Produkte haben konnten. Dennoch blieb der Brand der mit Abstand schwierigste Arbeitsschritt[6]. Deshalb brachten die Töpfer an ihren Öfen sog. Apotropaia an, übelabwehrende Zeichen in Form von Schrekkensmasken und Dämonenfiguren, wie auf vielen Pinakes zu erkennen ist. Sie wurden von den Töpfern dem Brandgut als „segenspendende Begleiter" beigelegt und nach erfolgreichem Brand als Weihgeschenk gestiftet[7].

Ungelernten Arbeitskräften, wie z.B. Lohnarbeitern oder nicht ausgebildeten Sklaven, konnte das Herbeischaffen von Brennmaterial, das Zerhacken von Tonbrocken sowie das Tontreten überlassen werden. Vermutlich stellt der Lastenträger auf der Münchner Hydria eine derartige Arbeitskraft dar. Geübte Handwerker hingegen erforderten die Arbeitsschritte des Schlämmens und Aufbereitens, der vorsichtige Umgang mit ungebrannten Gefäßen ebenso wie der Brand selbst.

Innerhalb einer Werkstatt waren die einzelnen Arbeiten nicht streng nur auf bestimmte Personen aufgeteilt. Die Handwerker konnten alle Arbeitsvorgänge selbst erledigen, da sie die einzelnen Schritte zur Herstellung von Keramik in der Werkstatt kennengelernt und erlernt hatten. Die Aufgabe der ‚Lehrlinge' war es, alle Arbeiten, angefangen vom Schlämmen über die Arbeit an der Töpferscheibe (Abb. 15) bis hin zum Dekorieren und dem Brand der Keramik, aufmerksam zu beobachten.

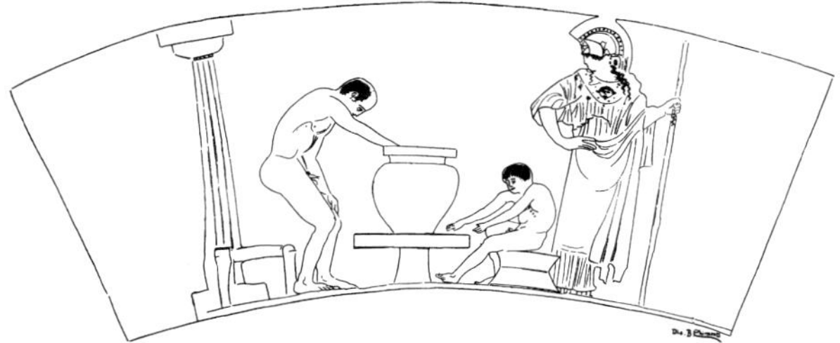

Abb. 15: Ein Töpfer und sein Gehilfe bei der Arbeit. Attisch-rotfiguriger Kelchkrater, um 440 v. Chr. (Caltagirone)

Dieses Wissen befähigte sie später, jegliche in der Werkstatt anstehenden Arbeiten zu verrichten.

Auf den Werkstattbildern fällt auf, daß die Vasenmaler alle als noch recht jung, d.h. ohne Bart, charakterisiert werden. Das Dekorieren übernahmen also in der Hauptsache die jüngeren Mitarbeiter aufgrund ihrer schärferen Augen und ruhigeren Hände. Eine wichtige Voraussetzung für sie war das sichere Freihandzeichnen, so daß Anfängern in diesem Berufszweig zur Übung ihrer Handfertigkeit einfache Aufgaben übertragen wurden. Als Hilfe beim Erlernen der verschiedenen Maltechniken nimmt man Tontäfelchen mit Einzelfiguren bzw. ganze bemalte Gefäße als Musterbeispiele an[8]. Anscheinend konnte auch die Töpferscheibe als Hilfsmittel zum Bemalen genutzt werden, wie ein korinthischer *Pinax* aus dem 6. Jh. v. Chr. beweist: Der Maler zeichnet horizontale Bänder und Zonen auf den Vasenkörper, während er mit der anderen Hand die Töpferscheibe dreht[9]. Jedoch wirkt diese Töpferscheibe wesentlich kleiner als die sonst dargestellten. So könnte diese wahrscheinlich mehr zur Herstellung kleinformatiger Gefäße genutzt worden sein.

Die Größe einer Töpferwerkstatt ergab sich aus der Zahl der vorhandenen Töpferscheiben. Darüberhinaus bestimmten Auftragslage und die Jahreszeiten die Mitarbeiteranzahl, denn im Winter beeinträchtigten Wind, Regen und feuchte Luft die Brennofennutzung[10]. Die Arbeiten erstreckten sich nicht gleichmäßig über das ganze Jahr, sondern es wechselten Phasen intensiver Geschäftigkeit mit Warteperioden ab. Wahrscheinlich zu Beginn jeder nächsten Saison wurden zusätzliche Arbeitskräfte angestellt. Deswegen konnte auch die Anzahl von Mitarbeitern einer Werkstatt sehr variieren. Die Größe reichte vom Einmannbetrieb, in dem der Töpfer alles selbst verrichtete, über den Familien- und Meisterbetrieb, den ein Töpfermeister mit Verwandten und fremden Handwerkern unterhielt, bis hin zum Werkstattkreis (Zusammenschluß mehrerer kleiner Betriebe zur gemeinsamen Nutzung der Schlämmbecken und Brennöfen).

Insofern möchte man die Werkstatt des Jenaer Malers als Meisterbetrieb bezeichnen, bestehend aus einem Töpfermeister mit wohl drei fest angestellten Malergehilfen, zu denen noch gelegentlich andere Maler hinzustießen, falls die erhaltenen Stücke einen repräsentativen Querschnitt der Werkstatt darstellen. Aus der Qualität sowie der noch erhaltenen Anzahl der Stücke kann man schließen, daß die Werkstatt zu ihrer Zeit eine marktbestimmende Position unter den Herstellern von Schalen innehatte. Ihr Profil muß durch stilistische Untersuchungen erschlossen werden, da Künstlersignaturen ganz fehlen. So stellte J. D. Beazley fest[11], daß außer dem Maler, nach dem die ganze Werkstatt benannt wurde, noch mindestens zwei weitere Maler der Werkstatt fest angehörten. Während der Jenaer Maler seine schönen Bilder in dünnen Linien zeichnete, also sehr qualitätvoll arbeitete, waren die beiden anderen Maler wohl weniger begabt. Beazley gab diesen Malern ‚Hilfsnamen', um sie vom Jenaer Maler abzugrenzen. So war der mit Stil C bezeichnete Handwerker wahrscheinlich der schlechteste von den in der Werkstatt beschäftigten Vasenmalern, da die Proportionen, welche er seinen Figuren gibt, nicht immer ganz korrekt sind. Der Maler, dessen Zeichnungen Beazley mit Stil B bezeichnete, dekorierte hingegen in einer groben hastigen Weise fast nur die Außenseiten der Gefäße. Neben diesen Malern schrieb die Forschung noch den Q-Maler und den Diomedes-Maler der Werkstatt als gelegentliche Mitarbeiter zu[12].

Sie zählte offensichtlich zu den erfolgreich arbeitenden Töpfereien ihrer Zeit, denn sie exportierte eine Vielzahl ihrer Erzeugnisse in die Gebiete, mit denen Athen damals regen Handel trieb[13]. Auf Grund dessen und der hohen Qualität der Stücke kann man sagen, daß der Jenaer Maler einer der letzten großen Schalenmaler gewesen sein muß. Auch sein Töpfermeister steht mit seiner Arbeit am Ende einer langen Tradition der Schalenherstellung, denn die Schale verschwindet wenig später aus dem Repertoire der Töpfer.

## Die gesellschaftliche Stellung der Töpfer und Maler

Ein Lexikograph der Spätantike benutzt als Synonym für das Wort „töpfern" den Begriff „schwer arbeiten"[14]. Der Töpfer entsprach daher nicht dem Ideal der griechischen Aristokratie, denn bei der Oberschicht der archaischen und klassischen Gesellschaft galt körperliche Arbeit – einschließlich des Töpferns – als nicht standesgemäß. Vornehme Abstammung und Landbesitz bestimmten die gesellschaftliche Stellung. Man lebte vom eigenen Grundbesitz und ließ Sklaven, Tagelöhner und Handwerker für sich arbeiten. Da der Handwerker im allgemeinen nicht über Landgüter und Personal verfügte, wurde der Berufsstand der Töpfer und Maler ebenso wie alle anderen Handwerkerzweige von der aristokratischen und der gehobenen Bürgerschicht, die sich zunächst an aristokratischen Idealen orientierte, gering geachtet. Der Handwerker mußte sich seinen Lebensunterhalt hart verdienen und konnte sich demzufolge weder der Muße widmen noch seine Zeit mit athletischem Training verbringen – beides bildet zusammen das Ideal des gehobenen Standes. Schon die Bezeichnung „Banausos" (wörtlich Ofenhocker) bringt die abwertende Einstellung Handwerkern gegenüber zum Ausdruck. Dementsprechend sind auch die Worte Xenophons zu verstehen, wie »... banausische Tätigkeit wird in den griechischen Städten gänzlich verachtet...«[15] oder »banausische Beschäftigungen lassen keine Muße für Freundschaft oder für die Geschäfte der Stadt: Jene, die solchen Beschäftigungen

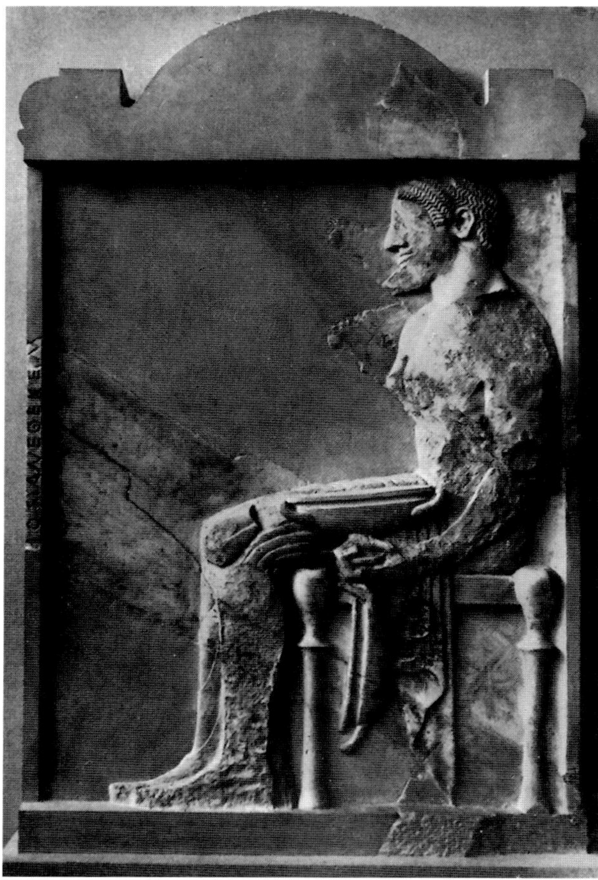

Abb. 16: Weihrelief eines Töpfers, spätes 6. Jh. v. Chr. (Athen, Akropolismuseum)

nachgehen, geben schlechte Freunde und schlechte Verteidiger der Stadt ab«[16]. Diese Einstellung blieb in bestimmten konservativen Kreisen auch noch in Zeiten erhalten, in denen Handwerker bereits Politiker werden konnten. So meinte Aristoteles: »Der beste Staat aber wird keinen Gewerbsmann zum Bürger machen...«[17], »denn unmöglich kann, wer das Leben eines Banausen oder Tagelöhners führt, sich in den Werken der Tugend üben...«[18].

Im Kontrast dazu stifteten Handwerker, darunter auch Töpfer und Maler, in archaischer Zeit nicht selbst hergestellte Auftragsvotive in die Heiligtümer auf der *Akropolis* in Athen, so z.B. der Maler Euphronios. Sie stellen Zeugnisse des zunehmenden Wohlstandes und des Selbstbewußtseins der Künstler dar. Aufgrund des steigenden Exportes und demzufolge auch gesteigerter Nachfrage verbesserten sich die Lebensbedingungen innerhalb des attischen Töpferhandwerks. Manche der Töpfer verdienten nun genug, um den zehnten Teil ihres Verdienstes der Stadtgöttin auf die Akropolis zu weihen. Von diesen Weihgeschenken sind heute meistens nur noch die Basen oder die Pfeiler mit Teilen der Inschrift erhalten. Eine solche Weihgabe in Form eines Marmorpfeilers, der vermutlich eine Bronzestatue trug, stifteten die Töpfer Mnesiades und Andokides[19]. Ein unbekannter Stifter weihte dagegen ein Töpferrelief (Abb. 16), auf dem er sich selbst mit zwei Schalen in der Hand darstellen ließ.

Außer solchen Votiven fanden sich auf der Akropolis noch besonders fein getöpferte und bemalte Tongefäße. Sie wurden wahrscheinlich als Dank für gewerblichen Erfolg gestiftet.

Wachsenden Künstlerstolz, Selbstbewußtsein und sogar Eigenlob kann man auch an den Künstlersignaturen ablesen. Ein konkretes Beispiel dafür liefert der Maler Euthymides: »Euthymides, Sohn des Polias, hat es gezeichnet wie niemals Euphronios (es gekonnt hätte)«[20]. Innerhalb des Handwerkerstandes bestanden aber auch Abstufungen, denn es bedeutete beruflichen Aufstieg, wenn ein Maler nur an der Töpferscheibe arbeitete oder zum Werkstattbesitzer avancierte. Auf diese Weise sind die Künstlernamen zu erklären, welche mit beiden Signaturformeln verbunden werden können.

## Die Herkunft der Töpfer und Maler

Unter den Töpfer- und Malersignaturen finden sich neben einheimischen Namen auch fremdländisch klingende wie Lydos oder Skythes. In den Werkstätten arbeiteten also außer den als Bürger geborenen Handwerkern auch Sklaven, Freigelassene und Metöken mit. Letztere sind vor allem für Athen in großer Anzahl belegt. Sie waren fremdstämmige Einwanderer, die weder das Bürgerrecht noch das Recht auf irgendwelchen Grundbesitz hatten. Trotzdem konnten sie sich schnell einen gewissen Reichtum erwerben, denn ihre Steuerpflichten waren gering.

Einige der fremden Namen können aber auch auf Sklaven hinweisen. So bezeichnet sich ein Lydos aus Myrina in seiner Signatur ausdrücklich selbst als Sklave. Neben den fremden Namen lassen sich auch in den Vasenbildern, die eine Werkstatt zeigen, gelegentlich Hinweise auf die andere Herkunft finden, denn einige Personen werden durch nichtgriechische Gesichtszüge charakterisiert.

## Die politischen Rechte

Die politischen Rechte von Handwerkern unterschieden sich im antiken Griechenland von Staat zu Staat. Einige *Poleis* verweigerten ihnen bis in die Spätantike hinein das volle Bürgerrecht, obwohl die Handwerker, einschließlich der Töpfer, von großer ökonomischer Bedeutung waren. Etwas anders sah es in Athen aus, wo die Töpfer, sofern als freie Bürger geboren, Stimmrecht in allen öffentlichen Angelegenheiten hatten. Sie gehörten dem Stand der Demiurgen („für das Gemeinwohl Tätige") an, der im 6. Jh. v. Chr. zwei der zehn Archontenstimmen besaß[21]. Sie konnten auch öffentlich geehrt werden wie die athenischen Töpfer Bakchios und Kittos[22]: Diese erhielten im 4. Jh. v. Chr. von der Stadt Ephesos, ihrer neuen Heimatstadt, das volle Bürgerrecht verliehen zum Dank für die Arbeit, die sie geleistet hatten[23].

1 Scheibler, Töpferkunst 72.
2 Sie wird aber auch als Signatur gedeutet, die den Besitzer der Werkstatt nennt, in der das Gefäß gefertigt wurde; vgl. dazu J. Boardman, Schwarzfigurige Vasen aus Athen (1994²) 12.
3 Beispielsweise kann der Maler Epiktet mit den Töpfern Hischylos, Nikosthenes, Pamphaios, Andokides, Python und Pistoxenos in Verbindung gebracht werden. Hierzu I. Scheibler in: Festschrift Lauffer III (1986) 789.
4 Scheibler a. O. 792.
5 Scheibler a. O. 794 ff.
6 Siehe hierzu o. T. Netzbandt 9 ff.
7 Scheibler, Töpferkunst 99.
8 Scheibler, Töpferkunst 84.
9 Berlin, Antikenmuseum Inv. F 868: Scheibler, Töpferkunst 85 Abb. 74.
10 Scheibler, Töpferkunst 118.
11 Beazley, ARV² 1510 f.
12 Ausführliche Anmerkung hierzu u. N. Fellmuth.
13 s. u. H. Meschederu 25 ff.
14 Unter dem Stichwort „κεραμεύειν" in der Suda.
15 Xen. oik. IV, 2-3.
16 ebenda.
17 Arist. pol. 1278 a.
18 ebenda.
19 A. Raubitschek, Dedications from the Athenian Akropolis (1949) 213 f. Nr. 178.
20 München, Antikensammlung Inv. 2307: CVA München 4 (1956) 13 ff. Taf. 165.
21 Scheibler, Töpferkunst 123.
22 J. Keil, ÖJh 16, 1913, 232.
23 E. Preuner, JdI 35, 1920, 69 ff.

*Uta Sonnenschein*

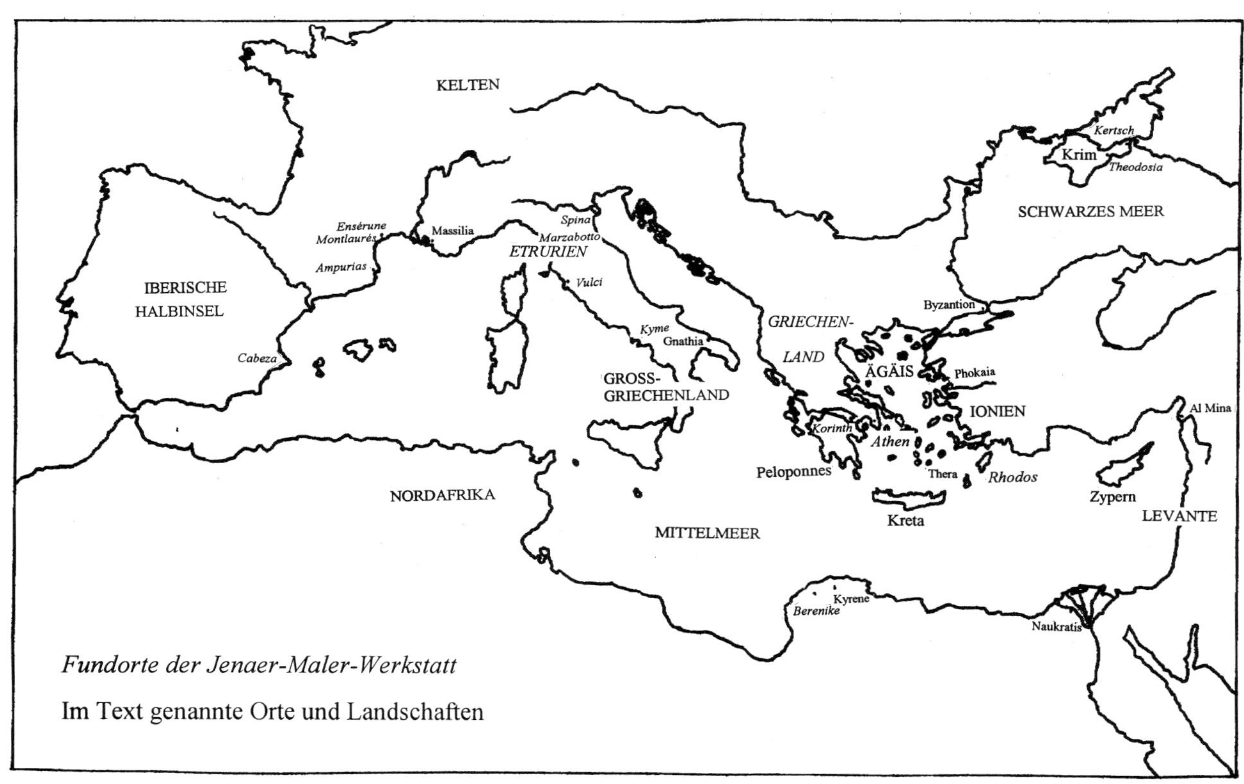


Abb. 17: Die Fundorte der Jenaer-Maler-Werkstatt im Mittelmeergebiet

# Die Fundverteilung der Jenaer-Maler-Werkstatt und der Handel mit Keramik in der Antike

## Die Fundverteilung und der Versuch einer Auswertung

Neben dem Werkstattfund des Jahres 1852 aus der Hermesstraße in Athen[1] wurde noch eine große Anzahl figürlich bemalter Keramik im gesamten Mittelmeerbereich entdeckt, die vor allem durch J. Beazley ebenfalls der Werkstatt des Jenaer Malers zugeschrieben wurde[2]. Die einzelnen Fundorte erstrecken sich von Spanien und Südfrankreich über Etrurien und Nordafrika bis zur Levante und der Krim (siehe hierzu die Mittelmeerkarte Abb. 17).

Diejenigen Städte, in denen Keramik aus der Werkstatt des Jenaer Malers gefunden wurde, waren fast alle griechische Ansiedlungen mit Ausnahme der etruskischen Städte, die jedoch mit dem griechischen Mutterland besonders intensive Handelsbeziehungen pflegten[3]. Die griechischen Städte des gesamten Mittelmeerraumes verdanken ihre Entstehung der *Großen Griechischen Kolonisation*, einer Auswanderungsbewegung, die ihren Ursprung sowohl im griechischen Mutterland als auch in den *ionischen Städten* an der kleinasiatischen Westküste nahm. Auch wenn die Gründe für diese Bewegung heute noch nicht völlig geklärt sind, kann davon ausgegangen werden, daß zum einen das Problem der Überbevölkerung (Beispiel: Thera → Gründung von Kyrene in Nordafrika um 630 v. Chr.[4]), zum anderen die Bedrohung durch Völker von außen, z.B. die Perser (Beispiel: Phokaia, Ostionien → um 600 v. Chr. Gründung von Massilia, heute Marseille[5]), eine entscheidende Rolle gespielt haben. Die Auswanderung erfolgte im wesentlichen in zwei Schüben[6]:

1) nach dem westlichen Mittelmeergebiet und Nordafrika (ca. 740 bis 650 v. Chr.),

2) nach dem östlichen Mittelmeergebiet, im besonderen an die Küste des Schwarzen Meeres (ca. 650 bis 580 v. Chr.).

Als Stätten für eine neue Stadtgründung wurden gerne Plätze ausgesucht, an denen bereits früher ein *Emporion* bestanden hatte. Diese Neugründungen, Tochterstädte genannt, standen mit ihrer jeweiligen Mutterstadt in enger sozialer, religiöser und wirtschaftlicher Verbindung. Das Bestehen dieser griechischen Koloniestädte läßt sich oftmals bis in die Zeit der römischen Eroberung verfolgen, die etwa um 200 v. Chr. einsetzte und erst beendet war, als mit der Unterwerfung Ägyptens durch Octavian, den späteren Kaiser Augustus, im Jahre 30 v. Chr. das gesamte Mittelmeergebiet dem Römischen Reich einverleibt worden war. Einige dieser Städtegründungen existieren noch heute, wie z. B. die Stadt Byzantion[7], das spätere Konstantinopel und heutige Istanbul, gegründet von Megara aus um 660 v. Chr.

Die Fundortanalyse der mit der Werkstatt des Jenaer Malers verbundenen Keramik kann nur unter Vorbehalt geschehen. Denn die Funde, auf die hier zurückgegriffen wird, sind nur die uns bekannte ‚Auswahl', welche durch Zufall oder gezielte Ausgrabung auf uns gekommen ist.

Grundlage der Analyse bilden die Zuschreibungen J. Beazleys [8], und ihm folgend wird auch hier unterschieden nach dem Jenaer Maler selbst [9], dem Diomedes-Maler und dem Q-Maler, die Beazley als zur Werkstatt des Jenaer Malers gehörig bezeichnet hat[10].

Von allen uns bekannten Gefäßen der Werkstatt, insgesamt 162, entfallen auf den Jenaer Maler 91, den Diomedes-Maler 15, und auf den Q-Maler 56[11]. Die verschiedenen Gefäßformen konnten in der Tabelle Abb. 18 nicht berücksichtigt werden, daher bietet Abb. 19 eine Aufschlüsselung der einzelnen Formen, unterschieden nach den Malern der Werkstatt.

Augenfällig ist hier, daß Trinkschalen, ob nun Kylikes oder Schalen ohne Fuß, mit 96,9 % die häufigste Gefäßform darstellen; auf die anderen Formen entfallen 3,1 %. Die Provenienz der Nicht-Trinkschalen (Herkunft unbekannt 2; Griechenland ohne genauere Herkunftsangabe 1; Tanagra/Böotien 1; Rhodos 1, zu diesem Stück siehe Abb. 20) ist leider nicht weiter interpretierbar, beispielsweise dahingehend, ob es sich

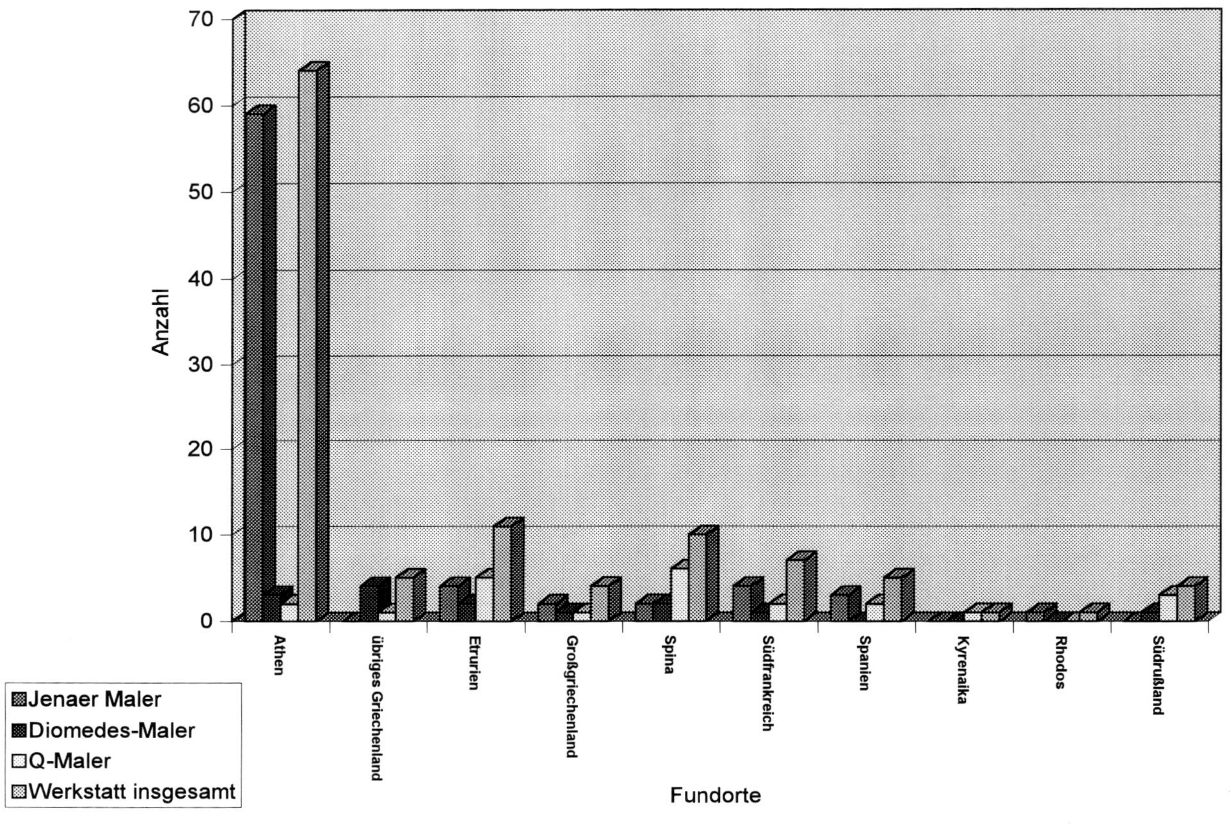


Abb. 18: Tabelle der Fundorte der Jenaer-Maler-Werkstatt außerhalb Athens

bei diesen für die Jenaer-Maler-Werkstatt ungewöhnlichen Formen um Sonderanfertigungen gehandelt haben mag.

Durch den Werkstattfund in der Hermesstraße (insges. 57 Stück, davon J 56; D 1) wurden in Athen die größte Anzahl Vasen, nämlich 64 Stück gefunden (J 59; D 3; Q 2). Alle anderen verteilen sich im Mittelmeer- und Schwarzmeergebiet, und zwar auf griechische Städte 37 (J 12; D 9; Q 16) und auf etruskische Städte 11 (J 4; D 2; Q 5). Diejenigen Stücke, deren Provenienz nicht geklärt ist (insgesamt 50; J 16; D 1; Q 33), wurden nicht in die Tabelle aufgenommen, um das Bild nicht zu verunklären.

Betrachtet man die Fundortverteilung, so fällt auf, daß auf das westliche Mittelmeergebiet mehr Stücke entfallen, nämlich 42 (J 15; D 10; Q 17), als auf das östliche ohne Athen: unter Einschluß Nordafrikas[12] und des Schwarzen Meeres sind es ingesamt 6 Objekte (J 1; D 1; Q 4). Etrurien ist mit 11 Stücken (J 4; D 2; Q 5, siehe hierzu Abb. 22) fast so stark vertreten wie die

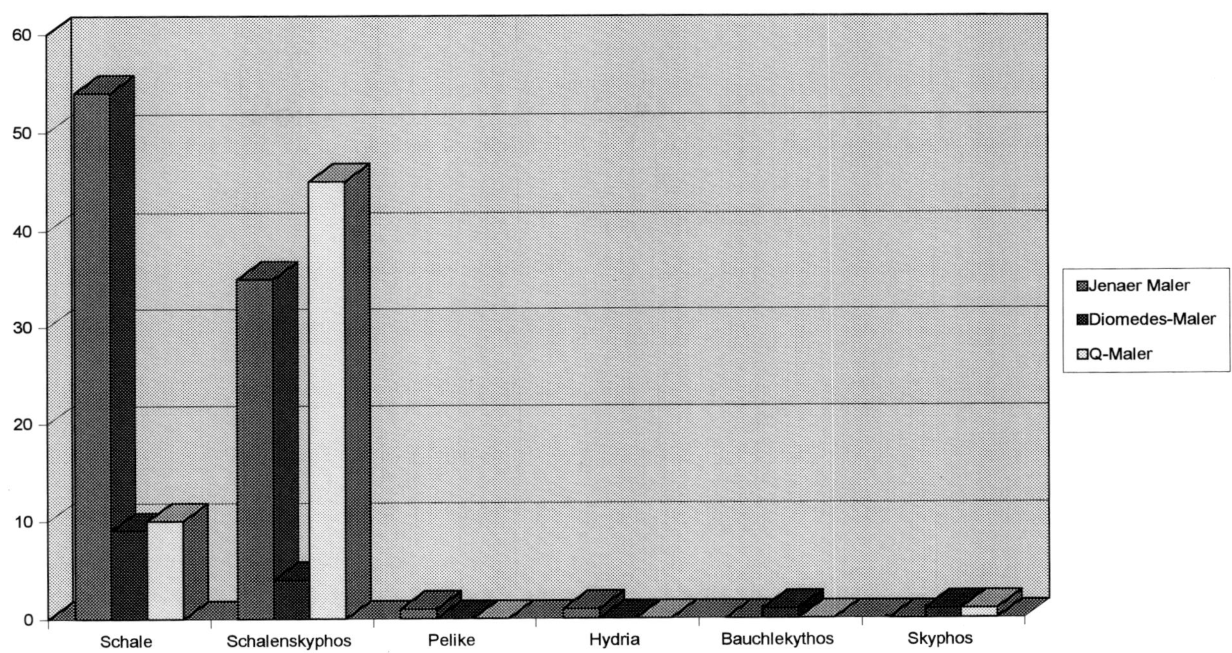


Abb. 19: Tabelle der Gefäßformen der Jenaer-Maler-Werkstatt

griechischen Ansiedlungen im heutigen *Italien* sowie der Stadt Spina mit 14 Stücken (J 4; D 3; Q 7). Nach Südwesten, hier also Südfrankreich mit 7 (J 4; D 1; Q 2, siehe hierzu Abb. 21) und Spanien mit 5 (J 3; D 0; Q 2) Stücken, ist die Anzahl abnehmend.

Insgesamt lag also der Export in den Westen des Mittelmeeres höher als der in den Osten. Die Vasen der Jenaer-Maler-Werkstatt wurden aber auch im griechischen Mutterland geschätzt, was deutlich wird auch an den Stücken aus Athen, die nicht dem Werkstattfund entstammen, und ganz besonders an der Schale des Q-Malers aus Korinth (Abb. 23), welche als Einzelstück allerdings keinen Anhaltspunkt dafür bietet, daß nun der gesamte Vasenhandel über das Meer nach Westen nicht über den Piräus, sondern die Häfen Korinths abgewickelt worden sei[13].

## Der Handel mit Vasen im Bereich des Mittelmeeres

Für eine Analyse des Keramikhandels im gesamten Mittelmeergebiet muß zunächst die Handelsware näher bestimmt werden. Bei griechischer Gefäßkeramik können ganz allgemein drei verschiedene Gattungen unterschieden werden:

1) Transportkeramik: reine Nutzkeramik, nicht bemalt oder gefirnißt, nur für Vertrieb und Handel. In

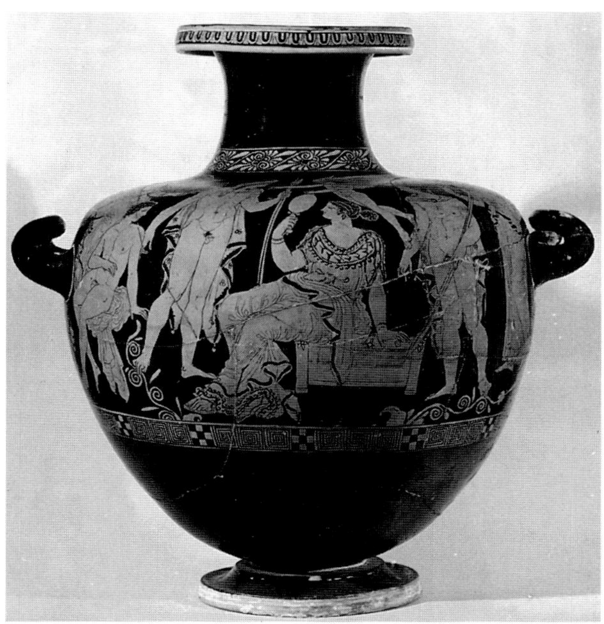

Abb. 20: Rotfigurige Hydria des Jenaer Malers aus Kimissala auf Rhodos in Berlin: Paris und Helena

diesen Transportamphoren, sog. Spitzamphoren, die mit Kork bzw. Harz verschlossen werden konnten, wurden z. B. Wein, Getreide, Öl oder Salben verhandelt[14]. Ihre Herkunft kann in vielen Fällen durch ihre äußere Form bzw. einen Stempel auf einem der Henkelansätze festgestellt werden;

2) nicht figürlich oder ornamental bemalte Keramik (in der Regel schwarz gefirnißt): in ihren Gefäßformen unterscheidet sie sich kaum von der bemalten Keramik. Sie ist einfach herzustellen, daher handelt es sich häufig um lokale, also nicht verhandelte Erzeugnisse[15];

3) figürlich bemalte Keramik: sie war zum einen wichtig als Behältnis für einen kostbaren Inhalt (z. B. Duftöle in korinthischen *Aryballoi*), oder aber das Gefäß besaß einen künstlerischen Eigenwert[16]. Diese Keramik konnte also mit oder ohne Inhalt gehandelt werden. Durch Gefäßform bzw. Stil der Bemalung gibt sie Anhaltspunkte für Ort oder Zeit ihrer Herstellung[17].

Da die uns erhaltenen Vasen des Jenaer Malers nur der unter 3) aufgeführten Gattung zuzuordnen sind, gilt das nun Folgende grundsätzlich nur für die bemalte Feinkeramik.

Führend in der Vasenproduktion des griechischen

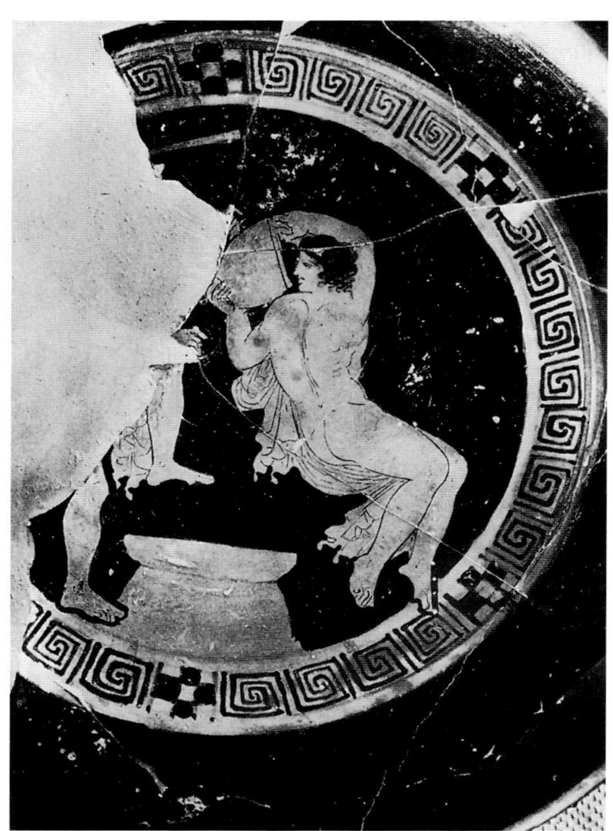

Abb. 21: Rotfiguriger Schalenskyphos des Jenaer Malers in Ensérune: Paralos mit einem weiteren Heros

Mutterlandes wurden die Gegenden, in denen feiner Ton anstand, also Böotien, die Argolis, aber vor allem Korinth und Athen. Diese beiden Städte beteiligten sich in nur wenigen Fällen an den Koloniegründungen, waren aber die größten Keramikproduktions- und -exportstädte. Gerade die keramischen Produkte dieser Städte lassen sich in nahezu allen griechischen Städten des gesamten Mittelmeerraumes finden. Während die lokale Produktion von keramischen Gefäßen nach dem Zusammenbruch des mykenischen Mittelmeerhandels ab dem 11. Jh. v. Chr. beobachtet werden kann[18], ist der Handel mit diesen Gefäßen erst ab ca. 700 v. Chr. faßbar, also in einer Zeit, in der sich die ersten griechischen Koloniegründungen etabliert hatten[19]. Korinth dominierte in Produktion und Handel mit den bemalten Vasen bis in das 2. Viertel des 6. Jhs. v. Chr.[20], dann wurde es von Athen abgelöst, da zum einen der attische Ton feiner war[21], zum anderen die athenischen Vasenmaler sich die aus Korinth stammende schwarzfigurige Maltechnik angeeignet und selbständig weiterentwickelt hatten[22]. Außerdem

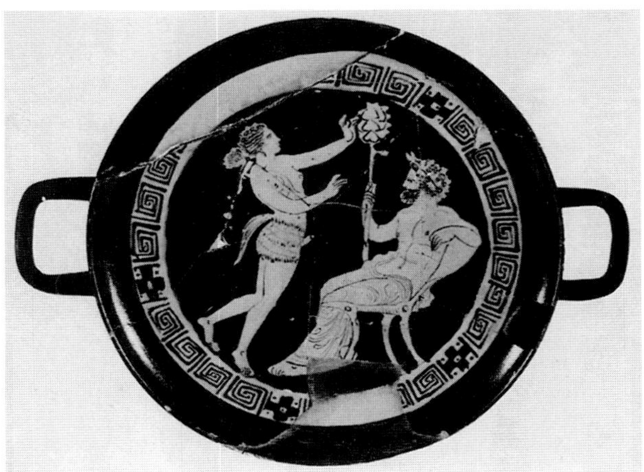

Abb. 23: Rotfiguriger Schalenskyphos des Q-Malers in Korinth. Innenbild: Dionysos und eine tanzende, als Satyr verkleidete Frau

schufen attische Vasenmaler die rotfigurige Technik, die offenbar besser gefiel und sich von 530 bis 480 v. Chr. gegenüber der schwarzfigurigen Technik durchsetzen konnte[23]. Selbst Korinth, dessen Keramikproduktion in der 2. Hälfte des 6. Jhs. v. Chr. stark zurückging und nur noch lokale Bedeutung besaß, führte nun attische Vasen ein[24]. So läßt es sich auch erklären, daß eine Trinkschale des Q-Malers[25] dort gefunden wurde (Abb. 23).

Doch nicht nur Griechen, die in einer Koloniestadt wohnten, legten Wert auf die qualitätvolle Ware aus der Heimat, sondern auch Nichtgriechen interessierten sich für korinthische oder attische Vasen. Viele der erhaltenen Stücke, die sich heute in europäischen Museen befinden, stammen aus den Gräbern der *Kelten* oder der *Etrusker*[26]. Diese Import-Vasen besaßen offensichtlich Prestigewert und wurden somit zu besonderen Anlässen verwendet oder wanderten als Grabbeigaben unter die Erde, was wiederum ihren guten Erhaltungszustand zur Folge hatte[27].

Der Handel über das Mittelmeer war die Aufgabe

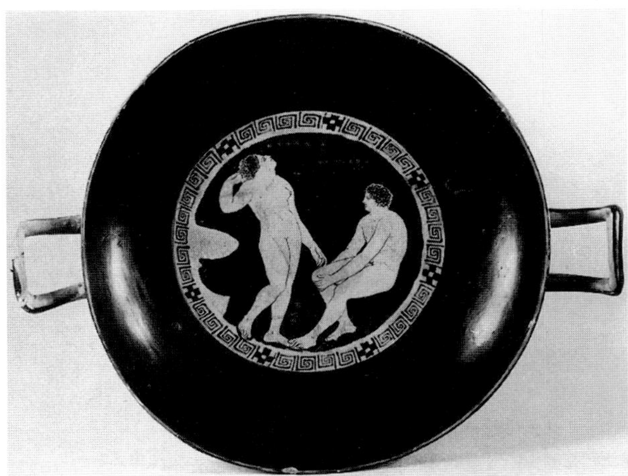

Abb. 22: Rotfiguriger Schalenskyphos des Jenaer Malers aus Vulci in Paris: Atalante und Peleus

von speziellen Seehändlern, die die Handelsreisen mit ihrem eigenen Schiff unternahmen. Diese erhielten ihre Keramikprodukte direkt von Werkstattverkäufern oder indirekt durch einen Zwischenhändler, der sich zwischen die Werkstatt und den Schiffshändler geschaltet hatte[28]. Umschlagplätze waren die einschlägigen Häfen, so Piräus für Athen oder die Häfen von Korinth, Lechaion am Korinthischen bzw. Kenchreai am Saronischen Golf. Die Handelswege innerhalb des Mittelmeeres führten an den Küsten entlang, wobei der Seehändler mehrere Handelsplätze bzw. Städte nacheinander anlief. Der Handel selbst war ein Tauschgeschäft: der Schiffshändler tauschte seine Ware gegen bestimmte einheimische Produkte der Gegend, die er wiederum in seinem Heimathafen gegen neue Exportprodukte einwechselte. Eine Bezahlung mit Münzen hätte für ihn keinen Wert gehabt, da er zum einen die Kapazität seines Schiffes auslasten mußte, zum anderen die einzelnen Städte ihre eigenen Münzprägungen mit einem speziellen Münzwert besaßen, der auch nur dort anerkannt war. Münzen in kleinen Mengen waren nur für die Bezahlung der Hafenzölle wichtig[29]. Sein Schiff belud der Seehändler jeweils nach eigenem Ermessen; in seinem Heimathafen konnte er sich des Interesses an den neuen und fremdartigen Produkten, die er zurückbrachte, sicher sein. Nur in Ausnahmefällen vermittelte und lieferte er Auftragsarbeiten, wie z.B. Trinkschalen mit besonders großem Durchmesser (ca. 50 cm), die in etruskischen Gräbern gefunden wurden; bei dieser Größe wäre dem Händler sonst die Abnahme nicht sicher gewesen[30]. Im Gegensatz zur reinen Transportkeramik nahm die Feinkeramik nur einen kleinen Teil einer Schiffsladung ein; meistens füllte der Seehändler mit ihr seine freien Kapazitäten auf[31].

Nach dem Ende des Peloponnesischen Krieges (404 v. Chr.), aus dem Athen als Verlierer hervorgegangen war, konnte es trotz seiner unsicheren politischen Lage das Niveau in der Herstellung der beliebten Vasen offenbar noch halten. Im Laufe der 1. Hälfte des 4. Jhs. v. Chr. ist dann in der attischen Keramikproduktion ein Rückgang zu verzeichnen: zum einen versiegte der Export in die unteritalischen Griechenstädte (besonders nach Apulien), da diese nun mit aus Athen ausgewanderten Töpfern und Malern ihre eigene Keramik produzierten[32], zum anderen kann die politische und deshalb auch schwierige wirtschaftliche Situation dafür verantwortlich gemacht werden. Ursache war der verlorene Peloponnesische Krieg, und Athen war nun zum einen von der Gunst Spartas, des Siegers, und zum anderen vom Persischen Großkönig abhängig[33]. Die Zeit zwischen 404 und 371 v. Chr. war geprägt von den ständigen Versuchen der einzelnen griechischen Städte, ihre Unabhängigkeit wiederzugewinnen bzw. Bündnisse untereinander einzugehen, wobei die Belagerung zu Lande bzw. eine Blockade des Hafens ein probates Mittel darstellte, um den politischen Gegner einzuschüchtern: allein in den Jahren 388 und 387 v. Chr. wurde der Piräus zwei Mal für mehrere Monate durch die Spartaner blokkiert[34]. Das bedeutete natürlich den Wegfall aller Einnahmen aus dem Handel – auch dem Vasenhandel – mit den Griechen im Mittelmeerraum. Ein Erstarken Athens ist erst ab dem Jahr 377 faßbar, als der 2. Attische Seebund geschlossen wurde, dem sich nahezu alle Griechenstädte der Ägäis anschlossen: Athen besaß nicht nur wieder eine Flotte und damit die Seeherrschaft in der Ägäis, es konnte auch den Schiffen bei ihren Handelsfahrten Sicherheit bieten. Als in der Schlacht bei Leuktra 371 v. Chr. die Vorherrschaft der Spartaner im griechischen Mutterland endgültig gebrochen werden konnte[35], war die Schaffensperiode der Werkstatt des Jenaer Malers schon vorüber.

Zusätzlich zum Rückgang des Exportes in der 1. Hälfte des 4. Jhs. v. Chr. reduzierte sich die Herstellung auf bestimmte Vasenformen, wie z.B. Kylikes (Trinkschalen auf hohem Fuß), Trinkschalen mit Standring (engl. stemless cups), die auf der Innen- und Außenseite bemalt sein konnten, ferner auf sogenannte Schalenskyphoi (engl. cup-cotyle), die außen bemalt, innen jedoch nur gestempelt waren; diese drei Schalenformen sind in großer Zahl aus der Werkstatt des Jenaer Malers auf uns gekommen. In den 80er Jahren des 4. Jhs. v. Chr. kann noch einmal ein erhöhter Export Athens in bestimmte von Griechen bewohnte Städte des Ostens beobachtet werden, z.B. nach Al Mina in der *Levante*, Naukratis im Nildelta oder Zypern[36]. Der Handel mit dem Bosporanischen Reich, einem Zusammenschluß griechischer Städte auf der Krim, stellt eine letzte Blüte attischer Vasenproduktion und ihres Exportes dar; die für diese Ausfuhr bestimmten Vasen werden nach ihrem Hauptfundort „Kertscher Vasen" genannt[37]. Außerdem kann hier von einer käuferorientierten Produktion gesprochen werden, da die attischen Vasenmaler sich in der Auswahl der Motivik und des Dekors stark nach ihren Abnehmern richteten[38]. Um die Mitte des 4. Jhs. v. Chr. hört dann endgültig die Herstellung und Verbreitung figürlich bemalter Keramik im Mutterland auf. Abgelöst wird sie zum einen von den lokalen Produkten, zumeist unbemalter schwarzer Glanztonkeramik, zum anderen von Keramik in ganz neuem Malstil (z.B. sog. Gnathia-Vasen in Deckfarben-Technik, in Apulien) bzw. von Reliefkeramik (mittels Matrizen hergestellt, z.B. die sog. Megarischen Becher), wobei sich hier neue Formen durchsetzten[39]. Die Jenaer-Maler-Werkstatt kann daher nicht nur als die letzte große Schalen-Malerwerkstatt bezeichnet werden – Trinkschalen verschwinden um 370 v. Chr. ganz aus dem Repertoire der Vasenmaler[40] –, sondern auch als die letzte große Werkstatt, die in den gesamten Mittelmeerraum exportierte.

1 Zu Auffindung und Ankauf s. o. R. Hirte/T. Kleinschmidt 1ff.

2 Beazley, ARV[2] 1510ff.-1521; Beazley, Paralipomena 499f.; Beazley, Addenda 383f.

3 J. Boardman, Kolonien und Handel bei den Griechen (1981) 234ff.; vgl. auch: Luxusgeschirr keltischer Fürsten, Ausstellungskatalog Würzburg (1995).

4 O. Murray, Das frühe Griechenland (1991[4]) 132. 153. Die Inschrift, die den Eid der Gründer von Kyrene zitiert und eine Abschrift des 4. Jhs. v. Chr. darstellt, ist abgedruckt in: R. Meiggs – D. Lewis, A selection of Greek historical inscriptions (1989), Nr. 5, Z. 23-51. Siehe auch Hdt. IV 147-158.

5 O. Murray, a. o. 132. 138f. Quelle: Hdt. I 163.

6 Zur Darstellung der Großen Griechischen Kolonisation halte ich mich im folgenden an: Murray a. O. 130-158, sowie Boardman a. O. 183-314.

7 Murray a. O. 131. 134; s. auch Hdt. IV 144.

8 Beazley, ARV[2] 1511-1521; außerdem Beazley, Paralipomena 499f. sowie Addenda 383f.

9 In der Tabelle werden Jenaer Maler und die Maler der Stile B und C, welche teilweise die Außenseiten der Schalen bzw. die Rückseiten anderer Gefäße bemalt haben, statistisch nicht getrennt.

10 Beazley, ARV[2] 1510f.

11 Im folgenden werden für die einzelnen Maler Abkürzungen verwendet: J – Jenaer Maler; D – Diomedes-Maler; Q – Q-Maler.

12 Da das einzige in Nordafrika gefundene Stück in Berenike, einer Hafenstadt bei Kyrene im heutigen Libyen zutage kam, wird in dieser Analyse Nordafrika dem östlichen Mittelmeergebiet zugerechnet.

13 s.u. S. 30, außerdem R. M. Cook, JdI 74, 1959, 115f.

14 Boardman a. O. 18f.

15 Cook a. O. 121.

16 Boardman a. O. 18f.

17 R. M. Cook, Greek Painted Pottery (1972[2]) 273.

18 Zur Entwicklung des protogeometrischen Stils: Boardman a. O. 14.

19 R. M. Cook, JdI 74, 1959, 115. – Boardman a. O. 15.

20 Cook a. O. 115.

21 Zu den Qualitäten des attischen Tones und seiner Verarbeitung, außerdem zur schwarz- und rotfigurigen Technik s. o. T. Netzbandt 9ff.

22 Cook a. O. 115f. – Boardman a. O. 16. 19f.

23 Cook a. O. 116. – Boardman a. O. 16.

24 Es ist auch gut vorstellbar, daß der athenische Vasenhandel nach dem westlichen Mittelmeergebiet über Korinth abgewickelt wurde, da die korinthischen Häfen viel

günstiger lagen als der Piräus (vom Lechaion aus keine Umschiffung der Peloponnes nötig); s. hierzu Cook a.O. 116, sowie Strab. VIII 378.

25 M. Robertson, The Art of Vase-Painting in Classical Athens (1992) 270, geht davon aus, daß in Korinth ein eigener Dionysoskult für Frauen existierte; die hier dargestellte weibliche Gestalt ist nämlich keine Hetäre, da ihr alle Attribute hierfür fehlen, sondern eine als Satyr verkleidete Frau. Es könnte sich auch um eine Auftragsarbeit handeln. Zum Q-Maler s.u. N. Fellmuth 48ff.

26 Auch wenn die beiden Schalen des Jenaer Malers in Würzburg (Inv. L 492 und Inv. H 5011) keine gesicherte Provenienz besitzen, kann Etrurien als Fundort angenommen werden; auch sie verdanken ihren guten Zustand der Tatsache, daß sie als Grabbeigaben Verwendung fanden.

27 E. Simon in: Euphronios und seine Zeit, Kolloquium Berlin 1991 (1992) 92f.

28 R. M. Cook, Greek Painted Pottery ($1973^2$) 272.

29 Am Handel mit Luxusgütern war der Staat ansonsten nicht interressiert, am Vasenhandel profitierte er nur durch die Zölle. Siehe hierzu R. M. Cook a.O. (Anm. 19) 117.

30 Simon a.O. 90.

31 Cook a.O. 117.

32 Paul-Zinserling, Jena-Maler 11. – Scheibler, Töpferkunst 180.

33 Bei dem folgenden kurzen historischen Abriß stütze ich mich auf H. Bengtson, Griechische Geschichte ($1977^5$), bes. 253-278.

34 Bengtson a.O. 270.

35 Bengtson a.O. 277f.

36 Scheibler, Töpferkunst 180f. – Paul-Zinserling, Jena-Maler 11.

37 Scheibler, Töpferkunst 180. 181.

38 Cook a.O. 116f.

39 Paul-Zinserling, Jena-Maler 11. – Scheibler, Töpferkunst 184f.

40 Paul-Zinserling, Jena-Maler 11. – Scheibler, Töpferkunst 183.

*Hadwiga Meschederu*

# Die Schale im Leben der Griechen

Die Werkstatt des Jenaer Malers hatte sich allem Anschein nach auf die Herstellung von Schalen spezialisiert. Ein Absatzmarkt für diese vielseitig verwendbare Gefäßform war immer vorhanden. So wurde sie im alltäglichen Leben als Trinkgefäß beim Gelage der Männer, dem Symposion, benutzt, aber auch sakral als Opferschale sowie bei Begräbniszeremonien verwendet.

## Geschirr beim Symposion (Abb. 24)

Eines der wichtigsten Gefäße, das beim Symposion Verwendung fand, war die Kylix (z.B. Kat. 88) mit einem ausladenden Schalenkörper auf einem mehr oder minder hohen Fuß und zwei waagerechten Henkeln. Sofern sie aus Ton gebrannt wurde, konnte sie auf der Innen- und Außenseite figürlich dekoriert werden.

Neben der Kylix fanden aber noch eine Reihe weiterer Gefäßformen Verwendung, so zum Beispiel die Phiale (Kat. 100), deren eigentliche Funktion jedoch die einer Opferschale war[1]. Sie besaß weder Fuß noch Henkel. Damit man aber auch sie gut handhaben konnte, befand sich im Zentrum oft ein Nabel. In diesem Fall wird sie auch Omphalosschale (griech.: 'ομφαλός, omphalós; dt.: Nabel) genannt.

Beim Skyphos handelt es sich eher um einen Trinknapf, der ebenfalls keinen Fuß besitzt, aber an zwei waagerechten bzw. einem waagerechten und einem senkrechten Henkel gehalten werden kann. Einige Stücke ähnlicher Form, die sogenannten Schalenskyphoi, befinden sich auch unter den Stücken des Jenaer Malers (Kat. 47 ff.).

Eine besonders elegante Form des Trinkgefässes stellt der Kantharos dar, was übersetzt „Käfer" bedeutet. Er steht auf einem meist hohen Fuß und zeichnet sich durch zwei senkrechte, in der Regel hoch über den Gefäßkörper geführte und schön geschwungene Henkel aus. Man kennt ihn vor allem als Attribut des Weingottes *Dionysos*.

Kyathos ist die gebräuchliche Bezeichnung für eine besonders dünnwandige Tassenform mit einem steilen, bandförmigen Henkel. Er war, nach etruskischem Vorbild gearbeitet, hauptsächlich für den Export nach Etrurien bestimmt.

Kyathos ist aber auch die griechische Bezeichnung für eine Schöpfkelle und fand in dieser Funktion ebenfalls beim Gelage Verwendung.

Eine weitere, besonders während der spätarchaischen Zeit beliebte Form ist der Mastos (griech.: μάστος; mástos; dt.: Brust), ein der weiblichen Brust nachempfundenes Trinkgefäß mit einem waagerechten sowie einem senkrechten Henkel.

Interessant ist auch die Gestalt des aus dem Orient stammenden Rhyton mit seinem charakteristischen, trichterförmigen Unterteil, das oft das Aussehen eines Tierkopfes annimmt. Ursprünglich diente es aber als Spendegefäß, wobei die Flüssigkeit durch ein in die Spitze gebohrtes Loch abfließen konnte (griech.: ῥέω; rhéo; dt.: ich fließe). Vorbild ist ein ebenso behandeltes Rinderhorn.

Damit verwandt ist das einfache Trinkhorn, das vor allem im dionysischen Bereich und beim *Komos* begegnet. Erst im 5. Jh. v. Chr. wurde es auch in Keramik gearbeitet, nachdem es im Orient als Luxusform aus Metall kultiviert worden war.

Besonders von Soldaten und Wanderern wurde der Kothon benutzt, ein einfacher, einhenkliger Trinkbecher. In seiner veredelten, also bemalten Ausführung war er aber auch beim Gelage gebräuchlich.

Um ein Symposion auszurichten, genügte es natürlich nicht, eine ausreichende Anzahl Trinkgefäße bereitzustellen. Man brauchte auch Gefäße zum Transportieren, Mischen und Schöpfen des Weines. Die Typenvielfalt ist auch hier beachtlich.

Die gebräuchlichste Form zum Transport und zur Aufbewahrung des Weines war die Amphora (Kat. 96. 97). Ihr kennzeichnendes Merkmal, die beiden unterhalb der Mündung ansetzenden Henkel, gaben ihr auch den Namen (griech.: 'αμφορεύς; amphoreús; dt.: Doppelträger).

## TRANSPORTGEFÄSSE

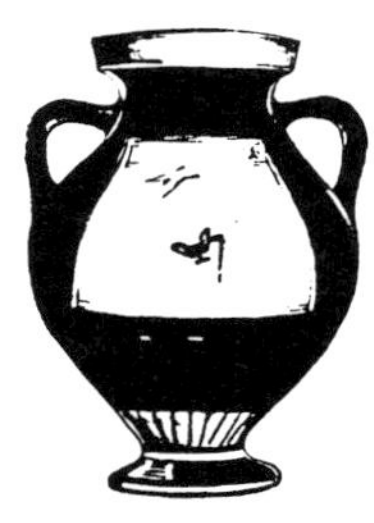

Bauchamphora

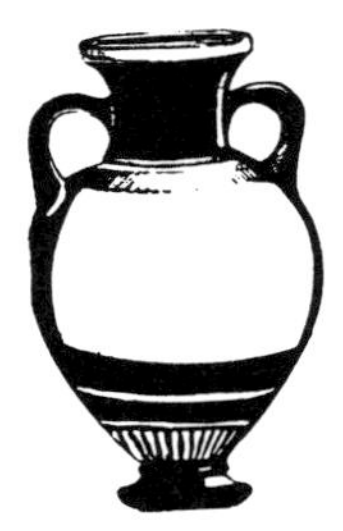

Halsamphora

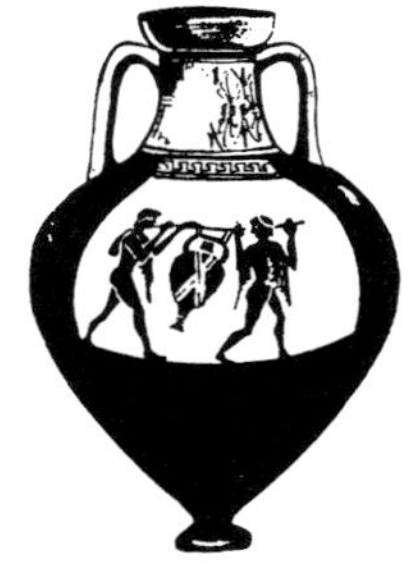

Spitzamphora

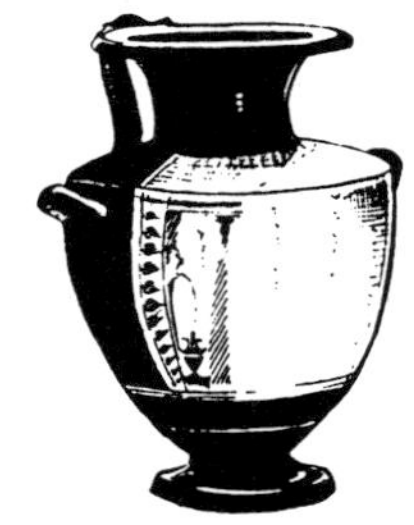

Hydria

## MISCHGEFÄSSE

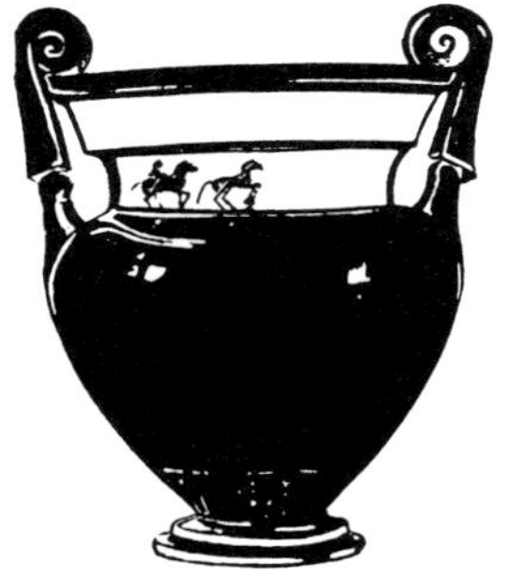

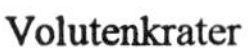

Volutenkrater

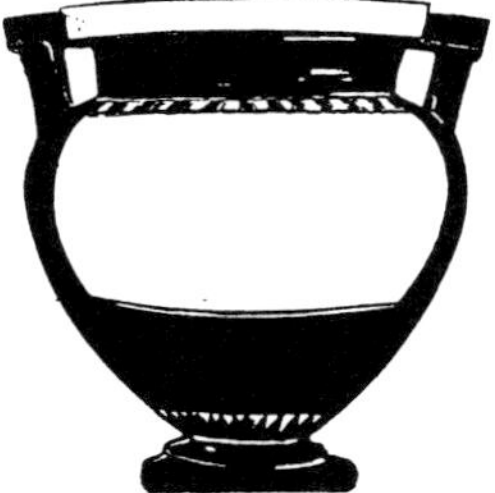

Kolonettenkrater

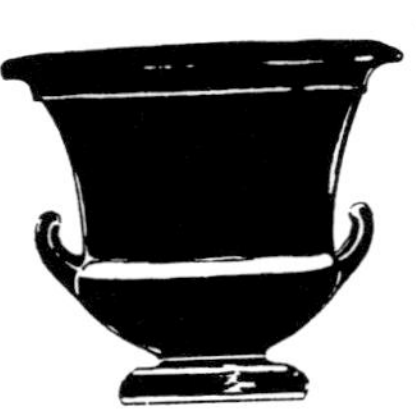

Kelchkrater

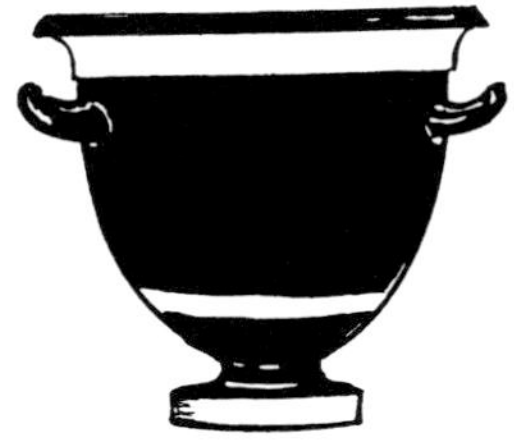

Glockenkrater

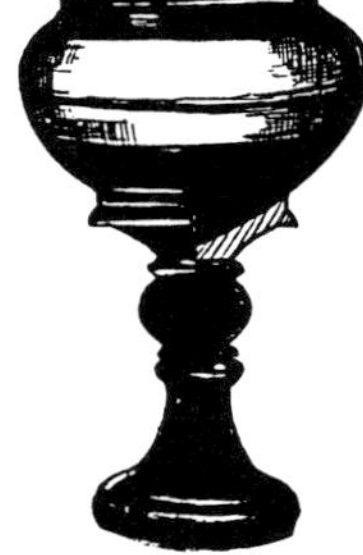

Lebes/Dinos
auf Ständer

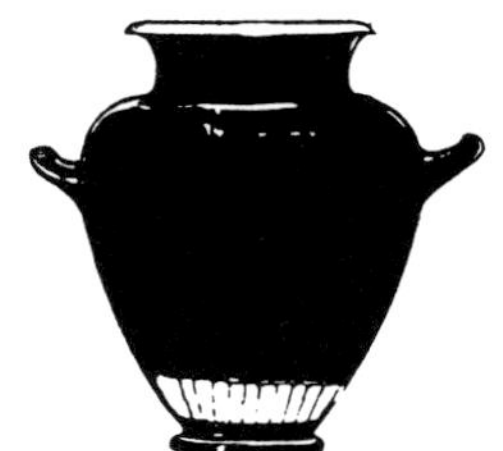

Stamnos

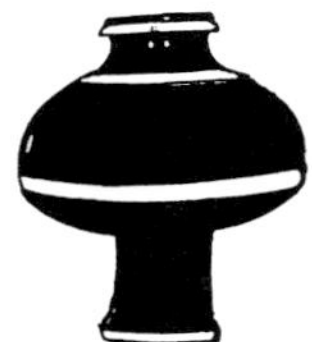

Psykter

Abb. 24: Typentafel

## KANNEN

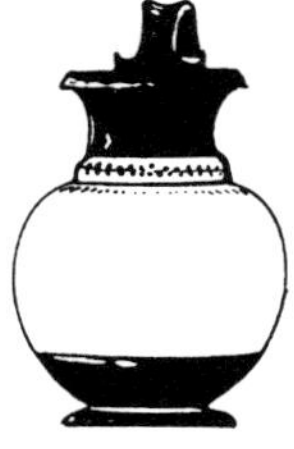

Oinochoe

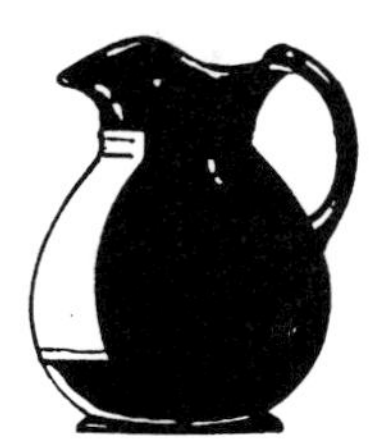

Chous

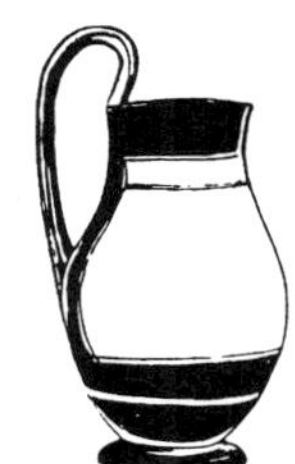

Olpe

## TRINKGEFÄSSE

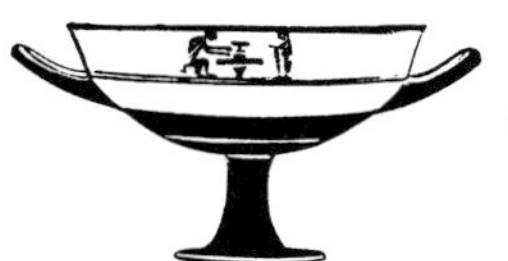

Kleinmeister-Schale (schwarzfigurig)

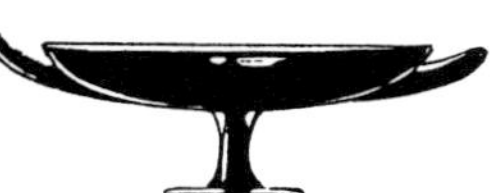

Schale Typus A

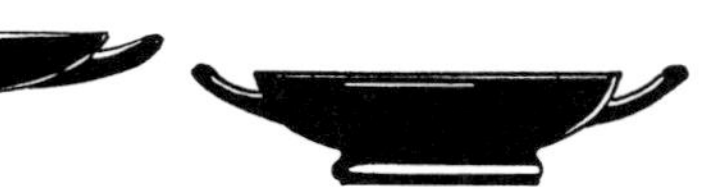

Schale mit Standring

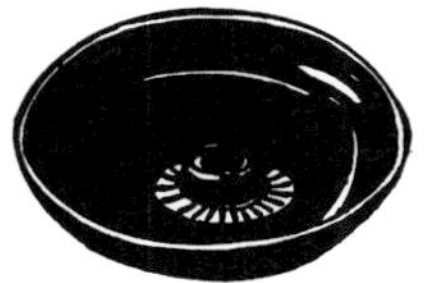

Omphalosschale/Phiale

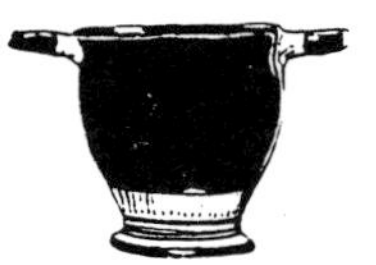

Skyphos

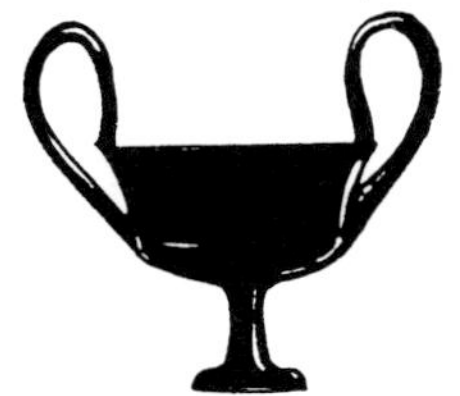

Kantharos

Kyathos

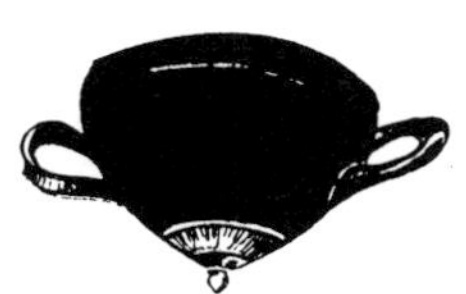

Mastos

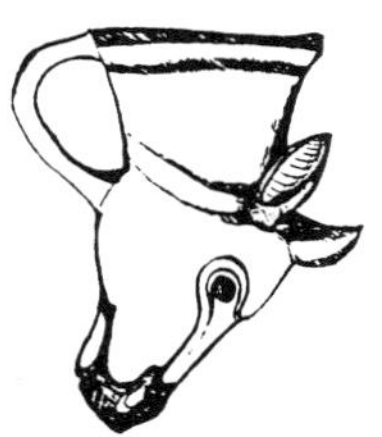

Rhyton

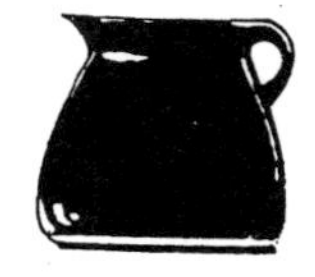

Kothon

Man unterscheidet die Halsamphora, bei der der Hals deutlich vom Gefäßkörper abgesetzt ist, gegenüber der Bauchamphora mit durchgehendem Kontur.

In Symposionsszenen begegnet auch gelegentlich der Typus der Spitzamphora, die keinen Fuß besaß, sondern spitz zulief (Abb. 25). Gemeint sind hier wohl die ungefirnißten Transportamphoren, an deren variierenden Formen und an den teilweise vorhandenen Henkelstempeln man den jeweiligen Herkunftsort erkennen kann.[2]

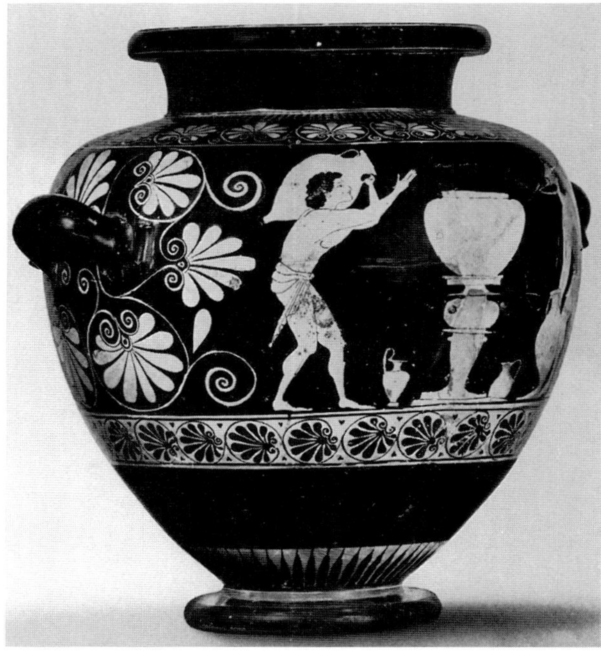

Abb. 25: Spitzamphora als Transportgefäß beim Symposion. Attisch-rotfiguriger Stamnos des Smikros, um 510 (Brüssel)

Zum Transport von Wasser hatte sich eine spezielle Form herausgebildet – die Hydria (griech. ὕδωρ; hýdor; dt.: Wasser). Charakteristisch sind ihre drei Henkel, zwei waagerechte zum Tragen des Gefäßes und ein senkrechter zum Gießen (Kat. 98).

Unentbehrlich beim Symposion waren auch die großen Mischgefäße (Kratere), da man den Wein mit Wasser vermischt trank. Diese sind ebenfalls in verschiedenen Typen anzutreffen. Allen ist eine bauchige Form und eine weite Mündung zum leichten Herausschöpfen des Getränks gemeinsam.

Man unterscheidet zwischen Kolonetten- oder Stangenhenkelkrater, der seinen Namen nach den säulchenförmigen Henkeln, die eine waagerechte Griffplatte tragen, erhielt, und einer besonders prächtigen Form, dem deutlich nach Metallvorbildern gearbeiteten Volutenkrater, bei dem die Henkel eingerollt und über den Rand gezogen sind.

Weitere, etwas schlichtere Formen sind Kelch- und Glockenkrater (Kat. 94. 95), die den Namen ihrer charakteristischen Formgebung verdanken, wobei beim Kelchkrater die Henkel am unteren Gefäßteil ansetzen. Eine Sonderstellung nimmt der Stamnos (Abb. 25) ein. Dies ist die konventionelle Bezeichnung für ein mit einem Deckel verschließbares Weingefäß. Er geht auf ein etruskisches Vorbild zurück und war vor allem für den Export bestimmt, wurde aber auch beim Weinfest der athenischen Frauen, den *Lenäen*, verwendet[3].

Eine letzte Form des Mischgefäßes ist der Lebes (auch Dinos), ein bauchig geformter Kessel, der auf einen extra gearbeiteten Ständer gestellt wurde (Abb. 25).

Der Wein mußte aber auch kühl gehalten werden, hierfür dienten die doppelwandige Amphora oder der Psykter (griech.: ψύχω; psýcho; dt.: ich kühle), ein recht eigenartig aussehendes Gefäß mit zylindrischem Unter- und bauchig ausladendem Oberteil (Kat. 93). Die schmale Mündung konnte noch mit einem Deckel verschlossen werden. Vasenbilder zeigen, wie Diener mit einer dazu notwendigen schmalen langstieligen

Kelle das Getränk aus dem im Krater schwimmenden Psykter schöpfen. Es ist also davon auszugehen, daß sich der Wein im Psykter befand und durch das kalte Wasser im Krater gekühlt wurde, obwohl die umgekehrte Variante (das Wasser im Psykter kühlt den Wein im Krater) auch vorstellbar ist[4]. Diese spezielle Gefäßform tritt auch nur recht kurzzeitig im letzten Viertel des 6. Jhs. v. Chr. und ersten Viertel des 5. Jhs. v. Chr. auf. Bezogen auf die große Zahl griechischer Vasen in den Museen sind auch nur recht wenige Psyktere erhalten[5].

Unverzichtbar beim Symposion sind die Weinkannen, mit denen der Wein aus den Krateren geschöpft und in die Schalen geschenkt wurde. Aus dieser praktischen Funktion ergibt sich ein hochgezogener Henkel und eine meist kleeblattförmige Mündung. Als Schöpfgefäße sind sie allgemein kleinformatig, da für jeden Trinker frischer Wein bereitstehen sollte. Auch sind sie öfter als andere Gefäße in Metall erhalten, wobei zweifellos in vornehmen Häusern die weit kostbareren Edelmetallgefäße mehr als die billigere Keramik geschätzt wurden[6].

Gerade bei den Weinkannen gab es eine große Formenvielfalt. Bei der Oinochoe (griech.: οἶνος; dt.: Wein, χέω; chéo; dt.: ich gieße) sind Hals und Körper entweder klar voneinander abgesetzt oder aber ineinander übergehend (Kat. 90-92). Die Mündung ist kleeblatt-, gelegentlich aber auch schnabelförmig, weshalb diese Sonderform auch Schnabelkanne genannt wird.

Ähnlich der Oinochoe, nur mit bauchig ausgeprägtem S-Profil, ist der Chous. Er faßte 3,28 Liter und diente beim *Anthesterienfest* als Maß für die Teilnehmer am Wetttrinken. Kennzeichnend für die Olpe ist die schlanke, fließende Form und der die Lippe überragende Henkel.

Bei all diesen Formen muß man sich immer vor Augen halten, daß sie im Laufe der Zeit Änderungen unterworfen waren oder auch ganz aus der Mode gerieten.

## Das Symposion: Ablauf

Die Funktion all dieser Gefäßtypen ist vor allem in Darstellungen griechischer Vasen überliefert, die uns anschaulich das Geschehen eines Trinkgelages schildern – des Symposions (Abb. 26).

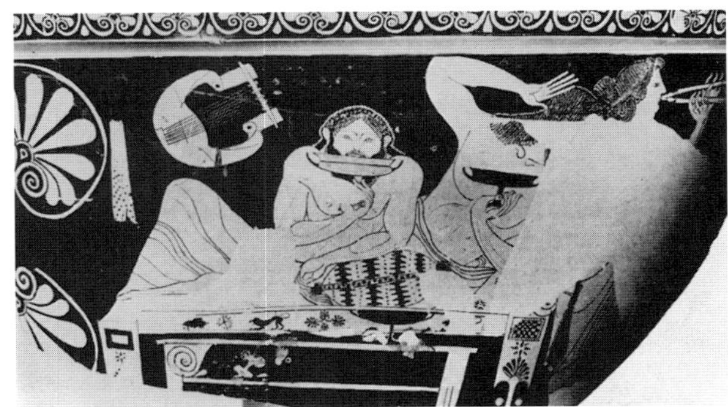

Abb. 26: Symposion. Attisch-rotfiguriger Kelchkrater des Euphronios, um 510 v. Chr. (München)

Erstmals finden sich solche Szenen in der attischen Vasenmalerei in der ersten Hälfte des 6. Jhs. v. Chr. Das Wort „Symposion" ist erst am Ende des 6. Jhs. v. Chr. belegt[7] und bedeutet so viel wie „gemeinsames Trinken". Schon der Name unterstreicht also die Geselligkeit des Geschehens und das Trinken als dessen wichtigsten Bestandteil.

Um genaueres über den Ablauf eines Symposions zu erfahren, helfen besonders die schon erwähnten Vasenbilder, die sich häufig gerade auf solchen Gefäßen befinden, die bei diesem Anlaß benutzt wurden. Aber auch antike Autoren berichten über derartige Gelage, wie zum Beispiel Platon (427-347 v. Chr.) und Xenophon (430-355 v. Chr.). Wann sich aber diese eigenständige Form des Weingenusses und geselligen Vergnügens herausgebildet hat, ist nicht genau bekannt. Auf jeden Fall lassen sich deutliche Unterschiede zu den bei Homer (8./7. Jh. v. Chr.) beschriebenen Gastmählern feststellen, bei denen nach dem Essen auch zum Vergnügen weitergetrunken werden konnte. So besteht ein wesentlicher Unterschied darin, daß die Teilnehmer beim homerischen Gastmahl im Gegensatz zu den späteren Symposiasten saßen.

Die Sitte, beim Gelage zu liegen, übernahmen die Griechen aus dem Orient. Sie konnte einen zusätzlichen Luxus bedeuten, sozusagen eine Distanzierung zu den Mühen des Alltagslebens, obwohl die Bequemlichkeit dieser Lage trotz kostbarer Kissen und Decken für den heutigen Betrachter eher zweifelhaft ist.

Gerade die frühen Symposia zeichneten sich durch kostbare Ausstattung aus und waren in archaischer Zeit wohl nur einer vornehmen und begüterten Oberschicht vorbehalten. So war ein solches Trinkgelage auch keine spontane Zusammenkunft, sondern fand unter festen Regeln in einer Gesellschaft von Gleichgestellten und Freunden statt, die sich zu gegebenen Anlässen gegenseitig einluden.

Ehefrauen oder Töchtern des Hauses, wie sie noch beim homerischem Gastmahl anzutreffen sind, war die Teilnahme am Symposion verwehrt. Die Rolle der Gefährtin übernahm nun die *Hetäre*, die zur musischen, aber auch sexuellen Unterhaltung angemietet wurde.

Auch der Ort dieser Treffen war nicht beliebig, sondern ein eigens dafür vorgesehener Raum im Haus – das *Andron*[8]. Es bot Platz für drei, fünf, sieben, neun oder elf *Klinen*. Auf einer solchen *Kline* fanden auch zwei Männer gleichzeitig Platz.

In der Regel wurde zu Beginn des Symposions ein Leiter, der Symposiarch, aus dem Kreis der Teilnehmer gewählt, dessen Aufgabe es war, die Größe der Trinkgefäße zu bestimmen, nötigenfalls Straftrinken anzuordnen und für Unterhaltung und Abwechslung zu sorgen. Aber vor allem mußte er das Mischverhältnis von Wein und Wasser angeben, denn den Wein unverdünnt zu trinken, galt den Griechen als barbarisch. Im Durchschnitt kann wohl ein Verhältnis Wein zu Wasser von eins zu drei angenommen werden.

Vor dem eigentlichen Trinkgelage fand meist eine ausgedehnte Hauptmahlzeit statt, an deren Ende ein Trunk ungemischten Weines dem Agathos Daimon (etwa: guter Geist) dargebracht wurde. Daraufhin wurden die Eßtische entfernt, der Boden gefegt sowie Wasser und Handtücher zum Reinigen der Hände herumgereicht. Auch die Füße wurden in großen Bekken gewaschen. Doch nicht genug damit: Brust und Füße wurden gesalbt und das Haar der Teilnehmer mit Bändern oder Kränzen geschmückt. Diese Kränze wurden mit Andauer des Symposions jeweils durch frische ersetzt.

Wichtig war es nun, den Mischkrug (Krater), das eigentliche Zentrum des Gelages, vorzubereiten, wobei nicht vergessen wurde, etwas Wein unter Gesang den Göttern zu opfern. Dieses Ritual wiederholte man mit wohl geringerer Feierlichkeit bei jedem neuen Krater und gliederte so das Symposion in bestimmte Abschnitte. Das Weingemisch, das häufig noch mit Wermut, Pfeffer, Myrrhe u.a. gewürzt wurde, konnte nun von Dienern in Kannen gefüllt werden und endlich in die Trinkgefäße der Symposiasten gelangen, worauf man sich mit Trinksprüchen, Grußworten oder Namenszuruf zutrank.

Wie schon angedeutet, bestand das Vergnügen bei einem Symposion nicht allein im Weintrinken. Für allerlei Abwechslung sorgten Tänzer, Artisten, Mimen und die bereits erwähnten *Hetären*. Die Teilnehmer konnten aber auch durchaus selbst zur Unterhaltung beitragen. Unerläßlich war dabei die Musik, vor allem der *Doppelaulos* und das *Barbiton* wurden gespielt, mit der *Lyra* begleitete man zumeist Gedichte oder Rezitative aus der Tragödie (daher auch noch unsere heutige Bezeichnung „Lyrik"). Besungen wurden Kämpfe und Helden, man brachte Mythen und Fabeln zum Vortrag, Liebeslieder oder auch politische Gesänge. Eine wichtige Rolle kam natürlich den Göttern zu, von denen einige besonders gern besungen

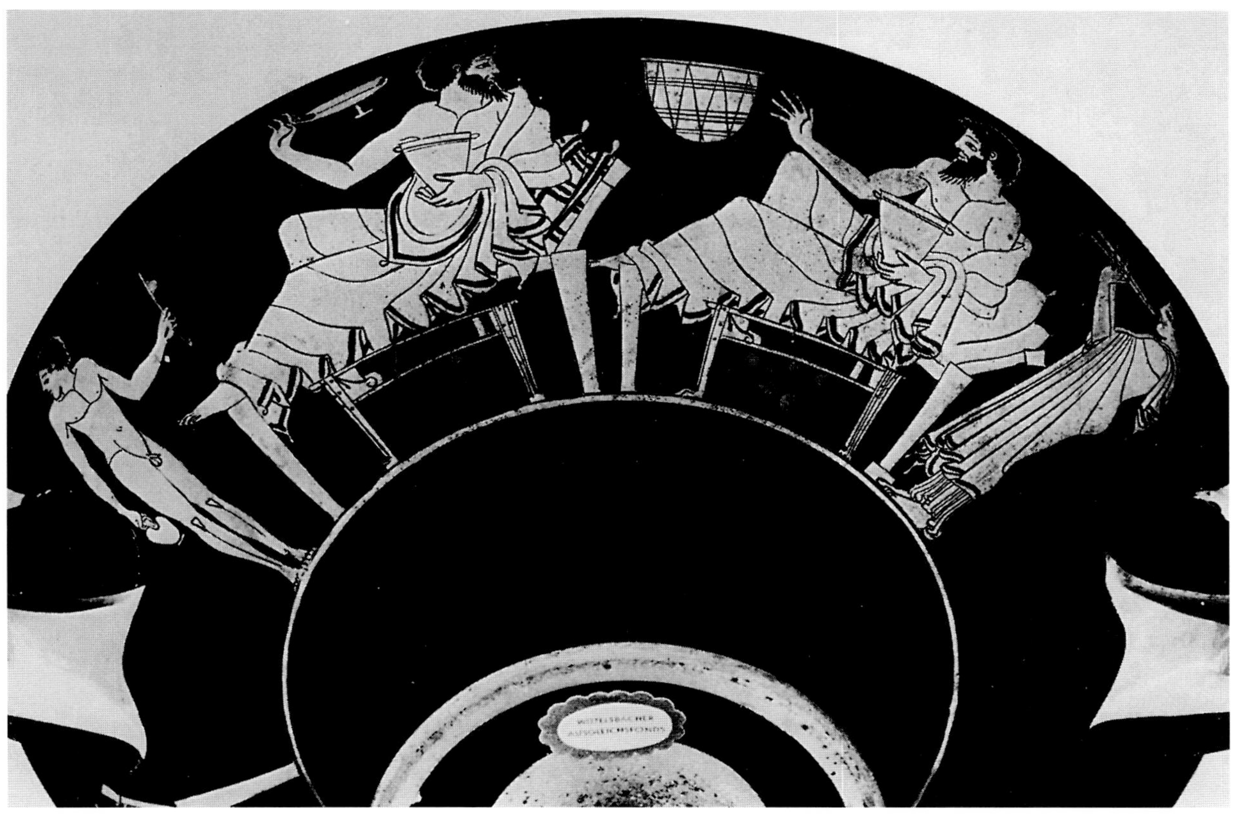

Abb. 27: Symposiast beim Kottabos. Attisch-rotfigurige Schale des Makron, um 480 v. Chr. (München)

wurden: *Zeus*, *Apollon*, *Dionysos*, *Aphrodite*, *Eros* und die *Musen*. Doch erfreute man sich genauso an Kriegs- und Schmähgesängen.

Eine weitere Art der Zerstreuung bot das Rätselraten, oder man unterhielt sich einfach über die neuesten Vorkommnisse in der Stadt. Wohl nur im anspruchsvollsten Falle führte man philosophische Gespräche, wie in Platons „Symposion". Aus diesem Anlaß wurden sogar die angemieteten Künstler hinausgeschickt. Vielleicht ist diese gehobenere Form eines Gelages eine allgemeine Tendenz im ausgehenden 5. und 4. Jh. v. Chr.

Die Vasenbilder aus der archaischen Zeit des 6. und frühen 5. Jhs. v. Chr. zeigen jedenfalls ein ausgelasseneres Treiben. So findet man häufig Darstellungen des bei diesem Anlaß wohl beliebtesten Spiels, des Kottabos (Abb. 27).

Das Ziel des Spiels bestand darin, die Neige im Trinkgefäß auf eine Metallscheibe (Plastinx), die lose auf einem Ständer lag, zu schleudern. Bei einem Treffer fiel diese auf eine weiter unten angebrachte Platte (Manes) und erzeugte damit einen klingenden Ton. Bei einer anderen Variante mußten kleine, auf einer mit Wasser gefüllten Schale schwimmende Schälchen versenkt werden. Der Erfolg galt als gutes Omen für einen zuvor ausgesprochenen Wunsch oder wurde als Liebesorakel gedeutet. Als Preise für die Sieger winkten Kuchen, Eier und andere Naschereien oder ein Kuß einer Hetäre.

Mit zunehmendem Fortgang des Gelages wurde die Stimmung der Zecher immer ausgelassener, archaische Vasenbilder berichten von regelrechten Sexorgien.

Oft schloß sich einem Symposion nach Opferspenden an *Hermes* der sogenannte Komos (Abb. 28) an, ein ausgelassenes Umherschwärmen der Angeheiterten und Betrunkenen, wobei ein gelegentliches Erbrechen durchaus positiv empfunden wurde, konnte man danach doch mit vollem Genuß weitertrinken.

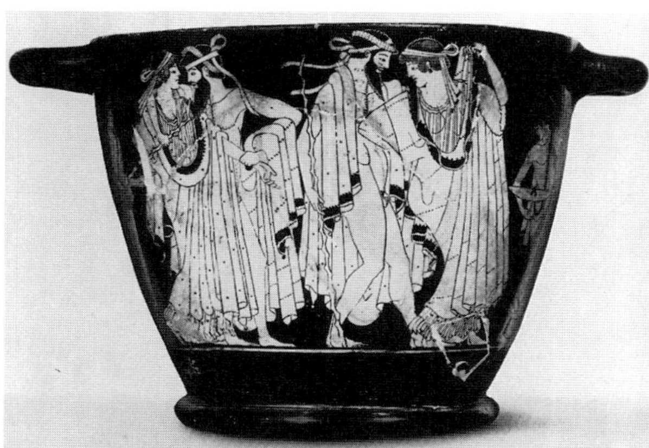

Abb. 28: Komos. Attisch-rotfiguriger Skyphos des Brygosmalers, um 480 v. Chr. (Paris, Louvre)

Natürlich ist es trotz des geregelten Ablaufs schwierig, das typische Symposion zu beschreiben, da es hinsichtlich der Unterhaltung sicher gravierende Unterschiede gab. Veränderungen in den politischen und sozialen Verhältnissen führten zu veränderten Sitten auch beim Symposion: So ist das anfängliche, der Aristokratie vorbehaltene Vergnügen nach 530 v. Chr. popularisiert worden. Nun konnte sich auch der Athener Mittelstand diesen ‚Luxus‘ leisten, und sogar ein einfacher Vasenmaler, der doch nur dem Handwerkerstand angehörte, verewigte sich selbst in einer Symposionsszene[9].

## Orte und Räumlichkeiten beim Gelage

Das private Gelage der Männer, das Symposion, fand, wie bereits erwähnt, in einem speziell dafür vorgesehenen Raum im Haus statt, dem sogenannten Andron. Das antike griechische Haus, als Schutz vor der Sonne nach innen orientiert, war vor allem Arbeitsraum der Frauen und Handwerker, aber ebenfalls ein Ort für Ruhe und Geselligkeit. Um den Innenhof lagen der Andron, der Schlafraum, der Speiseraum, der Baderaum und die Wirtschaftsräume. Wenn das Haus ein Obergeschoß besaß, lagen dort wohl Räume für Frauen und Dienerschaft[10]. Der größte und am besten ausgestattete Raum war der *Andron*, der Männerraum, der Schauplatz dieser privaten Festgelage.

Im 7. und 6. Jh. v. Chr. befanden sich Andrones nur in Palästen und vornehmen Adelshäusern. Anfang des 5. Jhs. v. Chr. kamen die Andrones auch im Bürgerhaus auf. In klassischen Häusern bildeten sie einen festen Bestandteil.

Auf der Grundlage zahlreicher Ausgrabungen konnte eine Reihe von Eigenschaften definiert werden[11], welche die Andrones in Baukonstruktion und Lage im Haus charakterisieren. Dabei zeigte sich, daß die Andrones meistens in der Nähe des Hauseinganges situiert waren. Diese Lage im Haus ermöglichte es, Symposien abzuhalten, ohne das familiäre Leben unnötig zu stören. Der Andron wies die größten Fenster des Hauses auf. Am auffälligsten war die besondere Fußbodengestaltung: Ein eindeutiges Merkmal war der am Wandrand umlaufende erhöhte Streifen, der wohl für die Klinen gedacht war, da er dieselbe Breite aufwies. Die meist quadratische Fußbodenfläche in der Mitte der Räume wurde je nach Reichtum des Bürgers mit einem kostbaren Mosaik oder einem farbigen Estrich versehen. Auch wurden teilweise Abflußrinnen und Schöpfmulden gefunden – bei der Säuberung des Fußbodens von Speiseresten sehr von Vorteil (Abb. 29).

Die Tür zum Andron lag in den meisten Fällen aus der Raumachse verschoben. Dies läßt sich durch die Aufstellung der Klinen erklären. Sie wurden so gestellt, daß niemals das Kopfende in eine Raumecke geriet. Dies war dadurch gewährleistet, daß jeweils eine Kline senkrecht und eine waagerecht zur Tür stand (Abb. 30).

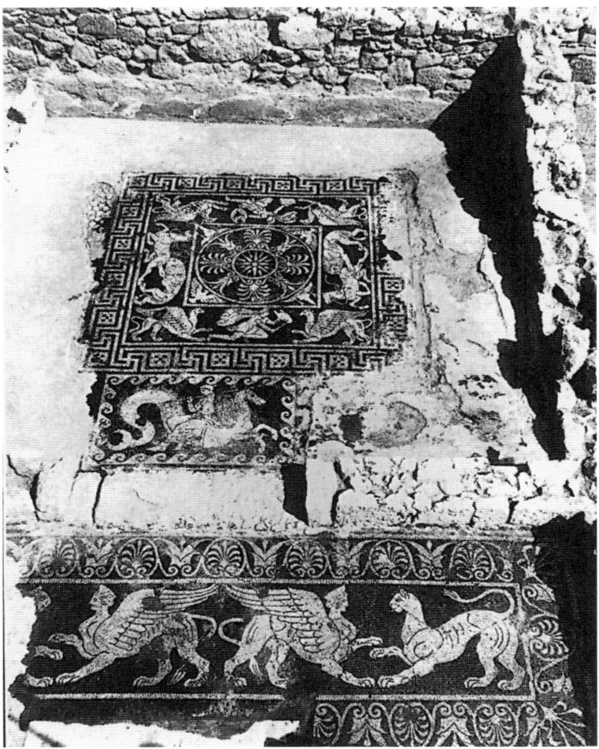

Abb. 29: Andron mit Vorraum und Mosaikfußboden in Eretria

Hatte der Andron einen Vorraum und bildete somit eine Andronitis, waren ihre Türen gegeneinander versetzt. Dies führte zu einer besseren räumlichen und akustischen Abschirmung.

Eine Hauptquelle für die Innengestaltung dieser Räume bilden Darstellungen in der griechischen Vasenmalerei, in der im 6. und 5. Jh. v. Chr. das Symposion ein sehr beliebtes Thema war.

Auf den Vasenbildern kann man erkennen, daß die Beine der Klinen kunstvoll gedrechselt und verziert waren. Auf den Klinen befanden sich Matratzen und Kissen. Von den beim Symposion verwendeten typischen Dreibeintischen mit trapezförmiger oder rechteckiger Platte stand einer vor jeder Kline und bot so ausreichende Abstellfläche.

Da die Symposiasten die Schuhe auszogen, bevor sie sich auf die Klinen legten, stand unter den Tischen ein Fußschemel bereit. Im Mittelpunkt der Darstellungen wird häufig ein Mischkrater und ein Geräteständer mit daran hängenden Schöpfkellen gezeigt[12].

Die Möbel konnten aus Holz, Marmor, Stein oder Bronze gearbeitet sein, teilweise wurden sie sogar aus Edelmetallen hergestellt. Im Normalgebrauch wurden wohl die einfachen Grundformen verwendet, aber die Vasenbilder zeigen auch reichverzierte Ausführungen mit Schnitzwerk, Metallbeschlägen oder Einlegearbeiten.

Ein besonderes Merkmal der Innengestaltung der Andrones sind die verschiedenen Schmuckelemente, die an den Wänden aufgehängt wurden, so z. B. Masken, wie sie in Eretria gefunden wurden[13], aber vor allem auch die für das Symposion typischen Musikinstrumente. Zu ihnen gehören die *Lyra*, die *Kithara* und der *Aulos*.

Neben den privaten Gelagen gab es auch öffentliche

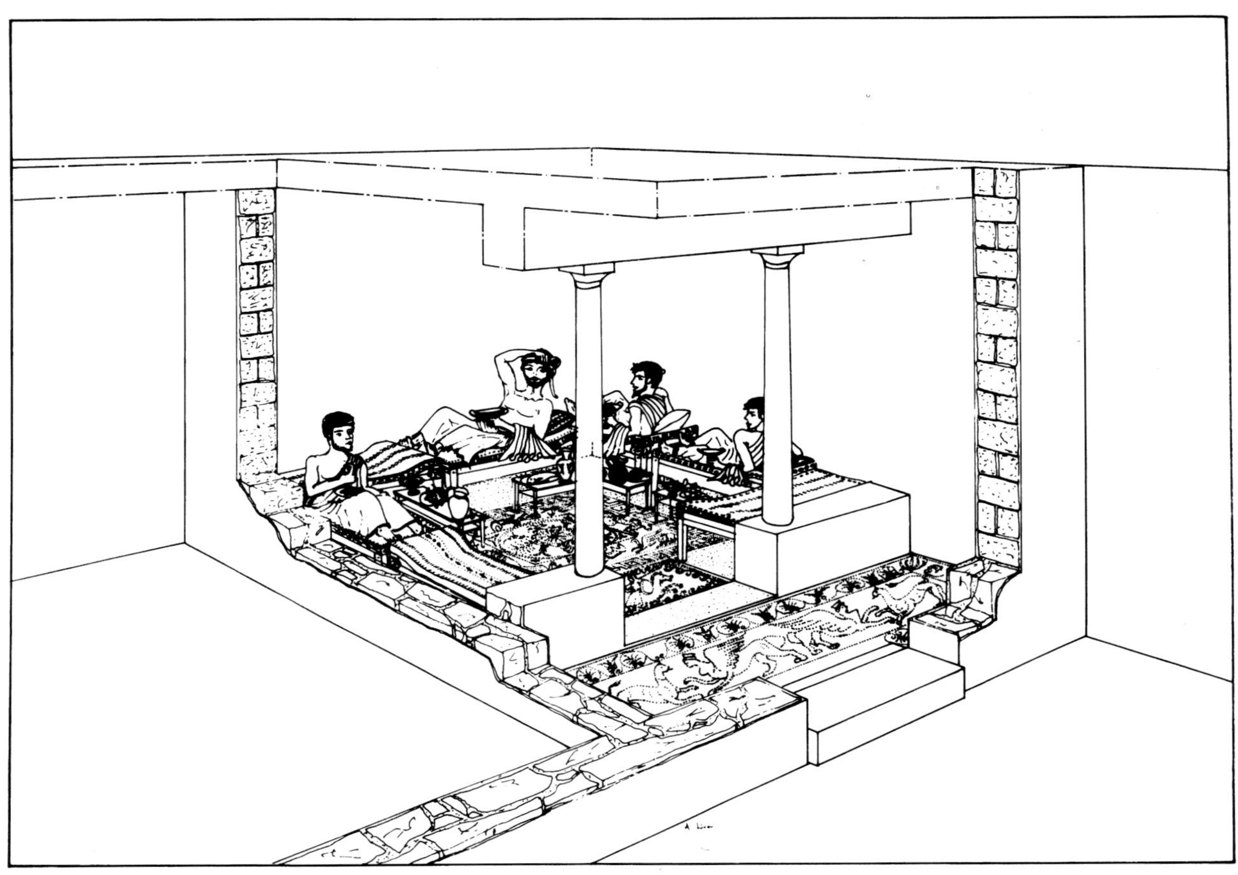

Abb. 30: Rekonstruktion des Andron von Abb. 29

und halböffentliche Bankette. Diese geselligen Mahlzeiten spielten die gleiche bedeutende Rolle im griechischen Dasein wie das Symposion.

Die Bankette fanden statt aus Anlaß von Opfern, Siegesfeiern, Hochzeiten oder Begräbnissen. In den Heiligtümern außerhalb der Stadt, in denen ein Obdach für die Nacht sowie ein Platz zum Speisen nicht vorhanden war, wurden Zelte wohl nach orientalischem Vorbild aufgeschlagen. Besonders aufwendige und geschmückte Prunkzelte werden in Zusammenhang mit Alkibiades, Alexander und Ptolemaios II. genannt. Bei Festen in der Stadt nutzte man bisweilen öffentliche Hallen und Gymnasien. Diese boten aber zu wenig Bequemlichkeit und es gab keine Möglichkeit, Möbel und Gerät, die für die Mahlzeiten notwendig waren, länger aufzubewahren. Deshalb entstanden

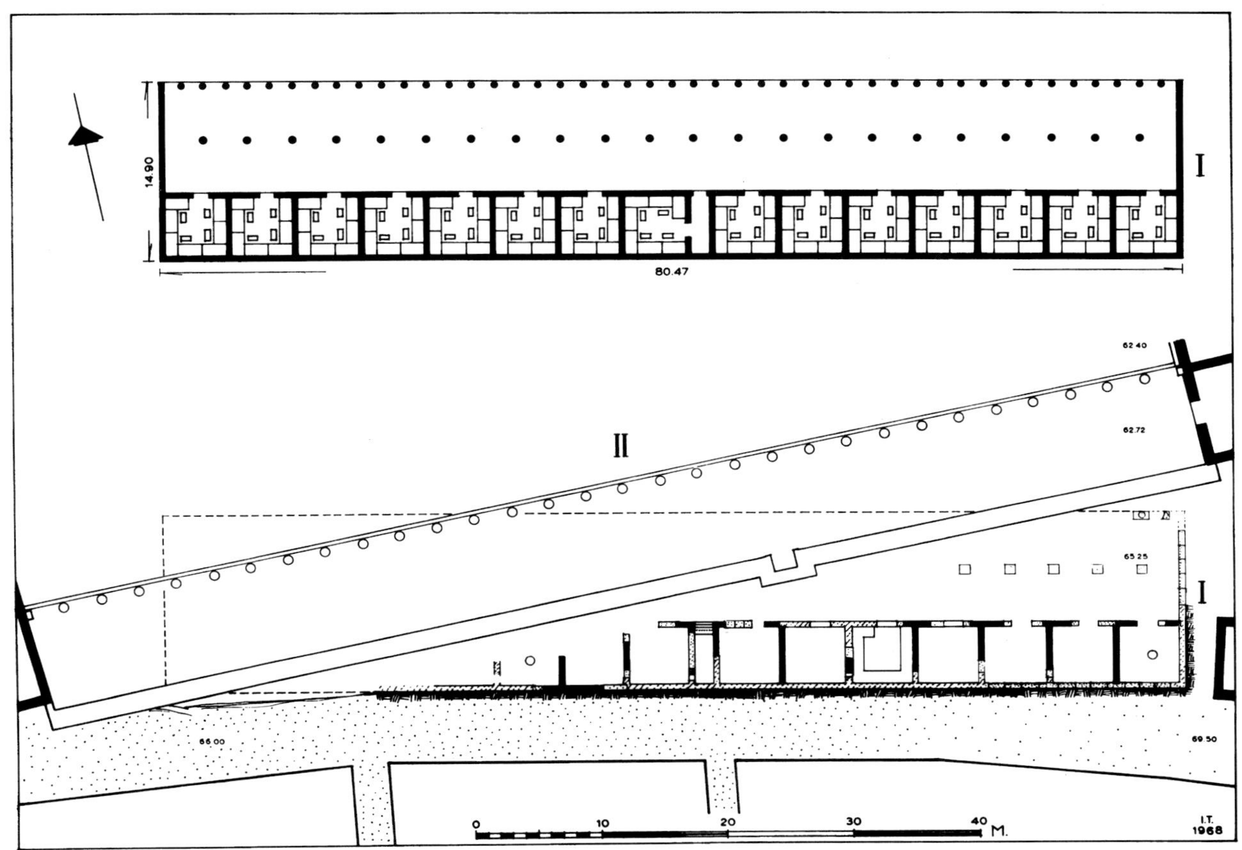

Abb. 31: Grundriß der Süd-Stoa I auf der Agora in Athen

dauerhafte Gebäude für gemeinschaftliche Kultmähler, die in literarischen wie epigraphischen Quellen bezeugt sind. Die älteste Erwähnung solcher Gebäude finden wir bei Herodot (Hdt. IV 35): Er berichtet hier von einem Hestiatorion der Leute von Keos beim Artemis-Heiligtum auf Delos. Ein Hestiatorion hat keine allgemeingültige, klar definierbare Form im Grund- und Aufriß ausgebildet. Es besteht aus einem oder mehreren Räumen und weist meist dieselben Merkmale wie der Andron im Privathaus auf[14]. Auch hier ist die besondere Fußbodengestaltung am auffälligsten.

Die Räume im Hestiatorion sind von Ort zu Ort unterschiedlich groß und können je nachdem sieben, neun oder elf Klinen aufnehmen. Diese speziellen Bankettträume gab es in der Antike in vielen Gebäuden.

Von den öffentlichen Gebäudegattungen ist die wichtigste und charakteristischste die selbständige und freistehende Säulenhalle – die Stoa. Durch die Verbindung der Säulenhalle mit einer Reihe mehr oder weniger gleichförmiger Räume, die an der Rückseite angeordnet wurden, ergab sich eine vielseitige Verwendbarkeit, die unentbehrlich war für die griechischen Städte. Diese Räume konnten natürlich als Bankettrăume genutzt werden. Sie dienten aber auch als Läden, Werkstätten, Amts- oder Vereinslokale und als kleine Heiligtümer. Die bisher älteste bekannte Stoa mit rückwärtigen Räumen befindet sich auf der Athener Agora (Abb. 31). Sie wurde im letzten Viertel des 5. Jhs. v. Chr. erbaut. Sie war zweischiffig und besaß 15 quadratische Räume an der Rückseite.

Der Mittelraum war nur über einen schmalen Vorraum zu betreten, weiterhin ist eine exzentrische Lage der Türen zu beobachten, ebenso wie ein erhöhter Estrichstreifen, der an der Wand entlang lief. Aus der Größe dieses Streifens ergab sich ein Platz für sieben Klinen[15].

Zusammenfassend kann man sagen, daß die Bankettrăume und die Andrones im Privathaus dieselben Merkmale aufwiesen, dem gleichen Verwendungszweck dienten und somit die große Rolle des Symposions im gesellschaftlichen und politischen Leben der Griechen dokumentieren.

## Opferkult

Abgesehen vom Symposion spielten die Schalen auch im Opferkult eine wichtige Rolle. Opfer brachten die Griechen dar, um sich die Gunst der Götter zu sichern. Die Griechen glaubten, daß in jedem Lebensbereich ihnen Götter zur Seite standen, die sie mit Gaben günstig stimmen konnten. Als Glied der Gemeinschaft war jeder den Göttern Verehrung schuldig. Es galt deshalb als Verbrechen, den Pflichten des Kultes nicht nachzukommen.

Für Opfer gab es verschiedene Anlässe. Vor jeder Schlacht, jeder Reise und auch bei Vertragsabschlüssen spendete man den Göttern, um zu erfahren, ob die Zeit dafür günstig war oder nicht.

Man unterschied blutige und unblutige Opfer. Bei unblutigen Opfern verwendete man als Gaben Backwerk oder Baum- und Feldfrüchte, vor allem Weintrauben und Ölzweige, aber auch Käse und Honig.

Bei blutigen Opfern gab es zwei Arten, zum einen Speiseopfer, bei denen die Götter nur einen kleinen Teil des Tieres bekamen und die man üblicherweise als Dank- und Bittopfer vollzog.

Die zweite Art waren Opfer, bei denen man die Tiere ganz verbrannte, z. B bei Toten- und Heroenbzw. Sühne- und Bußopfern. In der Ilias Homers ist eine genaue Beschreibung auf uns gekommen:

»Doch Agamemnon selbst, der Heerfürst, weihte zum Opfer

Einen feisten fünfjährigen Stier dem starken Kronion…

Aber nachdem sie gefleht und heilige Gerste geschüttet,

Beugten zuerst sie den Nacken und schlachteten, zogen das Fell ab,

Schnitten die Lenden heraus, umhüllten sie dann mit des Fettes

Doppelter Haut und legten darüber Stücke der Glieder;

Das verbrannten sie alles, auf dürres Reisig geschichtet,

spießten die Eingeweide und hielten sie über die Flamme…[16]«.

Beim blutigen Opfer führte man also ein Opfertier, z.B. Rind, Schaf oder Schwein, bekränzt zum Altar. Nun folgte das Voropfer: Der Priester besprengte Altar, Tier und Anwesende mit Wasser und streute Gerste ins Feuer und über den Kopf des Tieres. Dann wurde eine Spende aus einer Omphalosschale (Kat. 100) gegossen und ein Gebet gesprochen. Anschließend schlachtete man das Opfertier. Entweder ließ man das Blut sofort über den Altar fließen, oder

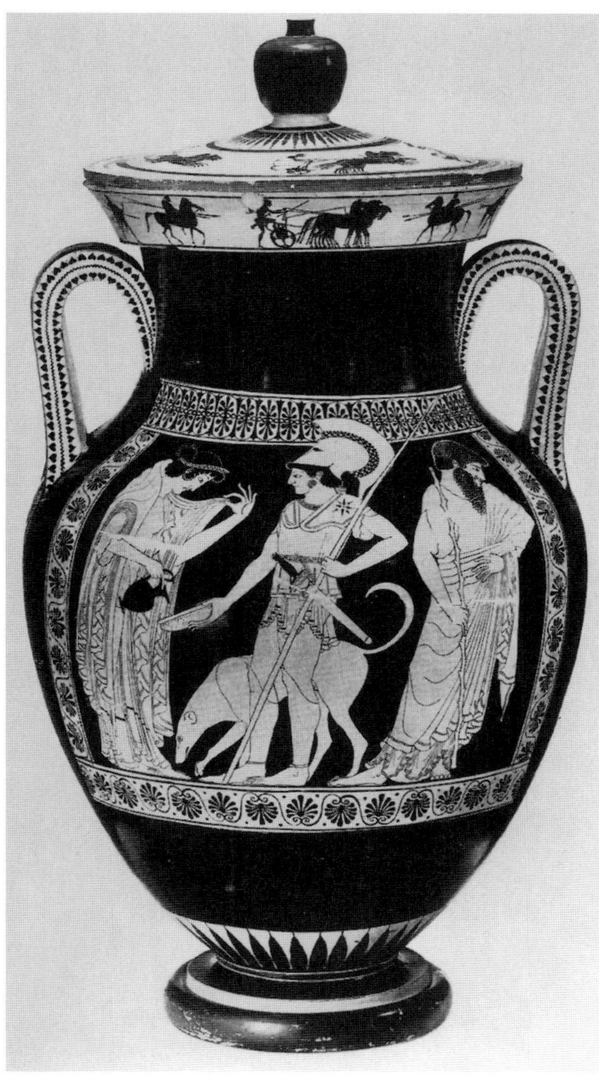

Abb. 32: Kriegers Abschied. Attisch-rotfigurige Bauchamphora des Kleophrades-Malers, um 500 v. Chr. (München)

man fing es in einer Schale auf und bestrich dann den Altar damit. Nach der Häutung des Tieres schnitt man die Schenkelknochen heraus, legte sie zusammen mit kleinen Fleischstückchen auf den Altar und verbrannte sie. Zum Abschluß goß man Wein über den Flammen aus. Flötenmusik und Gesang begleiteten diesen Vorgang.

Weitverbreitet war das Trankopfer, auch Weinopfer genannt. Hier goß man zunächst den Wein aus einer Opferkanne in eine Spendeschale, meist eine Omphalosschale aus Metall. Ein Teil wurde durch Ausschütten den Göttern gespendet, der Rest dann vom Priester oder dem Opfernden getrunken. Das Weinopfer erforderte nur eine geringe Vorbereitung und machte eine spontane Durchführung möglich, so z. B. beim Symposion[17], bei jedem privaten Gebet an die Götter oder im Totenkult. Beim Symposion allerdings konnte aus einer normalen Trinkschale, einer Kylix, gespendet werden.

Auf Vasenbildern bezieht sich die Darstellung des Weinopfers nie auf eine bestimmte Situation, sie gibt allgemein einen wichtigen Augenblick im Leben wieder. Dazu ist auch das Thema ‚Kriegers Abschied' zu rechnen: Auf der Amphora des Kleophradesmalers (Abb. 32) sieht man einen bereits voll gerüsteten jungen Krieger, der einer reich gekleideten Frau eine Phiale zum Weinopfer entgegenhält. Diese trägt eine Kanne und ergreift mit der linken Hand ihren Schleier – ein Zeichen, daß sie verheiratet ist. Ob sie allerdings die Mutter oder seine Frau darstellt, kann man nicht entscheiden. Hinter dem Krieger steht ein Hund als dessen Gefährte. Der alte Mann, möglicherweise der Vater, mit Stock und grauem Haar, wendet sich schmerzvoll von der Szene ab.

Dieses Motiv vertritt auch ein Schalenfragment aus dem Fundkomplex des Jenaer Malers (Kat. 99): Das Innenbild zeigt den Abschied eines speerhaltenden *Epheben*. Eine Frau mit Kanne und Spendeschale steht ihm beim Opfer zur Seite.

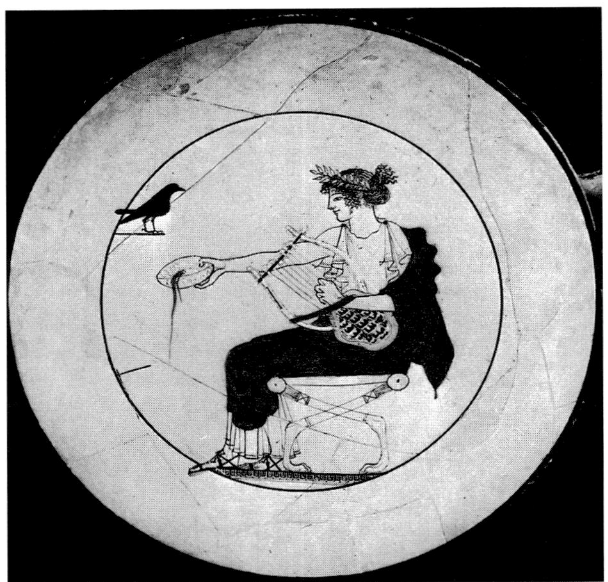

Abb. 33: Apollon beim Trankopfer. Weißgrundige Schale, um 480 v. Chr. (Delphi)

In der Vasenmalerei waren allerdings nicht nur opfernde Menschen dargestellt, sondern auch spendende Götter. Auf einer weißgrundigen Schale in Delphi[18] opfert auf dem Schaleninnenbild Apollon (Abb. 33). Er trägt einen weißen Chiton mit purpurnen Knöpfen und ein purpurnes Himation. In der ausgestreckten rechten Hand hält er eine Omphalosschale, aus der er Spendeflüssigkeit gießt, in der linken eine *Lyra*. Er sitzt bequem und hoheitsvoll auf einem Faltstuhl.

Wie Sterbliche spendeten auch Götter vor einem Aufbruch. Auf einer Hydria in München (Abb. 34) vollziehen die Göttinnen *Demeter* und *Persephone* ein Trankopfer vor der Aussendung des *Triptolemos*. Dieser bekam von Demeter den Auftrag, die Menschen den Getreideanbau zu lehren. Er reist in ihrem geflügelten Wagen zum Zeichen seiner göttlichen Sendung. In der Linken hält er das Szepter und drei stilisierte Ähren, in der Rechten eine reich verzierte metallene Spendeschale.

Auch im Totenkult spielten Trinkgefäße eine große Rolle, sowohl als Grabbeigabe (Abb. 35) als auch beim Opfer für die Toten.

Der Totenkult galt als große und heilige Pflicht. Das betraf nicht nur die Bestattung selbst, sondern auch die regelmäßig wiederkehrenden Toten- und Seelenfeiern.

Frauen der nächsten Verwandtschaft wuschen den Leichnam, salbten ihn, bekleideten und bahrten ihn auf. Vor Sonnenaufgang des dritten Tages überführte man ihn in einer Prozession zum Grabplatz, wo er mit Gebeten, Trank- und Früchteopfern beigesetzt wurde. Am neunten Tag folgten dann weitere Opfer, und am 30. Tag wurde die familiäre Trauer mit einem

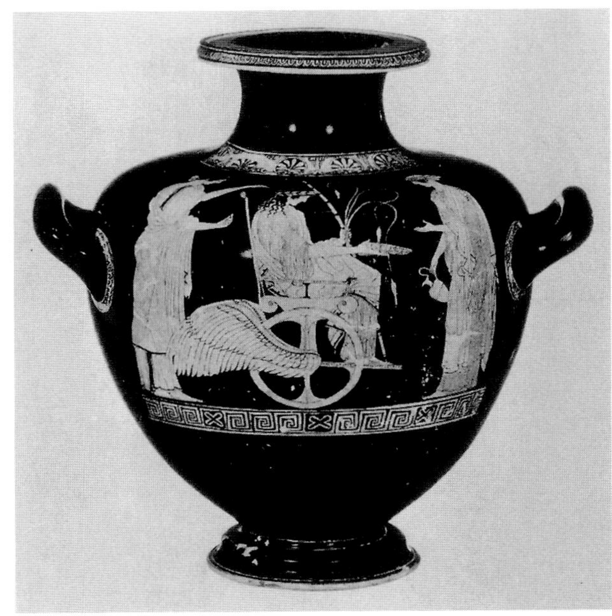

Abb. 34: Aussendung des Triptolemos. Attisch-rotfigurige Hydria, um 450 v. Chr. (München)

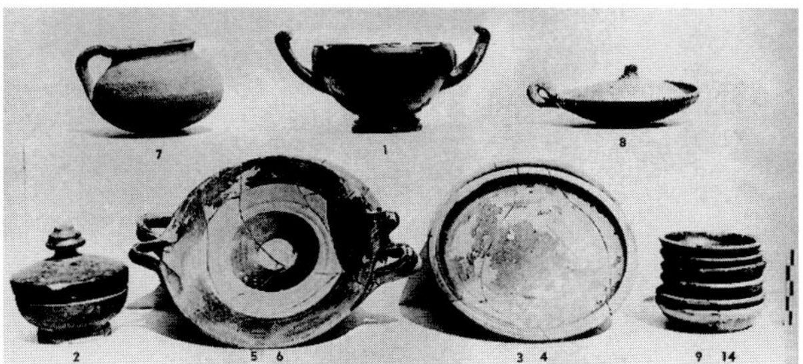

Abb. 35: Gefäße als Beigaben eines Leichenbrandes, um 450 v. Chr. (Athen)

gemeinsamen Essen abgeschlossen. Von da an war die Totenehrung in die städtischen Feste eingebunden.

Anfangs an diesen Tagen mit Blutopfern geehrt, brachte man später den Toten Libationen („Güsse“) dar. Sie bestanden aus Wein, Milch, Honig, Wasser, Öl oder auch Gerstenbrei und wurden über das Grab gegossen.

Neben den Gräbern befanden sich oft Opferplätze. Hier verabreichte man in Schalen, Schüsseln und auf Tellern Speiseopfer, denn oft wurden Trinkgefäße, Schalen und mit Bandhenkeln verzierte gestapelte Teller ausgegraben – ein Zeichen dafür, daß Opferhandlungen samt anschließendem Mahl stattgefunden haben.

Ferner gehörten Schalen neben *Lekythen*, Kannen, Hydrien und Amphoren auch aus Ton oder Bronze gefertigte Figürchen zu üblichen Grabbeigaben. Sie wurden mit mythologischen und Alltagsszenen bemalt. In der Ausstellung sind deshalb auch weißgrundige Lekythen zu sehen, so z.B. eine attische Grablekythos, auf der *Hermes* hinter einem in die Erde versenkten großen Faß aus Ton, einem Pithos, steht, dem die Seelen von Verstorbenen, dargestellt als kleine geflügelte Wesen, sogenannte Eidola, entfliegen (Kat. 101). Die meisten Exponate, die heutzutage in Museen ausgestellt werden, stammen aus etruskischen Gräbern, denn in Etrurien waren sie als Luxusgeschirr besonders geschätzt[19].

1 s. hier A. Ludwig 44f. zum Opferkult.
2 s. o. H. Meschederu 25ff.
3 S. Pfisterer-Haas in: Kunst der Schale 439ff.
4 K. Vierneisel in: Kunst der Schale 259ff..
5 S. Drougou, Der attische Psykter (1975).
6 H.-J. Schalles in: Symposion – Griechische Vasen aus dem Antikenmuseum der Ruhr-Universität Bochum (1989) 24f.
7 Theogn. 298; Pind. Nem. IX 106; Pind. Ol. VII 8; Pind. Isth. V 1.
8 s. hier R. Stauche im Abschnitt zu Orten und Räumlichkeiten beim Gelage 40ff.
9 Stamnos des Smikros in Brüssel, Musées Royaux d'Art et d'Histoire, Inv. A 717: Simon, Vasen (1981) Taf. 110.
10 Häuser mit Obergeschoß sind schon bei Homer in der Odyssee bekannt.
11 W. Höpfner – E. L. Schwandner, Haus und Stadt im klassischen Griechenland ($1994^2$) 327f.
12 Vgl. Abb. 25.
13 Vgl. Eretria VIII. Le Quartier de la Maison aux Mosaiques (1993) 120f.
14 Ein Beispiel dafür, daß Bankettträume nur durch Inschrift identifizierbar sind, befindet sich in Labraunda: P. Hellström in: XIII. Internationaler Kongreß für Klassische Archäologie, Berlin 1988 (1989) 244ff.
15 Travlos, Athen 534ff. (zur Stoa mit Bankettträumen).
16 Hom. Il. II 402-432; in der Übersetzung von E. Schwartz (1994)
17 s. hier U. Lische 37f. im Abschnitt zum Ablauf eines Symposion.
18 Zur Herstellung s. o. T. Netzbandt 9ff.
19 Vgl. o. H. Meschederu 25ff.

*Uta Lische/Anja Ludwig/Ramona Stauche*

# Zeitliche und stilistische Einordnung des Jenaer Malers

Die zeitliche Festlegung der Schalen des Jenaer Malers und seiner Werkstatt kann mangels anderer Datierungskriterien nur stilkritisch erfolgen, nämlich durch Stilvergleiche mit anderen, in der Vasenforschung fest verankerten Malern. Zuvor ist es allerdings notwendig, den Stil des Jenaer Malers näher zu untersuchen.

Als erster beschäftigte sich J. D. Beazley, der große englische Vasenforscher, mit den Jenaer Schalen[1]. Er erkannte, daß die Mehrzahl der Fragmente im Stil gleichartig ist. Anläßlich eines Besuches des damaligen Archäologischen Museums in Jena nahm er sie in sein Listenwerk zur attischen Vasenmalerei auf[2]. Er vermutete, daß es sich um einen Werkstattfund handelte. Seiner Meinung nach bestand die Werkstatt aus mehreren Mitarbeitern. Den Hauptmaler nannte er „The Jena Painter". Ihm ordnete er zwei Gehilfen zu, mit denen Stil B und Stil C verbunden werden.

Der Jenaer Maler gestaltete meist nur die Innenbilder der Schalen. Es gibt aber Stücke, bei denen auch die Außenbilder vom Jenaer Maler selbst gezeichnet wurden (Kat. 42. 43. 111). In den meisten Fällen allerdings wurden sie von einem seiner Mitarbeiter (Stil B: Kat. 78. 112), bemalt. Dessen Malweise wird von Beazley als „grob" und „hastig" bezeichnet. Sie weist in sich eine recht unterschiedliche Qualität auf mit vorherrschend gerader, einfacher Linienführung. In der Gewandgestaltung ist kaum Bewegung zu erkennen. Die Figurenumrisse sind sehr derb und wirken leicht plump. An den Köpfen mit langen Nasenspitzen sind dicke tongrundige Konturlinien erkennbar. Das Haar ist nicht differenziert.

Zu dem Kreis des Jenaer Malers zählt auch der Diomedes-Maler[3]; Beazley rückte ihn in engste Verwandtschaft zu unserem Maler (Kat. 83). Als etwas selbständiger arbeitend bezeichnete er den Q-Maler (Kat. 84)[4].

Ein weiterer Gehilfe des Jenaer Malers (Stil C: z. B. Kat. 128) arbeitete unsauber und wenig sorgfältig. Er verwendete hauptsächlich dicke Linien. Stil C ist vor allem auf Schalenskyphoi oder fußlosen Schalen vertreten.

Stellvertretend für die zarte Malweise des Jenaer Malers sei das Fragment mit sitzendem Satyr und tanzender Mänade (Kat. 80; Abb. 40) ausgewählt. Die Außenbilder wurden von Stil B gestaltet. Der Jenaer Maler arbeitete mit sehr feinen Linien, die er bei den Körperpartien nur sparsam einsetzte. Dadurch erreichte er, daß seine Figuren lebendiger wirken. Die Gewänder der Figuren erscheinen durch die schwungvolle Faltengebung sehr belebt. Dagegen werden Haare und die Ornamentik einiger Gegenstände vom Maler der Jenaer Schalen mit dicken Linien wiedergegeben. Allerdings setzte er nur sehr sparsam Ornamentik ein. Im Gegensatz zu den Innenbildern stehen oft die Außenbilder der Schalen. Wie schon erwähnt, wurden diese häufig von dem Gehilfen des Jenaer Malers, Stil B, gestaltet. Diese Bilder sind nicht so qualitätvoll wie die des Meisters selbst, sondern meist sehr flüchtig gezeichnet.

Die stilistischen Unterschiede zwischen Diomedes-Maler und Jenaer Maler lassen sich nicht leicht erkennen. Für die Eigenart des Diomedes-Malers ist die namengebende Schale aus Oxford am aussagekräftigsten (Abb. 36).

Das Innenbild zeigt *Diomedes* beim Raub des trojanischen *Palladion*. Wie auch beim Jenaer Maler werden hier klare, aber etwas kräftigere Linien gesetzt. Der Körper des Diomedes ist plastisch gestaltet. Eine weitere Gemeinsamkeit mit dem Jenaer Maler ist die Darstellung der Haare in dicken Strähnen. Die Verwandtschaft der beiden Maler wird auch in der Faltengebung erkennbar, die sich durch kurze schwingende Linien auszeichnet. Die Außenseiten (Abb. 37) dieser Schale wurden vom Diomedes-Maler selbst gestaltet. Dargestellt ist auf der einen Seite Eros mit einer tanzenden Frau, auf der anderen Seite Eros mit einer sitzenden Frau. Vergleicht man das Gewand der tanzenden Frau mit dem Gewand der tanzenden Mänade des Jenaer Malers (Kat. 108), so erkennt man,

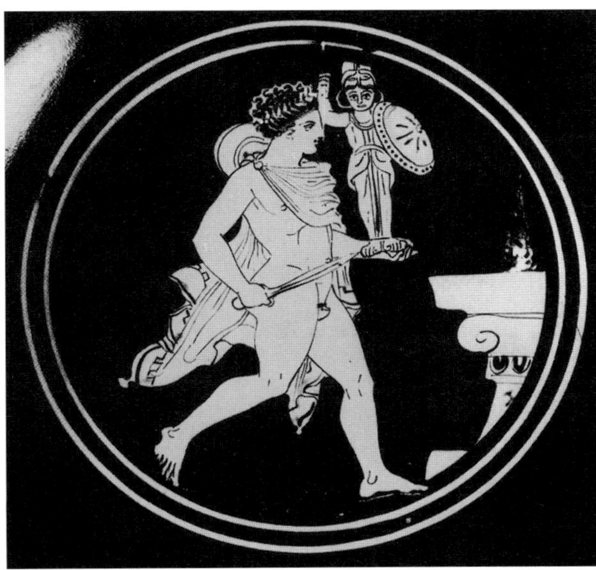

Abb. 36: Attisch-rotfigurige Schale des Diomedes-Malers in Oxford; Innenbild: Diomedes mit Palladion

daß der Jenaer Maler das Gewand lockerer und schwungvoller gezeichnet hat, so daß es belebter wirkt. Eine stilistische Verwandtschaft der beiden Maler zeigt sich auch, wenn man die Flügel der Eroten dem Flügel der Nike des Jenaer Malers (Kat. 112) gegenüberstellt. Hier gibt es kaum Unterschiede. Auf den ersten Blick scheinen die Flügel des Diomedes-Malers nur etwas flüchtiger gezeichnet.

Ein weiteres Schalenfragment des Diomedes-Malers befindet sich in Jena (Kat. 105). Erhalten ist darauf der Kopf des Achill und ein Teil seines Schildes. Vergleichen kann man dieses Bild mit einer Aphrodite des Jenaer Malers (Kat. 113). Bei allen dargestellten Figuren wurde das Haar mit dicken Linien gezeichnet, die sich auch in der Rahmenornamentik der Bügelharfe des Eros und am Schild des Achill wiederfinden. Bei dieser Ornamentik wurde mit breiten Strichen gearbeitet, was auch für die Details des Schildes und den Helm des Kriegers zutrifft.

Diese Gegenüberstellung von Diomedes-Maler und Jenaer Maler zeigt, daß sich ihre Arbeiten kaum unterscheiden, allerdings wirken die Bilder des Diomedes-Malers nicht so locker und lebendig wie die des Jenaer Malers.

Zwischen Q-Maler und Jenaer Maler lassen sich eher stilistische Unterschiede ausmachen. Beazley setzte den Q-Maler vom Jenaer Maler deutlich ab. Der Q-Maler war Spezialist für Schalennäpfe. Eine seiner bekanntesten Schalen (Abb. 38. 39), die sich früher in Zürich befand, zeigt sowohl außen als auch innen einen Satyr mit einer Mänade. Das Innenbild dieses Gefäßes wird von den Figuren voll ausgefüllt (Abb. 38).

Die mit dünnen Linien gezeichneten Gestalten wirken allerdings etwas unproportioniert. Vor allem die Hände und Arme sind ungenau gezeichnet, und sie sind im Verhältnis zum Körper zu groß. Der Q-Maler verwandte wie der Diomedes-Maler und der Jenaer Maler für die Haargestaltung und die Ornamentik dickere Linien. Bis auf die Gestaltung der Arme erinnert der Körper an einen Satyr des Jenaer Malers (Kat. 80; Abb. 40).

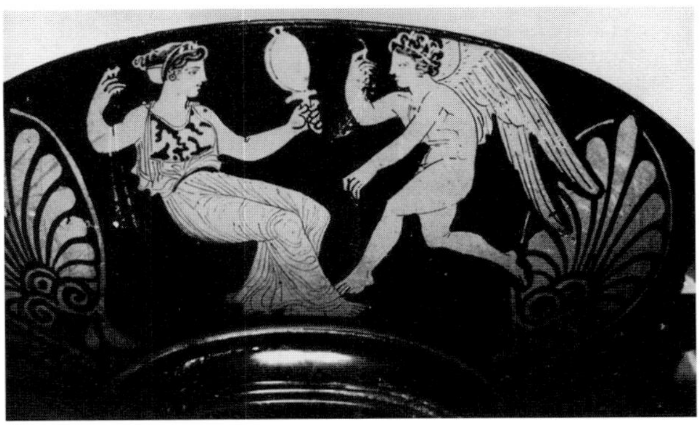

Abb. 37: Außenseite der Schale von Abb. 36: Mänade und Eros

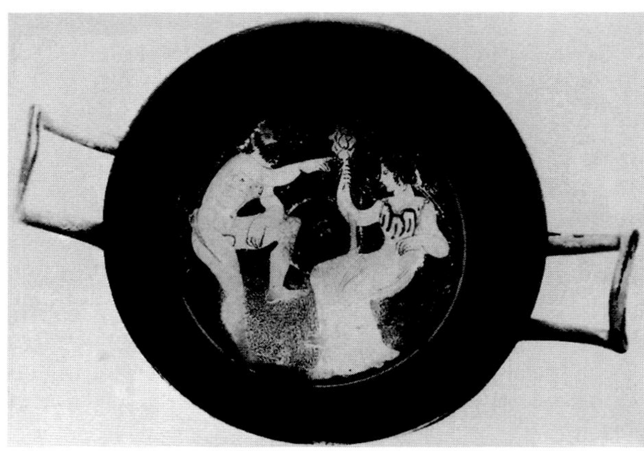

Abb. 38: Attisch-rotfigurige Schale des Q-Malers ehemals in Zürich; Innenbild: Satyr und Mänade

Die Brustpartien sind ähnlich fein wiedergegeben. Die Figuren des Außenbildes dieser Schale wirken noch unproportionierter als die des Innenbildes.

Man könnte denken, daß sie mit noch weniger Sorgfalt gearbeitet wurden. Ein weiteres Werk des Q-Malers befindet sich in Oxford (Abb. 41 und 42).

Diese Schale zeigt im Innenbild *Helle* auf dem Widder. Auf der einen Außenseite sieht man Eros mit einer nach rechts laufenden, auf der anderen Seite mit einer sitzenden Frau.

Bei diesem Gefäß sind sowohl Außen- als auch Innenbild flüchtig gezeichnet. Bei den Gewandfalten der Helle kann man feststellen, daß der Q-Maler nicht imstande war, die Gewandpartien so locker, leicht und schwungvoll wiederzugeben, wie es der Jenaer Maler verstand. In seiner wenig sorgfältigen Art kann man den Q-Maler nicht mit dem Jenaer Maler verwechseln.

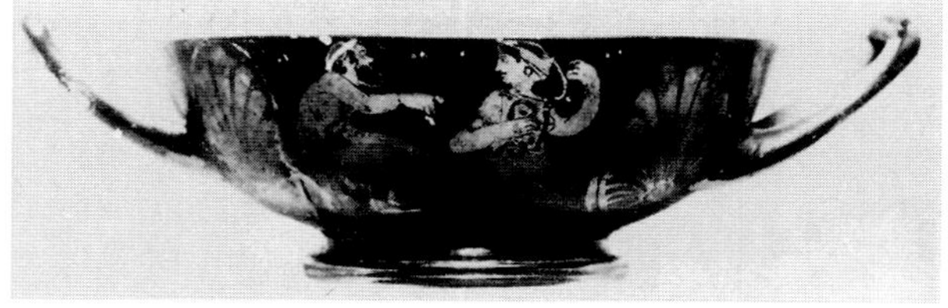

Abb. 39: Außenseite der Schale von Abb. 38: Satyr und Mänade

Bereits Beazley hatte den Jenaer Maler ins erste Viertel des 4. Jhs. v. Chr. datiert. Ihm folgten wenig später Walter Hahland[5] und Karl Schefold[6]. Hahland grenzte den „Maler der Jenaer Schalen" zeitlich und

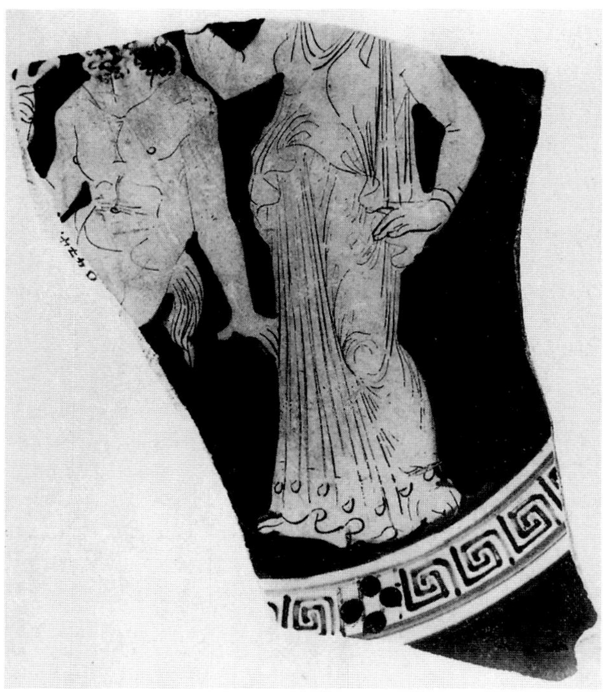

Abb. 40: Attisch-rotfigurige Schale des Jenaer Malers in Jena (hier Kat. 80)

stilistisch vom Dinos-Maler ab. Seiner Meinung nach knüpft der Jenaer Maler in seiner Gestaltung an den Stil des Dinos-Malers an (Abb. 43), der etwa in der Zeit von 430 bis 410 v. Chr. arbeitete. Seine Bilder zeichnen sich durch schwungvolle Linienführung aus. Seine Figuren wirken dagegen oft schwer. Die Gewänder der dargestellten Personen sind präzise gezeichnet.

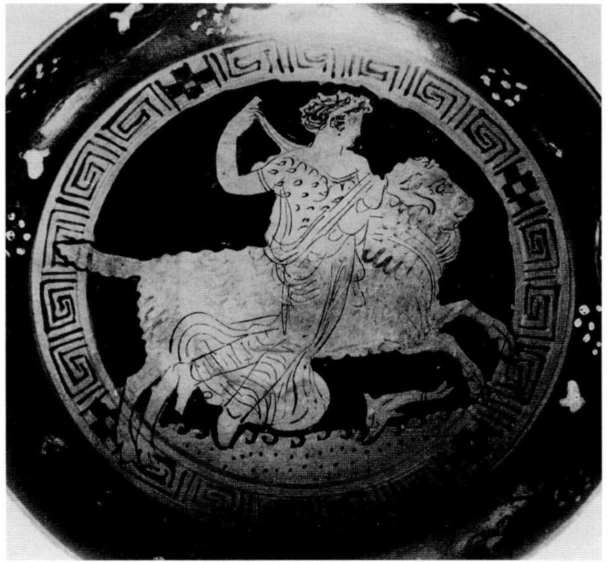

Abb. 41: Attisch-rotfigurige Schale des Q-Malers in Oxford; Innenbild: Helle auf dem Widder

Zum Stil des Jenaer Malers bemerkte Hahland, daß er es verstand, »jede Wölbung und Bewegung als plastische Erscheinung auf die Fläche zu bannen«[7]; der „Maler der Jenaer Schalen" erreichte besonders bei einigen weiblichen Figuren ein hohes Maß an Plastizität. Er bezeichnete den Jenaer Maler als »den stärksten Bewahrer des zeichnerischen Stiles der Vasenmaler der Jahrhundertwende«[8]. Hahland erkannte in der Ornamentik der Gefäße des Jenaer Malers ein Spezifikum. Im Gegensatz zu der damals gebräuchlichen Art, »das Zwischenglied im Mäander als Schachbrettmuster mit fünf Firnisfeldern zu bilden«[9], bevorzugte

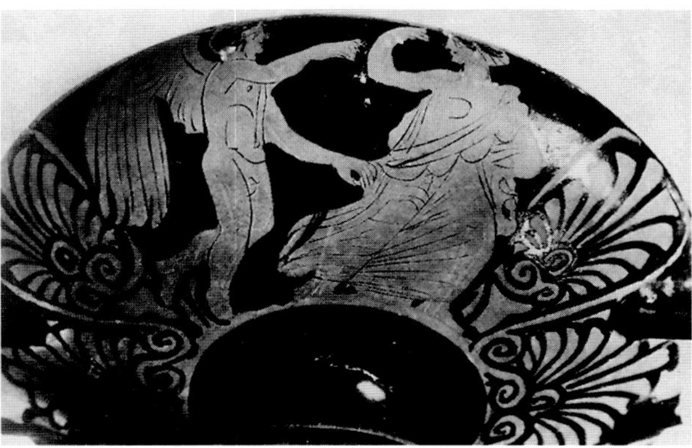

Abb. 42: Außenseite der Schale von Abb. 41: Eros und Frau

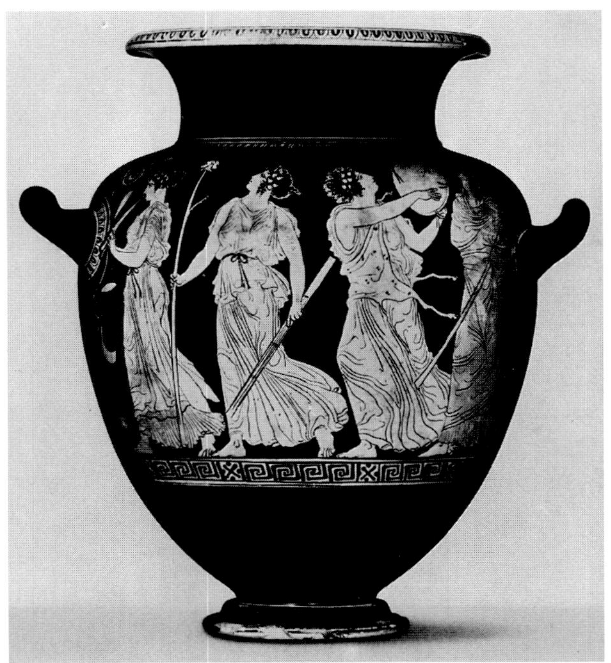

Abb. 43: Attisch-rotfiguriger Stamnos des Dinos-Malers, um 420 v. Chr. (Neapel): Mänaden

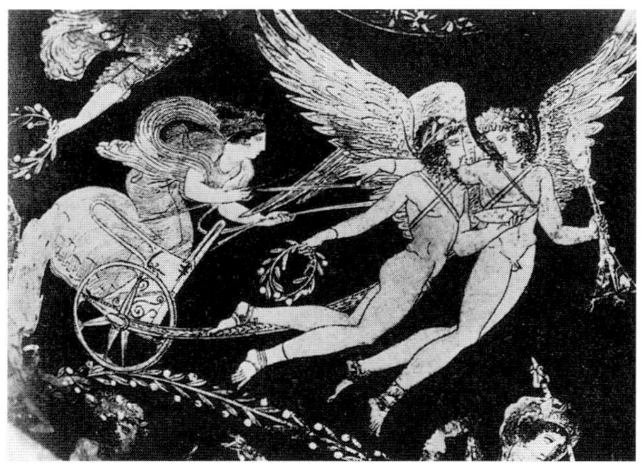

Abb. 44: Attisch-rotfigurige Hydria des Meidias-Malers, um 410 (Florenz): Aphrodite im Eroten-Wagen

der Jenaer Maler nur vier Firnisfelder. Bei anderen Schalenmalern kommt diese Gestaltungsmöglichkeit nur vereinzelt vor.

Karl Schefold grenzte den Jenaer Maler zeitlich und stilistisch sowohl von der Art des Meidias-Malers als auch vom sogenannten Kertscher Stil ab[10].

Der Meidias-Maler arbeitete am Ende des 5. Jhs. v. Chr. Er zeichnete seine Figuren sehr fein. Die Gewänder seiner zarten Frauengestalten wurden mit dünnen, dicht aneinandergereihten Linien wiedergegeben. Die Körperpartien scheinen durch die Kleidungsstücke durch (Abb. 44).

Die Gestaltungsweise des Meidias-Malers demonstriert Schefold an der Darstellung des Glockenkraters aus der Villa Giulia in Rom (Abb. 45).

Diese Zeichnung vergleicht er mit einem Bild eines der schönsten Jenaer Fragmente (Abb. 40), das etwa 20 Jahre jünger ist. Im Vergleich der Gewänder der beiden Frauen erkannte er, daß sich zwar bei beiden weiblichen Figuren das Gewand an den Körper schmiegt, aber auf verschiedene Art und Weise. Auf dem Glockenkrater bleibt die Figur in der Fläche. Die Linien beim Gewand dieser Frau geben nicht so sehr den Verlauf der einzelnen Falte wieder. Beim Peplos der Mänade des Jenaer Malers hingegen ist der Verlauf jeder Falte genau beobachtet. Aufgrund der Linienführung kann man erkennen, daß der Jenaer Maler versucht, der Gestalt Relief zu geben. Daraus schlußfolgerte Schefold, daß bei dem Maler der Jenaer Schalen »zuerst die Kennzeichen des Kertscher Stils ange-

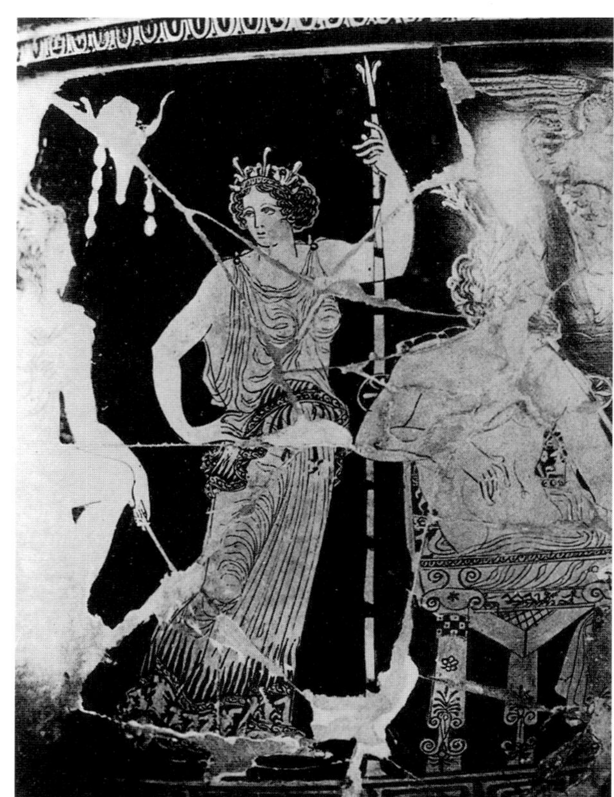

Abb. 45: Attisch-rotfigurige Hydria in der Art des Meidiasmalers, um 410 (Rom, Villa Giulia)

legt sind«[11] und daß der Maler versucht hat, die Figuren so plastisch und lebendig wie möglich wiederzugeben. Außerdem war er bemüht, Raumtiefe zu gestalten.

Bei den sogenannten Kertscher Vasen handelt es sich um eine Vasengruppe aus dem 2. Drittel des 4. Jhs. v. Chr. Sie steht für die letzte Blüte der attischen Vasenmalerei. Die Maler dieses Stiles waren um die Durchgestaltung der Raumtiefe bemüht. Die Vasen des Kertscher Stils sind wohl die qualitätsvollsten des griechischen Mutterlandes in der Spätklassik. Zu den Vertretern des frühen Kertscher Stils zählt unter anderem der Heraklesmaler (Abb. 46), welcher von Schefold in die nächste Verwandtschaft des Jenaer Malers gerückt wird.

Schefold stellte fest, daß beide Maler im zeichnerischen Stil übereinstimmen, und daß der Heraklesmaler am deutlichsten »der neuen schlichten Weise des Jena-Malers folgt«[12].

Der Jenaer Maler wird daher in die Übergangszeit vom Meidias-Maler zum Kertscher Stil datiert, d.h. um 400 v. Chr.

In der Zeit um 400 v. Chr. arbeiteten auch Maler, die nicht zum Kreis des Jenaer Malers gehörten. Damals gestaltete z. B. der Meleager-Maler[13] Gefäße. Er hatte sich auf die Dekoration von Krateren spezialisiert. Von ihm sind aber auch einige Schalen gefunden worden. Ein weiterer Maler dieser Zeit war der Erbach-Maler[14]. Diese beiden stehen dem Jenaer Maler zeitlich und stilistisch am nächsten.

Ähnliche Stilzüge wie der Jenaer Maler weist das Innenbild einer Schale aus Erlangen (Kat. 86) auf. Im Schaleninneren ist rechts ein junger nackter Athlet mit Schabeisen zu sehen, der in seinem Haar eine rote *Tänie* mit Spitze trägt. Ihm gegenüber steht ein älterer Mann im Mantel, welcher in der rechten Hand einen *Kugelaryballos* hält. Das Bild wurde in feinen Linien gezeichnet, wodurch die Körperpartien einen Charakter erhalten, der an die Gestalten des Jenaer Malers erinnert. Die Schale steht dem Jenaer Maler auch zeitlich sehr nahe. Sie wurde von Beazley[15] der Submeidiasischen Schalengruppe zugeordnet und in das Ende des 5. Jhs. v. Chr. datiert.

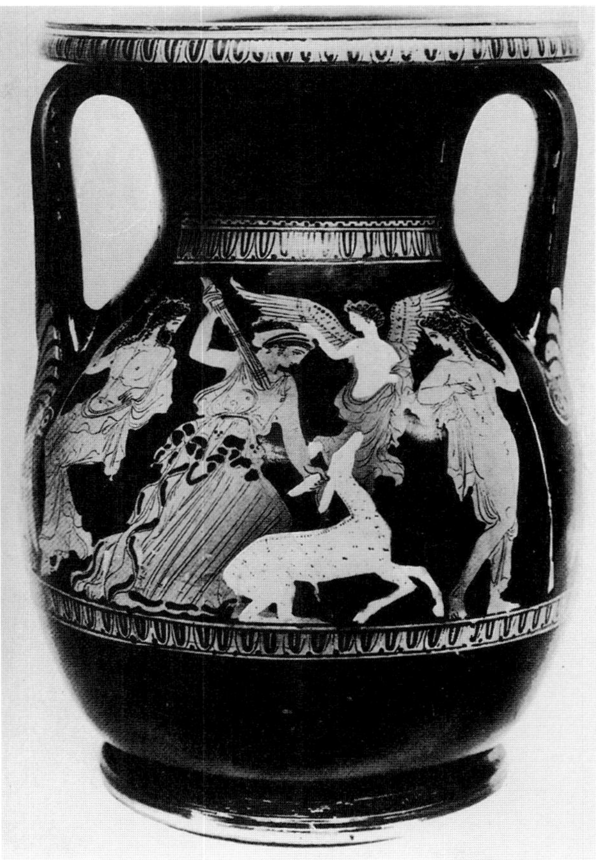

Abb. 46: Attisch-rotfigurige Pelike des Heraklesmalers, um 370 v. Chr. (London): Artemis auf der Jagd

Auf einem ebenfalls zeitlich nahen Kraterfragment in Jena (Kat. 85) sitzt Dionysos zwischen Ariadne und Eros vor einem Tempel. Die Säulen und das Gebälk des Tempels sowie die Körper von Ariadne und Eros sind mit Weiß gehöht. Man kann hier bereits einige dem Jenaer Maler verwandte Stilzüge erkennen. Das Fragment wird um 390 v.Chr. datiert und ist in der Meidiastradition gearbeitet.

1 J. D. Beazley, JHS 48, 1928, 127.
2 Beazley, ARV² 1510-1516.
3 Beazley, ARV² 1516-1518.
4 Beazley, ARV² 1518-1521.
5 Hahland, Studien; Hahland, Meidias.
6 Schefold, Kertscher Vasen.
7 Hahland, Studien 61.
8 Hahland, Meidias 17.
9 Hahland, Studien 61.
10 s. hier H. Meschederu.
11 Schefold, Kertscher Vasen 7.
12 Schefold, Kertscher Vasen 9.
13 Beazley, ARV² 1408ff.
14 Beazley, ARV² 1418f.
15 Beazley, ARV² 1399.

*Nadine Fellmuth*

# Die Bildwelt des Jenaer Malers und seiner Werkstatt

Die dem Jenaer Maler und seinem Kreis zugewiesenen Schalen und Schalenfragmente, von Beazley und anderen stilistisch nach 400 v.Chr. eingeordnet[1], ermöglichen mit ihren figürlichen Darstellungen einen Einblick in die Bildwelt dieser Zeit.

Besonders die als geschlossener Fundkomplex entdeckten und später größtenteils nach Jena gekommenen Schalenfragmente aus der Hermesstraße in Athen[2] bieten – wie sonst selten – einen zusammenhängenden Überblick über die Themenauswahl in einer der wichtigsten auf Schalen spezialisierten Werkstätten in Athen nach der Wende vom 5. zum 4.Jahrhundert v. Chr.

Die folgende Darstellung sammelt und beschreibt die wichtigsten Bildmotive, indem sie einzelne, besonders beliebte Sujets des Jenaer Malers und seiner Werkstatt zusammenstellt.

## Der mythische Bereich

Die über weite Strecken des 5. Jahrhunderts im Vordergrund stehenden mythischen Darstellungen auf attischen Vasenbildern begegnen im Fundkomplex des Jenaer Maler weitaus seltener[3].

Außer *Dionysos,* der mit seinem Kreis das Hauptthema in der Zeit des Jenaer Malers bildet, erscheinen in wenigen Darstellungen Götter wie *Nike* und *Eros, Aphrodite, Apollon, Artemis, Thetis* und *Triptolemos.* Auch aus dem Bereich der Heroen treten einzelne Gestalten auf: *Herakles, Achilleus, Diomedes, Peleus* und *Atalante, Orpheus, Helle* und *Sparte* sind auf den vorhandenen Scherben zu erkennen.
*Nike* und *Eros* treten als Beigeordnete von Athleten, Jünglingen und Frauen in den Außenbildern auf und sind dadurch die hier häufigsten Göttergestalten.

Frauen erhalten von *Eros* Liebesgaben in Form von Ketten oder Kränzen, wie die Außenbilder der Schale in Gotha (Kat. 107) zeigen, in dem ein heranschwebender *Eros* einer Frau eine Kette übergibt.

Als jugendlicher, athletischer Gott wird *Eros* den Jünglingen angeglichen und neben diese gestellt, wie es Platon im Symposion beschreibt: »Mit der Jugend aber gesellt er sich und gefällt sich, und ganz recht hat jene alte Rede, daß das Ähnliche immer zum ähnlichen sich hält...«[4]. Desweiteren verehren sie ihn als Anfeuerer für eine bessere Leistung: »... so feige ist wohl keiner, den da nicht *Eros* selbst zur Tapferkeit begeistern sollte, so daß er dem gleich käme, der die beste Anlage hat von Natur...«[5]. Eine Schale in Wien (Abb. 47), die *Eros* mit einem Jüngling abbildet, wird in diesem Sinne interpretiert[6].

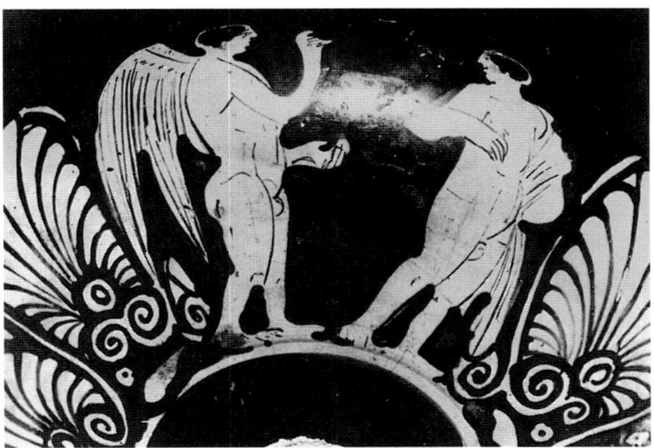

Abb. 47: Eros im Gespräch mit einem Jüngling. Attisch-rotfigurige Schale des Q-Malers, um 380 v. Chr. (Wien)

Drei Innenbilder des Jenaer Malers zeigen *Eros* gemeinsam mit seiner Mutter, der Göttin *Aphrodite,* so z.B. ein Fragment in Jena mit *Aphrodite,* die ihren Sohn auf den Knien hält (Kat. 113)[7].

Die Darstellungen der *Nike* befinden sich teilweise auf den Außenseiten der Schalen. Die Göttin tritt hier oft gegenüber von Athleten als Überbringerin der Siegesbotschaft auf. So auf einer Schale in Rom, die im Inneren *Nike* neben einem Fackelläufer zeigt (Abb. 48).

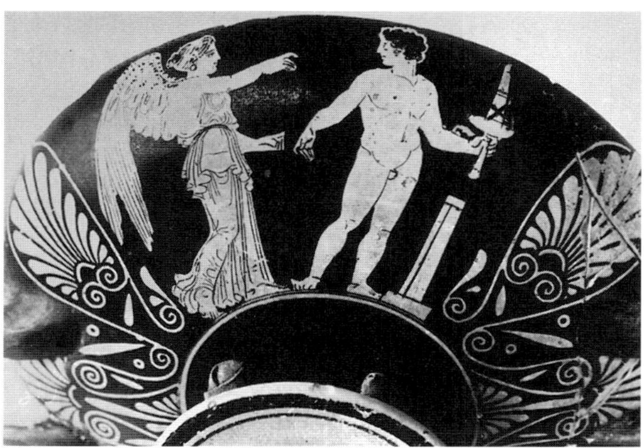

Abb. 48: Nike und Fackelläufer. Attisch-rotfigurige Schale des Diomedes-Malers, um 380 v. Chr. (Vatikan)

Beschäftigt mit der Errichtung eines *Tropaion* ist sie auf einem Fragment in Jena dargestellt, das offenbar von einem anderen Maler kopiert worden ist[8] (Kat. 112).

Nikedarstellungen sind im Reichen Stil am Ende des 5. Jahrhunderts ein geläufiges Motiv in der bildenden Kunst. Das bekannteste Beispiel bietet wohl die Balustrade des Niketempels der Athener Akropolis mit ihren in Variationen aneinandergereihten Siegesgöttinnen[9].

Alle weiteren Präsentationen von Göttern und Heroen befinden sich in den Innenbildern der Schalen, sind mit Begleitfiguren oder Gerät, wie dem oben erwähnten *Tropaion* der *Nike*, ausgestattet und vom Jenaer, Diomedes- oder Q-Maler und nur in wenigen Ausnahmefällen von den Werkstattgehilfen ausgeführt.

## Der Gott Dionysos und seine Begleiter

Der Gott des Weins *Dionysos* ist – gewöhnlich in Begleitung – mit zehn Darstellungen besonders häufig auf den Schalen des Jenaer Malers und der ihm nahestehenden Handwerker vertreten[10].

Meist tritt der Gott im Rund des Innenbildes auf, wo durch die Form bedingt nur wenige Figuren Platz finden. In Zweiergruppen zusammengestellt erscheint er mit *Hades, Herakles, Giganten* und *Ariadne,* weiterhin mit seinem traditionellen Gefolge von Satyrn und Mänaden, die in den erhaltenen Fragmenten am stärksten vertreten sind.

So zeigen z.B. die Innenbilder der Schalen aus Würzburg und Marzabotto *Dionysos* zusammen mit *Herakles*[11].

Im Würzburger Bild (Kat. 103) schreitet *Herakles* auf seine Keule gestützt nach links aus; den Kopf wendet er zurück zu *Dionysos.* Dieser hat den rechten Arm um die Schultern des Gefährten gelegt, im linken Unterarm ruht der *Thyrsosstab;* den Kopf leicht zurückgeneigt schweift sein Blick in die Ferne – ein Ausdruck der Ekstase in der antiken Bildsprache[12]. Auch der Ort der Darstellung wird gezeigt: im rechten Bildteil erkennt man die Ecke eines Altars, von dem sich die beiden Figuren abwenden; er weist den Schauplatz der Szene als Heiligtum aus. *Dionysos* und *Herakles* sind hier als Söhne des Zeus „in ewiger Seligkeit"[13] gleichberechtigt in der Welt der Götter dargestellt[14].

Die in der Werkstatt – nach den Funden zu urteilen – geläufigste Darstellungsweise des Gottes zeigt ihn inmitten seines Gefolges. Eine solche Szene erscheint auf einem Außenbild in Jena (Kat. 111): der bartlose, jugendliche *Dionysos* hat seinen Mantel auf einen imaginären Sitz gelegt und dort Platz genommen. Er betrachtet eine Mänade, die den Satyrn links von ihr durch das Spiel mit dem *Tympanon* beim Tanz begleitet.

Viermal tritt der Weingott an der Seite von Satyrn oder Mänaden auf. Davon befinden sich zwei Darstellungen auf den Außenseiten von Schalen, die vom Meister der Werkstatt selbst bemalt wurden[15].

Ein weiteres Motiv aus dem dionysischen Bereich ist auf zwei Schalenbildern aus Jena zu erkennen: Darstellungen von Satyrn und Mänaden ohne die sie anführende Gottheit[16].

Eines der beiden Bilder (Kat. 108) zeigt eine tanzende Mänade, die mit der linken erhobenen Hand ein *Tympanon* über dem Kopf schwingt; rechts davon beobachtet ein sitzender Satyr mit *Thyrsosstab* ihren ekstatischen Tanz.

Neben den eben erwähnten Innenbildern, die vom Jenaer Maler gestaltet wurden, wird dieses Motiv bevorzugt von den anderen Malern des Kreises (Q- und Diomedes-Maler) und den Werkstattgehilfen (Stil B oder C) verwendet und ist an den Außen- und Innenseiten der Schalen angebracht[17].

Mit 25 Bildern ist dies die am häufigsten auftretende Gruppe innerhalb des dionysischen Themenbereichs[18].

Während sich bisher alle erwähnten Figuren in der göttlich-mythischen Sphäre bewegten, so sind möglicherweise auf anderen Schalenbildern Mysten des dionysischen Kultes zu erkennen:

So möchte man jedenfalls die mit einem Mantel bekleideten Thyrsosträger interpretieren, die von Beazley als Darstellungen des Gottes selbst angesehen wurden[19]. Die Thyrsosträger befinden sich vor allem auf der Außenseite der Schalen und wurden immer von den Gehilfen des Jenaer Malers ausgeführt. Neunmal haben sie sich erhalten[20].

Auf einer besonderen Gefäßform, den Schalenskyphoi, deren Inneres durch eingestempelte Palmetten und Kreismuster verziert ist, und die nur auf den Außenflächen mit Bildern bemalt sind, erkennt man ebenfalls Darstellungen aus dem dionysischen Bereich mit Satyrn und Mänaden. Eine Erweiterung erfahren sie jedoch durch Athletenfiguren, die auf der anderen Seite der Schale zu sehen sind – eine Themenkombination, die nur aus der Werkstatt des Jenaer Malers bekannt ist[21]. Die Skyphoi, die durch die innere Stempelung weniger aufwendig gearbeitet sind als die normalerweise auch innen bemalten flachen Schalen, erhielten ihre Außenbilder selten von der Hand des qualitätvollsten Malers der Werkstatt. Vom Jenaer Maler gestaltet ist nur ein Gefäß dieser Form bekannt; der größte Teil der in dieser Art dekorierten Schalenskyphoi erhielt seine Außenbilder durch die Hand des Q-Malers, der auf diesen Typus spezialisiert war[22].

## Die „Alltagsdarstellungen“ – Bilder aus dem Leben

Auch in den Darstellungen auf anderen Schalenformen begegnet man oft Athleten, die jedoch einen anderen Themenbereich als die mythisch-göttliche Sphäre des Dionysos veranschaulichen: Zusammen mit Männern und Frauen vertreten sie die menschliche Lebenswelt in diesen Vasenbildern.

Annähernd die Hälfte der uns bekannten Darstellungen aus diesem Bereich zeigen Athleten.

Die Athleten sind meist keiner bestimmten Sportart zuzuordnen, einige sind nackt und tragen in der Hand die *Strigilis,* um sich nach dem Training in der Palästra von Öl, Sand und Schweiß zu reinigen, andere sind mit einem Mantel bekleidet und nur an ihren Attributen zu erkennen. Häufig auf Außenbildern vertreten, stehen sie in einigen Darstellungen zusammen mit der Siegesgöttin *Nike,* die die Athleten als Gewinner eines Wettkampfes auszeichnet[23].

Eine Schale in Würzburg (Kat. 87), die einen Fackelläufer zwischen Athleten zeigt, ist ein zusätzliches Beispiel für diese Gruppe von Darstellungen.

Weitere lockere Gruppen von Männern, Athleten, Jünglingen und Frauen sind in meist flüchtiger Zeichnung über die Außenseiten der Schalen verteilt. Die sonst wie beliebig austauschbare Versatzstücke wirkenden Figuren verbindet die einander zugewandte Gestik[24].

Auf die Funktion der Schalen als Bankettgeschirr weisen zahlreiche *Komos*-Darstellungen hin: Männer ziehen nach dem Symposion in ausgelassenem Zug

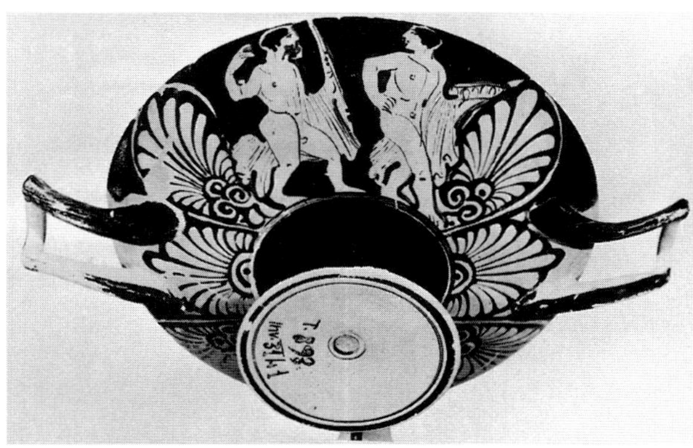

Abb. 49: Zwei Komasten. Attisch-rotfigurige Schale des Q-Malers, um 380 v. Chr. (Ferrara)

durch die Straßen. So auf einem Fragment des Diomedes-Malers, das zwei Komasten nach links ausschreitend zeigt (Kat. 83), oder das Außenbild einer Schale des Q-Malers in Ferrara (Abb. 49), auf dem die Zecher mit Fackel und Phiale zu sehen sind.

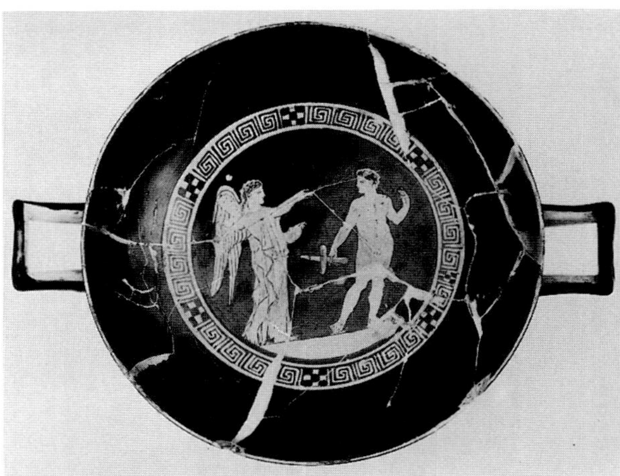

Abb. 50: Nike und Fackelläufer. Attisch-rotfigurige Schale in Art des Jenaer Malers, um 380 v. Chr. (Ferrara)

Wie die Szenen des *Komos*, so erscheinen auch Fackelläufer auf Außen- und Innenbildern der Gefäße. Sie stehen, wie oben gezeigt, neben Athleten im Mantel oder gemeinsam mit einer *Nike,* die dem Fackelträger einen Kranz überreicht, wie auf einer Schale in Ferrara zu erkennen ist (Abb. 50).

Damit ist die Variationsbreite der gestalteten Themen dieser Werkstatt schon beinahe erschöpft. Eine Erweiterung stellt die Darstellung von ‚Kriegers Abschied' dar – ein seit spätarchaischer Zeit beliebtes Thema, das im 4. Jahrhundert nur noch selten zu finden ist. Aus dem Kreis des Jenaer Malers sind zwei Schalen mit dieser Szene erhalten[25]. Das Schalenfragment in Jena zeigt einen Epheben mit Speer, dem eine Frau, Kanne und Schale haltend, gegenübergestellt ist (Kat. 99).

Insgesamt ist die Gruppe der ‚Alltagsdarstellungen' nach den dionysischen Themen am stärksten vertreten.

Die Auswertung des Themenrepertoires des Jenaer Malers und seiner Werkstatt ergibt folgendes Bild:

Anstelle der bis ins dritte Viertel des 5. Jahrhunderts bevorzugten mythologischen Themen beschränkt sich die Bildwelt zu Beginn des 4. Jahrhunderts weitgehend auf den dionysisch-kultischen Bereich, in dem sich auch die Mehrzahl der Bilder der Maler in der Hermesstraße bewegen.

Das dionysische Thema, vom Jenaer Maler und seinen Gehilfen dargestellt durch den Gott selbst, mit seinem Gefolge von Satyrn und Mänaden, sowie in Verbindung anderer mythischer Götter und Heroen, nimmt seit dem Eretria-Maler (440-420 v. Chr.) die erste Stelle in der Bildwelt der Vasenmaler ein und ist, zeitgleich mit den Schalenbildern des Jenaer Malers, auf anderen Vasenformen, wie z. B. den Krateren und Schalen des Meleager-Malers, vertreten[26].

Ein weiteres, für diese Zeit charakteristisches Thema sind die Athletendarstellungen, deren Beliebtheit in vielen Bildern des Jenaer Malers bezeugt ist. In den Arbeiten seiner Werkstatt finden sich Athleten gruppiert mit dem Gefolge des *Dionysos* ebenso wie mit „normalen“ Frauen und Männern[27].

Die Innenbilder, meist von höherer künstlerischer Qualität als ihre Gegenstücke auf der Außenseite, konzentrieren sich auf wenige Figuren. Sie zeigen den Gott *Dionysos* mit seinem Gefolge sowie weitere Götter und Heroen. Mythische Sujets werden in dieser Zeit zwar seltener zur Vasendekoration verwendet, spielen aber durch ihre qualitätvolle Ausführung als Mittlerbild im Kreis des Jenaer Malers eine besondere Rolle.

In den Schalenaußenbildern hingegen werden, der Form der Schale folgend, Aneinanderreihungen von dionysischen Szenen, Athletendarstellungen und weiteren Szenen aus dem Menschenleben sichtbar, die in verschiedenen Variationen einander gegenübergestellt werden.

Während sich die Bilder im Schaleninnern auf die vorher so häufig verwendeten mythischen Themen weitgehend beschränken, treten außen die auch in gleichzeitig arbeitenden Werkstätten beliebten dionysischen und athletischen Themen auf, so daß die Darstellungen aus dem menschlichen Bereich in der Anzahl die mythischen Bilder aus der Götter- und Heroenwelt übertreffen.

*Dionysos* und sein Gefolge steht aber in seiner Beliebtheit über allen anderen dargestellten Themen.

1 Zur stilistischen Einordnung s. o. N. Fellmuth 48ff..
2 Zur Fundgeschichte s.o. R. Hirte – T. Kleinschmidt 1ff.
3 Paul-Zinserling, Jena-Maler 12f.
4 Plat. Symp. 195 (ed. Schleiermacher II 2 [1986]).
5 ebenda 179.
6 Paul-Zinserling, Jena-Maler 75f.
7 M. Robertson ergänzt in Analogie zu den normalerweise zweifigurigen Innenbildern des Jenaer Malers eine weitere Figur rechts neben Aphrodite: M. Robertson, The art of vase-painting in classical Athens (1992) 269.
8 Paul-Zinserling, Jena-Maler 77ff.
9 LIMC VI (1992) 850ff. s.v. Nike (A. Goulaki-Voutira) (mit weiterer Lit.).
10 Paul-Zinserling, Jena-Maler 23.
11 Schale in Würzburg, Martin von Wagner-Museum Inv. H 5011: hier Kat. 103; Schale in Marzabotto, Museum Aria o. Inv.: Paul-Zinserling, Jena-Maler Taf. 4, 2.
12 H. Froning WbJb. N. F. 1, 1975, 201ff.
13 ebenda 206.
14 ebenda.
15 Schalenfragment in Jena, SAK Inv. 0505: hier Kat. 42; Schalenfragment in Jena, SAK Inv. 0468: hier Kat. 111.
16 Schalenfragment in Jena, SAK Inv. 0474: hier Kat. 80; Schalenfragment in Jena, SAK Inv. 0469: hier Kat. 108.
17 Zur Scheidung der verschiedenen Maler s. o. N. Fellmuth 48ff.
18 Paul-Zinserling, Jena-Maler 49.
19 Deutung der Thyrsosträger nach Beazley, ARV$^2$; im Gegensatz dazu Paul-Zinserling, Jena-Maler 64ff.
20 Paul-Zinserling, Jena-Maler 63f.
21 Paul-Zinserling, Jena-Maler 58.
22 Paul-Zinserling, Jena-Maler 57.
23 Paul-Zinserling, Jena-Maler 77.
24 Paul-Zinserling, Jena-Maler 122.
25 Paul-Zinserling, Jena-Maler 122.
26 Paul-Zinserling, Jena-Maler 12f.
27 Paul-Zinserling, Jena-Maler 120-124.

*Eva Niebel*

# Manteljünglinge in Jena – Epheben an der Grenze

Zum Œuvre der Werkstatt des Jenaer Malers gehört eine größere Anzahl von Schalenfragmenten, die als Dekoration der Innenseite das in flüchtiger Manier gemalte Bild eines Jünglings im *Himation* tragen[1]. Gemäß der archäologischen Konvention werden diese jungen, bartlosen Männer als „Manteljünglinge" bezeichnet[2].

Dieser Darstellungstypus ist während des gesamten Zeitraumes der rotfigurigen Vasenmalerei in Attika bekannt[3]. Allgemein sind die Darstellungen handlungsarm, so daß im wesentlichen nur typologisch zwischen verschiedenen Standmotiven und Drapierungsmöglichkeiten unterschieden werden kann, während häufig eine konkrete, auf das Einzelbild bezogene Interpretation vermieden wird. In der neueren Forschung wird deshalb grundsätzlich eine allgemeine Deutung dieser Manteljünglinge bevorzugt, die in ihnen – sicherlich zu Recht – eine charakteristische Möglichkeit der Darstellung des attischen Bürgers sehen[4]. In seiner Dissertation differenziert H.-G. Hollein je nach Stand- und Drapierungsschema drei Typen, den ΣΚΟΛΗ-, ΔΥΝΑΜΙΣ- und ΑΡΕΤΗ- Typus und verbindet deren Aufkommen und relative Häufigkeit mit dem politischen Geschehen in Athen[5]. So wichtig diese allgemeine Aufwertung des Typus ist und so klar auch für den Vasenmaler wohl unbewußte historisch bedingte Zeitströmungen werden, so wird doch letztendlich deutlich, daß ungeklärt ist, wie der Typus in der Antike verstanden wurde, auch wenn die *Palaistra*, das *Gymnasion* und die *Agora* als die drei großen Lebensbereiche benannt werden können, in denen Manteljünglinge agieren.

Die Möglichkeit zu einer genaueren Interpretation bietet m.E. eine Gruppe zum großen Teil unpublizierter Fragmente in der Sammlung für antike Kleinkunst der Friedrich-Schiller-Universität in Jena[6]. Wie alle anderen in Jena befindlichen Stücke stammen auch diese Fragmente aus einem Werkstattfund, der von C. W. Goettling nach seiner Entdeckung 1852 in Athen gekauft wurde[7]. Die Feinchronologie des Gesamtkomplexes ist schwierig, sicher ist jedoch, daß die Werkstatt zu denen gehörte, die die spätesten Schalen produzierten, bevor dieser Gefäßtyp um 370 nicht mehr mit figürlicher Malerei verziert wurde[8]. Bereits Beazley hatte neben dem Jenaer Maler einen Stil B und C definiert, der jeweils einem Gehilfen zugeschrieben werden kann[9]. Der Maler des Stils C arbeitet eindeutig am flüchtigsten[10]. Er verzichtet auf die Angabe von Details, so ist das Haar nicht weiter in Locken untergliedert, und auch das Gesicht ist nur mit wenigen Pinselstrichen angegeben. Besonders charakteristisch ist die Wiedergabe des *Himation* mit bogenförmigen Falten im Bereich des Leibes und einer dicken hakenförmigen Linie, die den Saum des Mantels bezeichnet. Greifbar ist er vor allem in einer Reihe von Schaleninnenbildern mit Darstellung eines Manteljünglings, wobei uns die zwei häufigsten Motive, ein Manteljüngling an einem Altar, der sich zu einem Steinmal umwendet (z.B. Kat. 115)[11], und ein Manteljüngling zwischen zwei Steinmalen (z.B. Kat. 116) im folgenden weiter interessieren sollen.

Der Bildtypus des zwischen zwei Steinmalen stehenden Manteljünglings ist relativ selten, so daß die Häufigkeit, mit der er in unserem Scherbenkomplex auftritt, besonders frappierend wirkt[12]. Der junge Mann selbst bietet allein gesehen keinen Hinweis auf eine Deutung, da keine Handlung dargestellt ist. Ausgangspunkt müssen demnach die beiden Steinmale auf der linken und rechten Seite sein. Sicher auszuschließen ist, daß beide Teile direkt zusammengehören und Teil eines einzigen Monumentes sind. Ähnliche Male kommen häufiger in *Palaistra*-Szenen vor, die dann sicher richtig als Zielsäulen angesprochen werden[13]. Sie sind jedoch meist kleiner und schmaler. Eine Schale in London, die der Werkstatt des Jenaer Malers zugeschrieben werden kann, zeigt als einziges Gefäß eine ähnlich massive Zielsäule, wobei sich die Benennung aus dem an dem rechten Bildrand dargestellten *Louterion* ergibt, da beide Objekte ein häufig dargestelltes Ensemble bilden[14]. Bei allen mir bekannten Palaistra-Bildern tritt die Zielsäule jedoch in der Einzahl auf, während bei unserem Motiv gerade die Doppelung charakteristisch ist, außerdem fehlen die sonst üblichen, häufig auch nur auf den Hintergrund gemalten Palaistra-Zutaten (Diskos, *Strigilis* etc.)[15]. Eine Deutung der Steinmale als Zielsäulen muß deshalb ausscheiden.

Abzulehnen ist auch ihre Interpretation als Altäre. Wiederum können für die parataktische Ordnung zweier Altäre keine Vergleiche beigebracht werden, wie auch die unmotivierte Reihung keinen Sinn ergäbe. Wie später zu sehen ist, werden Altäre im direkten Vergleich in der Darstellung unterschieden.

Aufgrund dieser Aporie wird in der bisherigen Forschung neutral von „Steinmalen“ oder „Pfeilern“ gesprochen[16].

Den Schlüssel für die Benennung dieser steinernen Objekte und somit zu einer Interpretation bildet der Bildtypus II (Kat. 115). Dargestellt ist ein Jüngling im *Himation*, der seinen rechten Arm ausstreckt und die Hand mit der Handfläche nach unten über einen Altar hält. Aufgrund der deutlichen Profilierung am Oberteil setzt sich das Objekt am linken Bildrand deutlich vom anderen Steinmal ab und läßt sich eindeutig als Altar bestimmen. Ambivalent ist die Aktion des jungen Mannes: Es kann sich um ein Opfer handeln, dafür spricht die Handhaltung auf Fragment Jena, SAK Inv. 0429 (Kat. 19), obwohl das Fehlen von Opfergut merkwürdig bleibt. Das Motiv des ausgestreckten Arms mit flacher Hand, wie er auf den Fragmenten Jena, SAK Inv. 0428 (Kat. 115) und 0430 (Kat. 30) vorkommt, entspricht jedoch dem üblichen Schwurgestus, so daß die Szene auch als Ablegung eines Eides gedeutet werden kann, wobei beide Aktionen, Opfer und Eid, in der Antike eng verbunden waren[17]. In jedem Fall auffällig ist jedoch, daß der junge Mann nicht zum Altar blickt, sondern seinen Kopf wegdreht, hin zu einem Steinmal, das demjenigen des ersten Bildtypus entspricht. Unzweifelhaft drückt diese ungewöhnliche Kopfbewegung die enge Verbindung zwischen dem Geschehen am Altar und diesem Objekt aus.

Die Darstellung eines am Altar schwörenden oder opfernden Jünglings läßt sofort an den Ephebeneid denken[18]. Diese Interpretation erklärt auch die bisher nicht zu benennenden Steinmale:

In der entscheidenden, epigraphisch erhaltenen Version der Schwurformel wird eine Reihe von Instanzen als Zeugen (ΙΣΤΟΡΕΣ) angerufen[19]. Neben einer Liste von Gottheiten werden auch die Grenzen des Vaterlandes, die Horoi (ΟΡΟΙ), aufgeführt.

Die Festlegung von Grenzen ist nun gerade in Attika mehrfach archäologisch beobachtet[20]. Grundsätzlich kann zwischen Horos-Inschriften auf natürlich anstehendem Fels oder auf Einzelsteinen unterschieden werden. Die Form dieser Monumente kann differieren, doch handelt es sich meistens um rechtekkige Stelen, erinnert sei nur an die bekannten Male im Kerameikos[21] oder auf der Agora von Athen[22].

Benennt man nun das Objekt am linken Bildrand der allgemeinen Ähnlichkeit folgend als Horos-Stein, so bietet sich für die gesamte Szene – und auch für den anderen Bildtypus – eine einleuchtende Interpretation. Die Aktion am Altar, die Ablegung eines Eides oder ein wohl mit dem Schwur verbundenes Opfer, ist tatsächlich als Ephebeneid zu deuten. Die Kopfdrehung erklärt sich dann dadurch, daß der Ephebe sich zu einem der Schwurzeugen, den ΟΡΟΙ Attikas, hinwendet, die in einem Grenzstein bildlich greifbar dargestellt sind.

Die Identifizierung als Horos-Stein führt auch zu einer Lösung bezüglich der Darstellung des Manteljünglings zwischen den beiden Steinmalen. Anders als bei Zielsäulen oder Altären ist bei Grenzsteinen die Mehrzahl natürlich, eine Reihung ist durch die Funktion geradezu bedingt.

Im Unterschied zur Altarszene ist hier keine Handlung gezeigt. Die Verbindung zwischen einem jungen Mann und den Horoi des Landes wird eher in einem Zustandsbild zum Ausdruck gebracht. Dabei liegt aber auch hier die Verbindung zur Institution der *Ephebie* nahe, da sie am ehesten diese Zusammenstellung der Bildelemente erklärt.

Die Bezeichnung der Manteljünglinge als Epheben und der Bezug der Bildtypen auf die *Ephebie* bereitet nur scheinbar Schwierigkeiten. So ist die Inschrift mit der für die Interpretation herangezogenen Schwurformel aus Acharnai jünger als die Gefäße der Werkstatt des Jenaer Malers[23]. Die Aufzeichnung des Eides im Jahr 334/333 kann jedoch nur *terminus ante quem* sein. In seiner Untersuchung kommen P. Siewert und vor ihm andere zu dem Schluß, daß eine Form des Ephebeneides wie auch die Institution der *Ephebie* selbst sicherlich bereits im 5. Jh. v. Chr. existierte[24]. Die Wortwahl des überlieferten Textes weist auf eine frühere Entstehungszeit hin, eine ähnliche Schwurformel ist deshalb bereits für das beginnende 4. Jh. zu postulieren. Gerade die genannten Eidzeugen müssen älter sein, da im 4. Jh. selten auftretende Gottheiten genannt werden[25]. Gestützt wird das höhere Alter außerdem durch eine Erwähnung, die besagt, daß Aischines seinen Dienst an den attischen Grenzen im Jahre 371/370 leistete[26]. Schriftliche Erwähnung und die Darstellungen haben also annähernd dieselbe Entstehungszeit[27]. Eine Ablehnung unserer Bilddeutung aufgrund historischer Erwägungen ist also nicht gerechtfertigt.

Einwände sind auch von archäologisch-ikonographischer Seite denkbar. Von Aristoteles wissen wir, daß die Epheben eine *Chlamys* trugen[28], bei Pollux ist zusätzlich der *Petasos* angeführt[29]. So wird mitunter in der archäologischen Literatur als Erkennungszeichen der Epheben zumindest der kurze Reitermantel gefordert[30]. Diese Prämisse ist an sich gewiß berechtigt, doch war für den antiken Betrachter der Bezug durch die Verbindung mit den Horos-Steinen wohl deutlich genug[31]. Mit einer in allen Einzelheiten korrekten Darstellung ist an sich nicht zu rechnen. So ist die Altarszene mit dem bei einem Horos-Stein schwörenden Manteljüngling, für die das kürzlich am Ostabhang der Akropolis lokalisierte *Aglaurion* als Schauplatz angenommen werden muß, in ihrer topographischen Kennzeichnung sicher falsch[32]. Derselbe Mangel an Authentizität läßt sich jedoch auch an vielen *Palaistra*-Szenen beobachten[33]. Allgemein ist mit einer verkürzten, wichtige Aspekte zusammenfassenden Bildersprache zu rechnen. Authentizität bis ins Detail ist sowieso nicht zu erwarten. Die nicht situationsadäquate Bekleidung mit dem *Himation* ist häufig bezeugt, zumal der Mantel als d a s Gewand des attischen Politen aufgefaßt werden kann. Entscheidend bleibt schließlich die bildliche Verbindung des jungen Bürgers, veranschaulicht im bewährten Figurentypus des Manteljünglings, mit der durch Horoi-Steine dargestellten Grenze[34].

Wir haben aus dem Bestand der Werkstatt des Jenaer Maler im Stil C eine Gruppe von Trinkgefäßen vor uns, die relativ homogen dekoriert ist. Mit Abstand die meisten Innenbilder zeigen Epheben zwischen zwei Horos-Steinen, seltener ist die Darstellung des am Altar stehenden, schwörenden bzw. opfernden jungen Mannes, nur vereinzelt kommen andere Darstellungen vor[35]. Alle Fragmente, die diese zwei Bildthemata zeigen, gehören dem Fund an, der geschlossen nach Jena gekommen ist, d. h. sie stammen in ihrer Gesamtheit aus Athen. Daraus läßt sich m. E. nur schließen, daß die Darstellungen orts- und zeitspezifisch waren. Beide Aussagen treffen für unsere Interpretation ‚Epheben zwischen Horos-Steinen' zu. Daß das Thema nur in Athen interessant war, bedarf keiner weiteren Erklärung. Bei der gängigen Datierung der Gefäße ganz am Ende des Zeitraums, in dem in Athen Schalen bemalt wurden, also in die Jahre zwischen 390 und 370, ist auch der historische Aspekt leicht zu klären[36]. In der Zeit nach der Abschüttelung der Herrschaft der 30 Tyrannen und der Wiederherstellung der Demokratie erfuhren wohl alle demokratischen Institutionen eine Neubelebung, und zu diesen ist auch die *Ephebie* zu zählen. Gerade zu diesem Zeitpunkt ist also eine Darstellung, die, verkürzt gesagt, „Bürgertum“ und „Grenze“ miteinander verbindet, besonders aktuell.

Unklar ist die Verwendung unserer Trinkgefäße. Die einfache Ausführung spricht wohl gegen einen irgendwie gearteten „offiziellen“ Charakter der Vasen. Eine kultische Verwendung ist nicht auszuschließen, doch ist auch eine zweckfreie Benutzung im Sinne eines Erinnerungsstücks möglich.

Die Fragmente aus der Werkstatt des Jenaer Malers zeigen, daß diese sehr einfachen Darstellungen, die gerade durch ihren Seriencharakter zunächst langweilig wirken, dennoch unser Verständnis der Bildersprache ganz am Ende der rotfigurigen Vasenmalerei in Athen erweitern können.

1 Bei Beazley, ARV² 1511ff. werden 13 Stücke genannt. In der Sammlung Antiker Kleinkunst der Friedrich-Schiller-Universität Jena befinden sich jedoch allein 38 zumeist unpublizierte Fragmente mit Manteljünglingen.

2 Zum Begriff: H.-G. Hollein, Bürgerbild und Bildwelt der attischen Demokratie auf den rotfigurigen Vasen des 6.-4. Jahrhunderts v. Chr. (1988) 11ff. (mit weiterer Lit.).

3 Zusammenfassend Hollein a. O. 53ff.

4 So z. B. Koch-Harnack, Knabenliebe und Tiergeschenke (1983) 208. – Hollein a. O. 17f. (mit älterer Lit.).

5 Hollein 56ff. (ΣΚΟΛΗ-Typus). 59ff. (ΔΥΝΑΜΙΣ-Typus). 64ff. (ΑΡΕΤΗ-Typus). 221ff. (Auswertung).

6 Zur Sammlung vorläufig: Paul-Zinserling, SAK.

7 Zum Fundkomplex und zur Ankaufsgeschichte vgl. hier R. Hirte/T. Kleinschmidt 1ff.

8 Stilistische Beurteilung des Jenaer Malers und seiner Werkstatt bei Beazley, ARV² 1510f. – Hahland, Studien (1931) 58ff. – A. D. Ure, JHS 64, 1944, 70ff. – S. Fischer, Boreas 8, 1985, 202f. Vgl. hier N. Fellmuth.

9 Beazley, ARV² 1510f. – ders., Paralipomena 499f.

10 Vgl. hierzu die Angaben bei Paul-Zinserling, Jena-Maler 146 Anm. 791.

11 Aus der Reihe fällt das Boden- und Randstück einer fußlosen Schale Inv. 0431 (1037) (Kat. 71), das einen auf einen Stock gestützten Manteljüngling vor einem Altar zeigt, der sich nicht zu dem Steinpfeiler am rechten Bildrand umwendet. Auch diese Scherbe ist unpubliziert. Zu vergleichen ist das Innenbild einer wesentlich früheren Schale (470-460 v. Chr.) in Wien, Kunsthistorisches Museum Inv. 216: CVA Österreich: Wien, Kunsthistorisches Museum I (1951) 18 Nr. 6-7 Taf. 16, 6.

12 Bei den „Malen“ auf den Glockenkrateren in Wien, Kunsthistorisches Museum Inv. 234. 604. 801 (CVA Österreich: Wien, Kunsthistorisches Museum III [1974] 28f. Nr. 1-6 Taf. 127, 2. 4. 6) handelt es sich um kursorisch gemalte Säulen mit weit ausladenden Kapitellen, wie die sorgfältiger ausgeführte Szene in Taf. 127, 6 zeigt.

13 Zu Darstellungen mit Zielsäulen vgl. die Beispiele, die Manteljünglinge in der Palaistra zeigen: Hollein a. O. 71ff. (mit weiteren Angaben); hierzu auch Paul-Zinserling, Jena-Maler 61f.

14 London, BM Inv. E 111: Beazley, ARV² 1514 Nr. 44. – Paul-Zinserling, Jena-Maler 63 Nr. 1 Taf. 27, 3.

15 Zum attributiven Gebrauch von Palaistra-Gerät: J. L. Durand – F. Lissarague, Hephaistos 2, 1980, 92. – Paul-Zinserling, Jena-Maler 61.

16 z. B. Beazley, ARV² 1515, 69.

17 Zum Eid in der Antike: L. Hirzel, Der Eid (1902). – RE 5 (1905) 2076ff. s.v. Eid (Ziebarth). Eine zusammenfassende Untersuchung zu den Darstellungen fehlt.

18 Vgl. hierzu die Abb. 2677 bei Daremberg – Saglio III (1892) 624 s.v. Ephebi. An einen Epheben, der direkt an einem Grenzstein schwört, denkt Hollein 198. a. O. (Anm. 1) 200 Abb. 249 auf einer rotfigurigen Pelike in München, Antikensammlung Inv. 2355: CVA Deutschland VI: München, Museum antiker Kleinkunst 2 (1944) 18 Taf. 79, 6. Die Darstellung bleibt schwierig, da der Gestus nicht so eindeutig ist wie bei unseren Stücken und auch die Kopfwendung fehlt.

19 Zum Ephebeneid: Chr. Pélékides, Histoire de l'Éphebie attique des origines à 31 avant Jésus-Christ (1962) 110ff. – P. Siewert, JHS 97, 1977, 102ff. (mit weiterer Lit.).

20 Die Forschung zu Horos-Inschriften wurde gerade in den letzten Jahren stark intensiviert; vgl. z. B. M. K. Langdon, Hesperia 54, 1985, 257ff. – ders., GrRomByzSt 29, 1988, 75ff. – G. R. Stanton, BSA 80, 1985, 259. – J. S. Traill, Demos and Trittys. Epigraphical and topographical studies in the organisation of Attica (1986). – G. V. Lalonde in: The Athenian Agora XIX (1991) 1ff., speziell 10 zu den Grenzsteinen Attikas.

21 U. Knigge, Der Kerameikos von Athen. Führung durch Ausgrabungen und Geschichte (1988) 10 Abb. 2.

22 The Athenian Agora XIX (1991) 1ff. Nr. H 1ff. Taf. 1-7 (G. V. Lalonde).

23 Zur Datierung der Gefäße s. o. Anm. 8.

24 Zur Datierung des Eides: Pélékides a. O. 75ff. – Siewert a. O. 107ff.; zur Existenz der Ephebie in vorlykurgischer Zeit allgemein: O. W. Reinmuth, TAPhA 83, 1952, 34ff. – Pélékides a. O. 8ff. 71ff., speziell 78f. – P. Vidal-Naquet, AnnEconSocCiv 1978, 957ff. (jeweils mit weiterer Lit.).

25 Pélékides a. O. 75ff. – Siewert a.O. 109f.

26 Aischin. II 167; vgl. Harpokration I 246-247 s.v. ΠΕΡΙΠΟΛΟΣ.

27 So auch Paul-Zinserling, Jena-Maler 69.

28 Aristot. Ath. pol. 42.

29 Poll. X 164.

30 So bei Paul-Zinserling, Jena-Maler 69; vgl. die Darstellungen sich verabschiedender Peripoloi, zusammengestellt durch Hollein a. O. (Anm. 1) 175ff.

31 Aus der literarischen Überlieferung geht auch nicht eindeutig hervor, wann der Eid abgelegt wurde. Nach Lykurg. Leokr. 76 wurde der Schwur kurz nach Einschreibung in das Demenregister geleistet, während die militärische Ausrüstung für den Peripolos-Dienst erst im zweiten Jahr der Ephebie ausgehändigt wurde. Auf einem Krater des Niobiden-Malers in Tübingen, Archäologische Sammlung Inv. E 104 ist ein Ephebe in Chiton und Chlamys und mit Petasos bei der Aushändigung von Schwert und Lanze dargestellt: Beazley, $ARV^2$ 603, 35. – F. Lissarague in: O. Murray – M. Tecusan (Hrsg.) In vino veritas (1995) 141f. Abb. 10 (mit weiterer Lit.).

32 Zum Aglaurion am Ostabhang der Akropolis: G. S. Dontas, Hesperia 52, 1983, 48ff.

33 Vgl. die unrealistische Gruppierung von Thyrsosträgerin und nackten Athleten im Palaistra-Bereich, zusammengestellt bei Paul-Zinserling, Jena-Maler 57ff.

34 In anderem Zusammenhang geht Hollein a. O. (Anm. 1) 177ff. in Bezug einer auf die Ephebie bezogenen Interpretation von Vasendarstellungen noch einen Schritt weiter. Er sieht das Aufeinandertreffen von Ödipus und Sphinx als Allegorie des „Bewährungserlebnisses des mythischen Epheben/Peripolos Ödipus durch die Epheben/Peripoloi der athenischen Polis“ (ebenda 179).

35 s. o. N. Fellmuth und E. Niebel.

36 Zur historischen Situation: C. Mossé, Der Zerfall der athenischen Demokratie (1976). – K.-H. Welwei, Die griechische Polis (1983) 263ff.; zu restaurativen Tendenzen in dieser Zeit: M. H. Hansen in: Aspects of Athenian democracy (1990) 71ff.

*Günther Schörner*

# KATALOGTEIL

**1** **Farbtaf. 1, 1**

Jena, SAK Inv. 0410

Rand und Bodenstück einer niedrigen attisch-rotfigurigen Schale

Maße: Dm. 4,5 cm

Beschreibung: I: Satyrkopf nach links mit Weinlaub im Haar, rechte Hand mit Thyrsos; Hakenmäander mit einem Schachbrettfeld

Zuschreibung: Jenaer Maler (Beazley).

Beazley, ARV 883, 69. – Beazley, ARV[2] 1515, 78. – Paul-Zinserling, Jena-Maler 49 Nr. 20. T. N.

**2** **Taf. 1, 1**

Jena, SAK Inv. 0409

Bodenstück eines attisch-rotfigurigen Schalenskyphos mit erhaltenem Standring

Maße: Dm. 12,0 cm

Beschreibung: I: großer weiblicher Kopf im Profil nach links, die Haare mit einer verzierten Haube bedeckt; Hakenmäander

Zuschreibung: I: Stil B (Beazley)

Beazley, ARV 883, 70. – Beazley, ARV[2] 1515, 77.

H. M.

**3**

Jena, SAK Inv. 0493

Fragment einer attisch-rotfigurigen Schale

Maße: Dm. 11,2 cm

Beschreibung: I: sitzende Frau (nur die Beine, das linke von einem Gewand bedeckt, und der linke Arm, mit einem Armreif geschmückt, erhalten); Mäander und Schachbrettmuster alternierend

A: Henkelpalmetten, rechts davon der untere Teil eines langen Gewandes und ein rechter Fuß einer Person nach rechts

Zuschreibung: I/A: Jenaer Maler (Beazley)

Beazley, ARV 880, 8. – Beazley, ARV[2] 1513, 26.

H. M.

**4**

Jena, SAK Inv. 0476

Fragment einer attisch-rotfigurigen Schale

Maße: Dm. 15,5 cm

Beschreibung: I: Beine einer bekleideten, sitzenden Frau; links vor ihr rechtes Bein eines nackten Jünglings, der sein linkes Bein auf eine Bodenerhebung stützt (Hahland)

A: Henkelpalmette; Satyr, vor ihm Unterkörper des Dionysos mit Thyrsos (Hahland), rechts Fußspitzen einer dritten Person

Zuschreibung: I: wahrscheinlich Jenaer Maler; A: Stil B (Beazley)

Beazley, ARV 881, 18. – Beazley ARV[2] 1511, 8. – Paul-Zinserling, Jena-Maler 48 Nr. 4; 50 mit Anm. 613.

T. N.

**5**

Jena, SAK Inv. 0494

Bruchstück einer attisch-rotfigurigen Schale

Maße: Dm. 6,5 cm

Beschreibung: I: Beine und Mantelzipfel eines nach links eilenden Jünglings; Rest zweier Mäanderfelder

A: Unterschenkel und Füße eines nackten Jünglings nach rechts; vor ihm Unterteil einer bekleideten Figur (Beazley: Nike?); Rest des Henkelornaments

Zuschreibung: Jenaer Maler (Beazley)

Beazley, ARV 880, 5. – Beazley, ARV[2] 1513, 30. – Paul-Zinserling, Jena-Maler 121 Nr. 26 Taf. 78, 4.

A. L.

**6**

Jena, SAK Inv. 0402

Bruchstück eines kleinen attisch-rotfigurigen Schalenskyphos

Maße: Dm. 5,5 cm

Beschreibung: A: Unbekleideter Jüngling frontal, Mantel über den linken Arm, rechts Rest eines ihm zugewandten nackten Jünglings, in der erhobenen rechten Hand wohl eine Strigilis

Zuschreibung: Stil C (V. Paul-Zinserling)

Paul-Zinserling, Jena-Maler 145 Anm. 741.

R. S.

**7**

Jena, SAK Inv. 0448

Fragment einer attisch-rotfigurigen Schale

Maße: Dm. 8,0 cm

Beschreibung: I: Schulter einer bekleideten Figur (männlich?) nach links; „ess-border“ in Kreislinien

unpubliziert

E. N.

**8**

Jena, SAK Inv. 0483

Fuß und kleines Mittelstück einer attisch-rotfigurigen Schale

Maße: H. 4,6 cm

Beschreibung: I: Mittelteil eines stehenden nackten Jünglings

Beazley, ARV 881, 24. – Beazley, ARV[2] 1513, 41.- Paul-Zinserling, Jena-Maler 168 Anm. 1652.

R. S.

**9**

Jena, SAK Inv. 0497

Bruchstück einer attisch-rotfigurigen Schale

Maße: Dm. 5,0 cm

Beschreibung: I: Schachbrettfeld
A: Frau (Kopf und Unterteil fehlen) im Chiton mit angewinkelten Armen nach rechts, wohl Nike

Zuschreibung: A: Stil B (Beazley)

Beazley, ARV 800, 14. – Beazley, ARV[2] 1513, 25.- Paul-Zinserling, Jena-Maler 77 Nr. 10 Taf. 42, 3.

A. L.

**10**

Jena, SAK Inv. 0498

Fragment einer attisch-rotfigurigen Schale

Maße: Dm. 6,4 cm

Beschreibung: I: links Rumpf eines nackten, wohl zurückgelehnten Jünglings nach rechts; vor ihm Teil einer bekleideten, wohl weiblichen Gestalt mit erhobenem rechten Arm nach links

Beazley, ARV 881, 32.

U. S.

**11**
Jena, SAK Inv. 0513
Randstück und Henkel einer attisch-rotfigurigen Schale
Maße: Dm. 10,3 cm
Beschreibung: I: linke Hand; Hakenmäanderfries und Schachbrettfeld
unpubliziert

E. N.

**12**
Jena, SAK Inv. 0486
Fuß einer attisch-rotfigurigen Schale
Maße: Dm. 8,1 cm; H. 4,1 cm
Beschreibung: auf dem Boden konzentrische Kreise auf rotem Grund
unpubliziert

E. N.

**13**
Jena, SAK Inv. 0454
Randstück einer attisch-rotfigurigen Schale
Maße: Dm. 9,9 cm
Beschreibung: I: Mäander, nach vier Feldern Schachbrettfeld aus Punkten
A: Manteljüngling nach rechts, davor Flügel und Schweif (Greif ?); Henkelpalmette
unpubliziert

T. N.

**14**
Jena, SAK Inv. 0411 (1000)
Boden- und Randstück einer fußlosen attisch-rotfigurigen Schale
Maße: H. 4,3 cm; Dm. 14,5 cm
Beschreibung: I: Manteljüngling nach links zwischen zwei Pfeilern; Hakenmäander mit Längsstrichen
unpubliziert

G. S.

**15**
Jena, SAK Inv. 0416 (1010)
Zwei anpassende Scherben vom Boden einer fußlosen attisch-rotfigurigen Schale
Maße: H. 4,5 cm; Dm. 14,2 cm
Beschreibung: I: Manteljüngling nach links zwischen Pfeilern; Hakenmäander
Zuschreibung: Stil C (Beazley)
Beazley, $ARV^2$ 1515, 68. – Paul-Zinserling, Jena-Maler 146 Anm. 791.

G. S.

**16**
Jena, SAK Inv. 0420 (1016)
Randstück einer niedrigen attisch-rotfigurigen Schale
Maße: H. 4,6 cm, Dm. 15,0 cm
Beschreibung: I: Oberteil eines Manteljünglings nach links, rechts Pfeiler; Hakenmäander mit Kreuz über dem Kopf des Mannes
unpubliziert

G. S.

**17**
Jena, SAK Inv. 0422
Boden- und Randstück einer fußlosen attisch-rotfigurigen Schale
Maße: H. 4,7 cm; Dm. 10,5 cm

Beschreibung: I: Manteljüngling nach links zwischen zwei Pfeilern; Hakenmäander durch Längsstrich getrennt

unpubliziert

G. S.

**18**

Jena, SAK Inv. 0427

Bodenstück einer niedrigen attisch-rotfigurigen Schale

Maße: Dm. 13,5 cm

Beschreibung: I: Manteljüngling nach links vor Pfeiler; Wellenumrandung

unpubliziert

G. S.

**19**

Jena, SAK Inv. 0429 (1031)

Boden- und Randstück einer fußlosen attisch-rotfigurigen Schale

Maße: Dm. 8,5 cm

Beschreibung: I: sich umwendender Manteljüngling nach links mit nackter rechter Schulter, rechte Hand in Hüfthöhe

unpubliziert

G. S.

**20**

Jena, SAK Inv. 0430 (1032)

Boden- und Randstück einer fußlosen attisch-rotfigurigen Schale

Maße: Dm. 9,5 cm

Beschreibung: I: sich umwendender Manteljüngling nach links mit nackter rechter Schulter, rechte Hand in Hüfthöhe über profiliertem Altar

unpubliziert

G. S.

**21**

Jena, SAK Inv. 0439

Bodenstück einer fußlosen attisch-rotfigurigen Schale

Maße: Dm. 11,0 cm

Beschreibung: I: Manteljüngling nach links zwischen zwei Pfeilern; Hakenmäander und Mittelstrich

unpubliziert

G. S.

**22**

Jena, SAK Inv. 0444

Bodenstück einer fußlosen attisch-rotfigurigen Schale

Maße: Dm. 4,7 cm

Beschreibung: I: Manteljüngling nach links (rechts gebrochen), links Pfeiler; laufender Hund (Wellenband)

unpubliziert

G. S.

**23**

Jena, SAK Inv. 0445

Boden- und Randstück einer fußlosen attisch-rotfigurigen Schale

Maße: Dm. 14,2 cm

Beschreibung: I: Manteljüngling nach links zwischen zwei Pfeilern; Hakenband

unpubliziert

G. S.

**24**
Jena, SAK Inv. 0413 (1004)
Boden einer fußlosen attisch-rotfigurigen Schale
Maße: Dm. 10,0 cm
Beschreibung: I: Manteljüngling nach links zwischen zwei Pfeilern
unpubliziert

G. S.

**25**
Jena, SAK Inv. 0414
Bodenstück einer fußlosen attisch-rotfigurigen Schale
Maße: Dm. 7,3 cm
Beschreibung: I: oberer Teil des linken Pfeilers und vorderer Teil eines Mantels, wohl eines Manteljünglings
unpubliziert

G. S.

**26**
Jena, SAK Inv. 0415 (1009)
Randstück einer fußlosen attisch-rotfigurigen Schale
Maße: Dm. 10,9 cm
Beschreibung: I: rechter Fuß und linkes Bein eines Manteljünglings nach links, rechts Pfeiler auf Basis im Unterteil erhalten
unpubliziert

G. S.

**27**
Jena, SAK Inv. 0421 (1017)
Randstück einer niedrigen attisch-rotfigurigen Schale
Maße: Dm. 12,7 cm; H. 4,6 cm
Beschreibung: I: linkes Drittel mit Rest des Innenbildes: links Pfeiler und Saum eines Mantels; Hakenmäander
unpubliziert

G. S.

**28**
Jena, SAK Inv. 0425 (1022)
Boden- und Randstück einer fußlosen attisch-rotfigurigen Schale
Maße: Dm. 13,2 cm
Beschreibung: I: Manteljüngling nach links zwischen zwei Pfeilern; laufender Hund
unpubliziert

G. S.

**29**
Jena, SAK Inv. 0426 (1026)
Rand- und Bodenstück einer niedrigen attisch-rotfigurigen Schale
Maße: Dm. 12,3 cm; H. 4,4 cm
Beschreibung: I: Manteljüngling nach links vor Pfeiler; Wellenumrandung
unpubliziert

G. S.

**30**
Jena, SAK Inv. 0447 (1027)
Boden- und Randstück einer fußlosen attisch-rotfigurigen Schale
Maße: Dm. 12,4 cm
Beschreibung: I: Manteljüngling nach links zwischen zwei Pfeilern; laufender Hund
unpubliziert G. S.

**31**
Jena, SAK Inv. 0449
Bodenstück einer fußlosen attisch-rotfigurigen Schale
Maße: Dm. 9,5 cm
Beschreibung: I: Manteljüngling nach links, rechts gebrochen, links Pfeiler; laufender Hund
unpubliziert

G. S.

**32**
Jena, SAK Inv. 0518
Bodenstück einer attisch-rotfigurigen Schale
Maße: Dm. 9,2 cm
Beschreibung: I: linke Seite und vom Mantel verdeckter linker Arm einer stehenden Figur nach links; Mäanderband
Zuschreibung: Stil C (Beazley)
Beazley, ARV 881, 27. – Beazley, ARV[2] 1514, 47.

U. S.

**33** **Taf. 1, 2**
Jena, SAK Inv. 171
Attisch-schwarzfigurige Olpe
Maße: H. 26,2 cm
Beschreibung: Zweikampf zweier Krieger mit heruntergezogenem Helm, Rundschild am linken Arm, Lanze in der rechten Hand und Schwert am Gürtel; ein Kämpfer in die Knie gebrochen, im Hintergrund Zweige mit Früchten; Rahmung an den Seiten durch Linie, Punktbändern und Schlüsselmäander, oben durch drei liegende Palmetten sowie ein rotfiguriges Band aus hängenden Blütenkelchen am Mündungsrand
Datierung: 4. Viertel 6. Jh. v. Chr.
unpubliziert

R. H./T. K.

**34**
Jena, SAK Inv. 138
Spätkorinthische Schale
Maße: Dm. der Mündung 15,0 cm; H. 6,0 cm
Beschreibung: I: aufgemalte weiße und rote Parallelstreifen
A: zwei sich zugewandte greifenköpfige Vögel mit aufgerollten Flügeln rahmen Vogel mit zurückgewandtem Kopf, der sein Gefieder ordnet
B: wie A; vertikales Tupfenmuster mit unregelmäßigen Ritzlinien unter den Henkeln
Datierung: 1. Hälfte 6. Jh. v. Chr.
unpubliziert; zur Gattung: CVA Heidelberg (1) Taf. 16, 12.

R. H./T. K.

**35**
Jena, SAK Inv. 226
Attisch-weißgrundige Lekythos
Maße: H. 22,3 cm
Beschreibung: mit Tänien geschmückte Grabstele auf zweistufiger Basis, links daneben ein Mann in Mantel mit Stock, rechts weitere Figur (nur noch Reste erhalten); Umrißzeichnung in Hellbraun, Tänien violett

Datierung: um 420 v. Chr.
unpubliziert

T. N.

**36** **Taf. 2, 1**

Jena, SAK Inv. 0471
Fragment einer attisch-rotfigurigen Schale
Maße: Dm. 10,2 cm
Beschreibung: I: ausgestreckter rechter Arm, der eine Rebe mit zwei Trauben hält; Mäanderband
A: gefirnißt, Fehlbrand
Paul-Zinserling, Jena-Maler 49 Nr. 21.

T. N.

**37** **Farbtaf. 1, 2**

Jena, SAK Inv. 0489
Fuß und Teil des Bodens einer attisch-rotfigurigen Schale
Maße: H. 5,0 cm; Dm. 4,2 cm
Beschreibung: I: Rumpf und linker Oberschenkel eines stehenden nackten Jünglings, linker Arm seitlich weggestreckt
Beazley, ARV 881, 23. – Beazley, ARV[2] 1513, 40. – Paul-Zinserling, Jena-Maler 168 Anm. 1652.

R. S.

**38**

Jena, SAK Inv. 0503
Randfragment eines attisch-rotfigurigen Schalenskyphos
Maße: Dm. 10,4 cm
Beschreibung: I: Frauenkopf nach links, mit Scheibenohrringen und einem Haarband; Hakenmäander mit je einem Schachbrettfeld abwechselnd
A: Henkelpalmettenstück, rechts daneben ein nackter Jüngling nach rechts, in der rechten Hand eine Strigilis (Kopf nicht erhalten)
Zuschreibung: I: Jenaer Maler; A: Stil B (Paul-Zinserling)
unpubliziert

H. M.

**39**

Jena, SAK Inv. 0510
Randstück einer attisch-rotfigurigen Schale
Maße: Dm. 10,0 cm
Beschreibung: I: Mäander, links Rest eines Schachbrettfeldes
A: sitzender nackter Jüngling, das linke Bein angezogen, den rechten Arm (linke Hand verzeichnet) erhoben, vor ihm ein bekleideter Mann
Zuschreibung: wahrscheinlich Stil B (Beazley)
Beazley, ARV 881, 30. – Beazley, ARV[2] 1513, 38. – Paul-Zinserling, Jena-Maler 120 Nr. 10 Taf. 71, 1.

R. S.

**40**

Jena, SAK Inv. 0514
Henkel- und Randstück einer attisch-rotfigurigen Schale
Maße: Dm. 8,5 cm
Beschreibung: I: auf Rand rot ausgesparte Efeublätter, dazwischen Ranke mit weiß aufgetragenen Korymben; Hakenmäander

A: Palmettenreste

unpubliziert

E. N.

## 41

Jena, SAK Inv. 0492

Fragment einer attisch-rotfigurigen Schale

Maße: Dm. 9,0 cm

Beschreibung: I: Gewandrest mit Borte (Frau?)
A: tanzender Mann nach links, Mantel über dem linken Arm, rechts Rest vom Bein einer weiteren Person; evt. zu SAK 0466a.b gehörend

unpubliziert

A. L.

## 42 Taf. 3, 1

Jena, SAK Inv. 0505

Randstück einer attisch-rotfigurigen Schale

Maße: Dm. 12,6 cm

Beschreibung: A: Oberkörper eines Satyrs, der in der Linken ein Tablett trägt, die Rechte vorgestreckt, rechts vor ihm Oberkörper des sitzenden jugendlichen Dionysos mit Efeukranz und Thyrsos in der Rechten

Zuschreibung: Jenaer Maler (Beazley)

Beazley, ARV 880, 7. – Beazley, ARV[2] 1513, 31. – Paul-Zinserling, Jena-Maler 23 Nr. 9; 44ff. 65 Taf. 8, 1.

T. N.

## 43 Taf. 3, 2

Jena, SAK Inv. 0509

Randstückfragment einer attisch-rotfigurigen Schale

Maße: Dm. 12,0 cm

Beschreibung: I: Rest eines Mäanders
A: geflügelte Nike im Peplos nach links, rechts davon knieender junger Mann mit ausgestreckten Armen

Zuschreibung: A: Jenaer Maler (Beazley)

Beazley, ARV 881, 21. – Beazley, ARV[2] 1513, 33. – Paul-Zinserling, Jena-Maler 77 Nr. 7; Taf. 41, 2.

H. M.

## 44

Jena, SAK Inv. 0502

Randstück einer attisch-rotfigurigen Schale

Maße: Dm. 12,9 cm

Beschreibung: I: Mäander mit Schachbrettfeld
A: neben Henkelpalmette Frau im Mantel, rechts ein Thyrsosträger mit Mantel (Beazley: Dionysos und Mänade)

Zuschreibung: A: Stil B (Beazley)

Beazley, ARV 881, 16. – Beazley, ARV[2] 1512, 11. – Paul-Zinserling, Jena-Maler 64 Nr. 7; 66 Taf. 31, 3.

U. S.

## 45

Jena, SAK Inv. 0457

Wandstück einer attisch-rotfigurigen Schale

Maße: Dm. 8,0 cm

Beschreibung: I: Zehen eines Fußes nach rechts; Mäander mit Schachbrettfeld
A: links stehender nackter Jüngling nach rechts mit Hand an der Hüfte, linker Arm vorgestreckt; rechts Henkelpalmette

Zuschreibung: Stil B ? (Beazley)

Beazley, ARV 881, 20. – Beazley, ARV$^2$ 1512, 13.

U. S.

### 46

Jena, SAK Inv. 0423 (1019)
fragmentierte fußlose attisch-rotfigurige Schale
Maße: Dm. 15,5 cm; H. 4,1 cm
Beschreibung: I: Manteljüngling nach links vor Pfeiler auf gestufter Basis; auf der Unterseite vier konzentrische Ringe
Zuschreibung: Stil C (Beazley)
Beazley, ARV 883, 63. – Beazley, ARV$^2$ 1515, 72. – Paul-Zinserling, Jena-Maler 146 Anm. 791.

G. S.

### 47

Jena, SAK Inv. 0456
Zwei Randstücke und Boden eines attisch-rotfigurigen Schalenskyphos
Maße: H. 8,2 cm
Beschreibung: I: gestempelt; am oberen Rand Herzblatt, dazwischen weiße mit Ranke verbundene Punktblüte
A: in der Mitte eine bekleidete Frau im Chiton nach links (Mänade?); links Jüngling im Himation mit Kranz in der erhobenen rechten Hand
B: in der Mitte Unterkörper einer bekleideten Frau; links Unterschenkel einer Stehenden; rechts bekleideter Mann mit erhobenem Arm; auf der Unterseite vier konzentrische Kreise
Zuschreibung: Stil C (Beazley)
A. D. Ure, JHS 64, 1944, 70 Nr. 13 Taf. 5, 13; 7, 13. – Beazley, ARV 882, 53. – Beazley, ARV$^2$ 1515, 61. – Paul-Zinserling, Jena-Maler 59 mit Anm. 738. 740 Taf. 25, 1.

U. S.

### 48

Jena, SAK Inv. 0455
Boden und Randstück eines attisch-rotfigurigen Schalenskyphos
Maße: Dm. 11,0 cm
Beschreibung: I: eingestempelte Rosette mit 5 Palmetten in sternförmiger Anordnung, eingefaßt durch doppeltes ionisches Kymation
A: Unterkörper von 3 Figuren: links nackte Beine eines Jünglings in Schrittstellung nach rechts, rechts nackter Jüngling in Schrittstellung nach links, die linke Hand in die Hüfte gestemmt, in der Mitte bekleidete Figur von vorn; auf der Unterseite konzentrische Kreise mit Mittelpunkt
Zuschreibung: Stil B (Beazley)
A. D. Ure, JHS 64, 1944, 71 Nr. 14 Taf. 5, 14; 7, 14. – Beazley, ARV 882, 53. – Beazley, ARV$^2$ 1514, 53. – Paul-Zinserling, Jena-Maler 167 Anm. 1641 (mit anderer unbegründeter Malerzuweisung).

R. S.

### 49

Jena, SAK Inv. 0453
Fragment eines attisch-rotfigurigen Schalenskyphos
Maße: Dm. 7,5 cm
I: zwei eingetiefte Kreislinien mit

eingeschlossenen ovalen Vertiefungen, rot ausgespartes, gegenständiges Efeublatt, dazwischen verblaßte Punktrosettenranke

Zuschreibung: Stil C (Beazley)

A. D. Ure, JHS 64, 1944, 71 Nr. 17. – Beazley, ARV 883, 60. – Beazley, ARV² 1515, 66. – Paul-Zinserling, Jena-Maler 57 Nr. VI 2.

T. N.

## 50

Jena, SAK Inv. 0452

Fragment eines attisch-rotfigurigen Schalenskyphos

Maße: Dm. 12,5 cm

Beschreibung: I: eingestempelte Rosette mit fünf Palmetten in sternförmiger Anordnung, eingefaßt von einer doppelten Linie und ionischem Kymation

A: zwischen Resten dickliniger Henkelpalmetten Unterkörper von drei Personen: links gekreuzte Beine eines nackten Jünglings nach rechts; in der Mitte langbekleidete Figur mit Stab, linke Hand in die Hüfte gestemmt; rechts Unterschenkel eines nackten Jünglings (Ure: Mänade und Satyrn; Beazley: Frau und Athleten)

B: Unterschenkel und Gewandstück der mittleren erhaltenen Figur; rechts daneben Unterschenkel einer bekleideten Figur; auf der Unterseite konzentrische Kreise

Zuschreibung: Stil C (Beazley)

A. D. Ure, JHS 64, 1944, 70 Nr. 12 Taf. 5 Nr. 12; Taf. 7 Nr. 12. – Beazley, ARV 882, 51. – Beazley ARV² 1514, 54. – Paul-Zinserling, Jena-Maler 58 Nr. VII 2; 59 mit Anm. 747.

U. L.

## 51

Jena, SAK Inv. 0451

Fragmentierter attisch-rotfiguriger Schalenskyphos

Maße: Dm. 7,7 cm; H. 7,6 cm

Beschreibung: I: eingepreßtes Muster: zwei konzentrische Kreise mit zwei Eierstäben, dazwischen sieben kreisförmig angeordnete Palmetten; gegenständiges, rot ausgespartes Herzblatt

A: links Unterschenkel einer bekleideten Figur, rechts gegenüber zwei unbekleidete Beine, eines angehockt und hochgestellt; Henkelpalmetten

B: zwei mit Himatien bekleidete Personen an einem Altar

Zuschreibung: Stil B oder C (Beazley)

A. D. Ure, JHS 64, 1944, 71 Nr. 16 Taf. 5 Nr. 16; Taf. 7 Nr. 16. – Beazley, ARV 882, 54. – Beazley, ARV² 1515, 65. – Paul-Zinserling, Jena-Maler 59 mit Anm. 744 Taf. 26, 1.

U. L.

## 52

Jena, SAK Inv. 0464

Randstück eines attisch-rotfigurigen Schalenskyphos

Maße: Dm. 8,0 cm

Beschreibung: I: Efeublatt auf der Randzone, an weiß aufgemalter Ranke mit Korymben

A: mit Himation bekleideter Jüngling nach rechts mit Strigilis in der rechten Hand; gegenüber auf Stab gestützter Manteljüngling, beide bekränzt; beidseitig Palmetten
Zuschreibung: Stil C (Beazley)
Beazley, ARV² 1515, 64. – Paul-Zinserling, Jena-Maler 21 mit Anm. 267; 146 Anm. 741. R. S.

## 53
Jena, SAK Inv. 0458
Randstück eines attisch-rotfigurigen Schalenskyphos
Maße: Dm. 10,8 cm
Beschreibung: A: mit Himation bekleideter, bekränzter Jüngling nach links mit nacktem Oberkörper; linker Arm unter dem Mantel in die Hüfte gestemmt; vor ihm Reste einer weiteren Figur (erhobene Hand mit Strigilis); rechts Henkelpalmette, auf dem Rand der Innenseite ausgesparte herzförmige Blätter
Zuschreibung: Stil C (Beazley)
Beazley, ARV² 1514, 55. – Paul-Zinserling, Jena-Maler 133 Anm. 267; 145 Anm. 741; 167 Anm. 1641.
R. S.

## 54
Jena, SAK Inv. 0463
Randfragment eines attisch-rotfigurigen Schalenskyphos
Maße: Dm. 8,0 cm
Beschreibung: I: im Rand der Innenseite gegenständige Herzen durch kaum sichtbare weiße Blütenranken verbunden

A: links nackter, bekränzter Jüngling mit Phiale in der ausgestreckten rechten Hand, ihm gegenüber Kopf eines weiteren bekränzten Jünglings; links Teil einer Henkelpalmette
Beazley, ARV² 1514, 59. – Paul-Zinserling, Jena-Maler 59 mit Anm. 743; 167 Anm. 1641.
U. L.

## 55
Jena, SAK Inv. 0460
Randfragment eines attisch-rotfigurigen Schalenskyphos
Maße: Dm. 9,5 cm
Beschreibung: I: rotgemaltes Herz, dazwischen verblichene Punktrosetten
A: Abschiedsszene: nach links gewandte Frau im Peplos, in der linken Hand Spendeschale haltend, rechts männliche Mantelfigur, dazwischen aufgehängter Schwamm
Zuschreibung: Stil C (Beazley)
Beazley, ARV² 1515, 62. – Paul-Zinserling, Jena-Maler 59 mit Anm. 742; 167 Anm. 1641 Taf. 25, 2.
U. L.

## 56
Jena, SAK Inv. 0461
2 Randfragmente eines attisch-rotfigurigen Schalenskyphos
Maße: Dm. Frg. 1 am oberen Rand 11,1 cm
Beschreibung: I: auf der abgesetzten Randleiste gegenständiges, ausgespartes Herzblatt; Reste weißer Rosetten (?)

A: hockender nackter Athlet mit ausgestrecktem rechten Arm, ihm gegenüber Frau mit Haube, dazwischen Schwamm, links Teil einer Henkelpalmette
B: stehender nackter Jüngling mit Phiale in der ausgestreckten rechten Hand, rechts Kopf einer Frau; links Rest der Henkelpalmette

Zuschreibung: Stil C (Beazley)

Beazley, ARV$^2$ 1515, 63. – Paul-Zinserling, Jena-Maler 167 Anm. 1641.

U. L.

## 57

Jena, SAK Inv. 0462

Randstück eines attisch-rotfigurigen Schalenskyphos

Maße: Dm. 8,2 cm

Beschreibung: I: rotes Efeublatt mit Korymben
A: nach links eilender nackter Jüngling; Palmette

Zuschreibung: Stil C (Beazley)

Beazley, ARV$^2$ 1514, 56. – Paul-Zinserling, Jena-Maler 167 Anm. 1641.

R. S.

## 58

Jena, SAK Inv. 0459

Fragment eines attisch-rotfigurigen Schalenskyphos

Maße: Dm. 8,8 cm

Beschreibung: I: auf dem Rand der Innenseite ausgesparte gegenständige Efeublätter, mit weiß aufgemalter Ranke verbunden
A: nach links laufender nackter Jüngling mit nach rechts gedrehtem Kopf und Kranz im Haar; rechts Reste einer weiteren Figur (Arm mit Phiale?); Palmette

Zuschreibung: Stil C (Beazley)

Beazley, ARV$^2$ 1514, 57. – Paul-Zinserling, Jena-Maler 167 Anm. 1641.

U. S.

## 59

Jena, SAK Inv. 0347

Boden eines Schalenskyphos

Maße: Dm. 8,2 cm (Durchmesser)

Beschreibung: auf dem Boden zwei konzentrische Kreise auf rotem Grund

unpubliziert

E. N.

## 60

Jena, SAK Inv. 0419 (1015)

Bodenstück einer fußlosen attisch-rotfigurigen Schale

Maße: Dm. 10,8 cm

Beschreibung: I: Manteljüngling nach links zwischen zwei Pfeilern; Hakenmäander durch Längsstrich getrennt

unpubliziert

G. S.

## 61

Jena, SAK Inv. 0442

Bodenstück einer fußlosen attisch-rotfigurigen Schale

Maße: Dm. 11,4 cm

Beschreibung: I: Manteljüngling nach links zwischen zwei Pfeilern; Hakenmäander mit Mittelstrich

unpubliziert

G. S.

**62**
Jena, SAK Inv. 0435
Boden- und Randstück einer fußlosen attisch-rotfigurigen Schale; Standring und linker Henkelansatz erhalten
Maße: H. 4,8 cm; Dm. 13,7 cm
Beschreibung: I: Manteljüngling nach links vor Pfeiler, rechts niedrigerer Pfeiler; Hakenmäander mit Mittelstrich
unpubliziert

G. S.

**63**
Jena, SAK Inv. 0418 (1013)
Bodenstück mit Rand einer fußlosen attisch-rotfigurigen Schale
Maße: H. 4,5 cm; Dm. 15,3 cm
Beschreibung: I: Manteljüngling nach links zwischen zwei Pfeilern (vom rechten Mal ist nur das Unterteil sichtbar); Hakenmäander durch Längsstrich getrennt
unpubliziert

G. S.

**64**
Jena, SAK Inv. 0424 (1019)
Boden- und Randstück einer fußlosen attisch-rotfigurigen Schale
Maße: Dm. 13,3 cm
Beschreibung: I: Manteljüngling nach links zwischen zwei Pfeilern; laufender Hund
unpubliziert

G. S.

**65**
Jena, SAK Inv. 0446 (1225)
Boden- und Randstück einer fußlosen attisch-rotfigurigen Schale
Maße: Dm. 12 cm
Beschreibung: I: Manteljüngling nach links zwischen zwei Pfeilern; laufender Hund
unpubliziert

G. S.

**66**
Jena, SAK Inv. 0412 (1001)
Boden einer fußlosen attisch-rotfigurigen Schale
Maße: H. 4,3 cm; Dm. 14,0 cm
Beschreibung: I: Manteljüngling nach links zwischen zwei Pfeilern
unpubliziert

G. S.

**67**
Jena, SAK Inv. 0441
in zwei Fragmente zerbrochenes Bodenstück einer fußlosen attisch-rotfigurigen Schale
Maße: H. 4,7 cm; Dm. 13,3 cm
Beschreibung: I: Manteljüngling nach rechts zwischen zwei Pfeilern; Hakenmäander und Mittelstrich
unpubliziert

G. S.

**68**
Jena, SAK Inv. 0436 (1036)
Boden- und Randstück einer fußlosen attisch-rotfigurigen Schale

Maße: Dm. 13,7 cm; H. 4,5 cm
Beschreibung: I: auf einen Stock gestützter Manteljüngling nach rechts vor Altar, links Pfeiler; Hakenmäander mit Mittelstrich
unpubliziert

G. S.

## 69

Jena, SAK Inv. 0434
Bodenstück einer fußlosen attisch-rotfigurigen Schale
Maße: Dm. 12,0 cm
Beschreibung: I: Manteljüngling nach links zwischen zwei Pfeilern; Hakenmäander mit Mittelstrich
unpubliziert

G. S.

## 70

Jena, SAK Inv. 0440 (1035)
Boden- und Randstück einer niedrigen attisch-rotfigurigen Schale
Maße: Dm. 13,3 cm; H. 3,9 cm
Beschreibung: I: Manteljüngling nach rechts mit ausgestreckter Hand vor Altar; Hakenmäander
unpubliziert

G. S.

## 71

Jena, SAK Inv. 0431 (1037)
Boden- und Randstück einer fußlosen attisch-rotfigurigen Schale
Maße: Dm. 11,2 cm; H. 4,7 cm
Beschreibung: I: auf Stock gestützter Manteljüngling nach rechts vor Altar, links Pfeiler
unpubliziert

G. S.

## 72

Jena, SAK Inv. 0433 (1052)
Boden- und Randstück einer fußlosen attisch-rotfigurigen Schale
Maße: Dm. 13,8 cm; H. 4,5 cm
Beschreibung: I: Manteljüngling nach rechts vor Pfeiler, darüber Diskus (?); Hakenmäander mit Mittelstrich
Zuschreibung: Stil C (Beazley)
Beazley, ARV[2] 1515, 76. – Paul-Zinserling, Jena-Maler 146 Anm. 791.

G. S.

## 73

Jena, SAK Inv. 0438 (1040)
Boden- und Randstück einer fußlosen attisch-rotfigurigen Schale
Maße: Dm. 14,7 cm; H. 4,5 cm
Beschreibung: I: Manteljüngling nach rechts vor Pfeiler, darüber Diskus bzw. Schwamm; Hakenmäander; auf der Unterseite drei konzentrische Kreise
Zuschreibung: Stil C (Beazley)
Beazley, ARV[2] 1515, 73. – Paul-Zinserling, Jena-Maler 146 Anm. 791.

G. S.

**74**

Jena, SAK Inv. 0417 (1012)
Bodenstück einer fußlosen attisch-rotfigurigen Schale
Maße: Dm. 13,0 cm
Beschreibung: I: Manteljüngling nach rechts vor Pfeiler; Hakenmäander
unpubliziert

G. S.

**75**

Jena, SAK Inv. 0432 (1051)
Boden- und Randstück einer fußlosen attisch-rotfigurigen Schale
Maße: H. 4,5 cm; Dm. 13,8 cm
Beschreibung: I: Manteljüngling nach rechts vor Pfeiler; Mäander mit Mittelstrich; drei konzentrische Kreise auf der Unterseite
Zuschreibung: Stil C (Beazley)
Beazley, ARV 882, 66. – Beazley, $ARV^2$ 1515, 75. – Paul-Zinserling, Jena-Maler 146 Anm. 791.

G. S.

**76**

Jena, SAK Inv. 0443
Fragment einer attisch-rotfigurigen Schale
Maße: Dm. 8,9 cm
Beschreibung: I: Fußteil einer Mantelfigur nach links, rechts Pfeilerfuß; Hakenmäander mit Mittelstrich
unpubliziert

E. N.

**77**

Jena, SAK Inv. 0480
Fragment einer attisch-rotfigurigen Schale
Maße: Dm. 8,0 cm
Beschreibung: I: Reste einer Person in Himation: Hand und Unterarm, Stück von nacktem Bein und Mantel; Mäanderband unterbrochen durch Schachbrettfeld
A: Henkelpalmette
unpubliziert E. N.

**78**

Jena, SAK Inv. 0511
Randstück einer attisch-rotfigurigen Schale
Maße: Dm. 9,5 cm
Beschreibung: I: Mäanderrest
A: Teil eines Silen nach links; Henkelpalmette
Zuschreibung: I: Jenaer Maler; A: Stil B (Paul-Zinserling)
Paul-Zinserling, Jena-Maler 49 Nr. 22. T. N.

**79**

Jena, SAK Inv. 0478
Randfragment einer attisch-rotfigurigen Schale
Maße: Dm. 8,9 cm
Beschreibung: I: Beine eines nackten Jünglings nach rechts, unter den Füßen tongrundiges Segment; Mäanderband, dazwischen Feld mit liegendem Stundenglas
A: Unterkörper einer stehenden und einer nach rechts schreitenden Gewandfigur; Halbpalmette
unpubliziert U. L.

**80** **Taf. 16, 2**

Jena, SAK Inv. 0474

Mittelstück einer attisch-rotfigurigen Schale

Maße: Dm. 15,3 cm

Beschreibung: I: sitzender Satyr und sich aufstützende, stehende Mänade

A: zwei bekleidete Figuren (links Unterschenkel, rechts Unterkörper erhalten) und Palmettenrest

Zuschreibung: I: Maler der Jenaer Schalen (Hahland); Jenaer Maler (Beazley)

Hahland, Meidias 20 Anm. 41 Nr. 5 Taf. 23a. – Hahland, Studien 59 Nr. 5. – J. M. Bohac, Kercse Vázy (1958) Abb. 3. – Beazley, ARV 880, 9. – Beazley, ARV[2] 1511, 5. – Paul-Zinserling, Jena-Maler 47 Nr. 1; 49f.

T. N.

**81**

Jena, SAK Inv. 0482

Mittelstück und Fußfragment einer attisch-rotfigurigen Schale

Maße: Dm. 6,0 cm; H. 4,6 cm

Beschreibung: I: nackter stehender Jüngling mit Strigilis, vor ihm Rest eines Altars

Paul-Zinserling, Jena-Maler 120 Nr. 9; 122f. Taf. 70, 3.

R. S.

**82** **Taf. 2, 2**

Jena, SAK Inv. 0485

Fuß und Mittelstück einer attisch-rotfigurigen Schale

Maße: Dm. 4,8 cm; H. 7,7 cm

Beschreibung: I: Mittelteil eines nackten, nach rechts schreitenden Jünglings mit gesenkter Fackel in der Rechten; vor ihm Oberteil einer Hydria und Teile einer ihm zugewandt sitzenden Frau (Beazley: Nike)

Zuschreibung: Jenaer Maler (Beazley)

Beazley, ARV 880, 6. – Beazley, ARV[2] 1513, 27. – Paul-Zinserling, Jena-Maler 122 Nr. 36; 123f.

R. S.

**83**

Jena, SAK Inv. 0466a

Randstück einer attisch-rotfigurigen Schale

Maße: Dm. 6,8 cm

Beschreibung: I: Person auf Bodenlinie; Mäander mit Schachbrettfeld

A: Komos: zwei nach links eilende Jünglinge (Mantel über dem Arm), der rechte trägt eine Fackel

Zuschreibung: I: Maler der Jenaer Schalen (Hahland); Diomedesmaler (Beazley)

Hahland, Meidias, 20 Anm. 41 Nr. 1 Taf. 22b. – Hahland, Studien 58 Nr. 1. – Beazley, ARV 884, 1. – Beazley, ARV[2] 1517, 1. – Paul-Zinserling, Jena-Maler 93 Anm. 1227; 121f. Taf. 77, 1.

A. L.

**84** **Farbtaf. 2, 1**

Jena, SAK Inv. 0475

Randstück einer attisch-rotfigurigen Schale

Maße: Dm. 16,5 cm

Beschreibung: I: nackte, sich auf ein Waschbecken mit hohem Fuß (Louterion) stützende Frau mit langen Locken; Hakenmäander mit Mittelstrich

A: rechter Arm und rechter Unterschenkel eines nackten Jünglings;

links vorgebeugt stehende Mantelfigur (Kopf nicht erhalten); Fußansatz und Henkelteil erhalten; Henkelpalmette
Zuschreibung: Q-Maler (Paul-Zinserling)
Paul-Zinserling, Jena-Maler 112 Nr. 1; 116f. Taf. 54,1.
A. L.

**85** **Farbtaf. 2, 2**
Jena, SAK Inv. 0392
Fragment eines attisch-rotfigurigen Kelchkraters
Maße: H. 18 cm; Dm. 24,5 cm
Beschreibung: A: in der Mitte sitzender unbekleideter Dionysos, rechts von ihm Eros und links Ariadne vor Säulen und Gebälk eines Tempels; Architektur sowie Körper der Ariadne und des Eros sind weiß gehöht, unter der Schalenlippe ein linksläufiger Lorbeerzweig
Datierung: um 390 v. Chr.
Hahland, Meidias 8f. Taf. 16a. – Hahland, Studien 41ff. – V. Paul-Zinserling, EAZ 18, 1977, 595ff.
N. F.

**86** **Taf. 4**
Erlangen, Sammlung der Universität, Inv. I 269
attisch-rotfigurige Kylix des Malers von London E 106
Maße: H. 9,9 cm; Dm. 24,7 cm
Beschreibung: I: rechts nackter Jüngling mit Strigilis, links bärtiger Mann im Mantel und Knotenstock, der einen Kugelaryballos trägt
A: Athlet mit altem Mann
B: Athlet mit jungem Mann
Zuschreibung: Maler von London E 106 (Beazley)
Datierung: Ende des 5. Jhs. v. Chr.
Beazley, ARV 860, 18. – Beazley, $ARV^2$ 1393, 35. – W. Grünhagen, Antike Originalarbeiten. Archäologisches Institut der Universität Erlangen (1948) 51.
N. F.

**87** **Taf. 5**
Würzburg, Martin-von-Wagner-Museum Inv. L 492
Attisch-rotfigurige Schale auf hohem Fuß
Herkunft: 1930 aus der Slg. Warren erworben
Maße: Dm. 23,4 cm; H. 7,9 cm
Beschreibung: I: Symplegma zwischen Satyr Chorillos und Mänade Paidia (mit Namensbeischriften)
A: ein Fackelläufer in der Mitte, gerahmt von zwei weiteren Athleten, der rechte mit Stab, der linke mit Strigilis
B: in der Mitte ein bärtiger bekränzter Mann, links eine Frau im Peplos mit einer großen Schüssel, rechts eine bekleidete Mänade mit Thyrsos
Zuschreibung: Jenaer Maler (Beazley)
E. Langlotz, Griechische Vasen des Martin-von-Wagner-Museums Würzburg (1932) 97 Nr. 492 Taf. 162. 163. – C. W. Scheurleer, Grieksche Ceramiek (1936) 119. – A. Rumpf, AJA 55, 1951, 11 mit Anm. 77. – Beazley, $ARV^2$ 1512, 18. – Dionysos. Griechische Antiken. Ausst. Ingelheim am Rhein (1965) Nr. 46. – Beazley, Paralipomena 499. – Beazley, Addenda 384. – E. Simon et al., Katalog Würzburg (1975) 147. – H. Froning, WbJb N.F. 1, 1975, 202 Anm. 6. – Beckel et al., Katalog Würzburg (1983) 126 Nr. 56. – E. C. Keuls, The reign of the Phallus (1985) 362. 365 Abb. 304. –

LIMC III (1986) 274. Taf. 220 s.v. Chorillos 4 (A. Kossatz-Deissmann). – V. Paul-Zinserling in: From the Archaeological Collections of Cracow and Jena (1988) 31ff. Abb. 2. – J. Boardman, Red figured vases from Athens. Classical Time (1991) 177 Abb. 360. – Paul-Zinserling, Jena-Maler 48 Nr. 5; 53ff. 122 Nr. 38; 123f. Taf. 22, 2 (I) 82, 3 (A) (mit falscher Inventarnummer).

H. M.

## 88 Taf. 6

Jena, SAK Inv. 177

Attisch-schwarzfigurige Augenschale

Maße: Dm. der Mündung 29,5 cm; H. mit Henkeln 13,6 cm

Beschreibung: I: von Kreis gerahmtes Gesicht der Gorgo Medusa auf dem Schalenboden

A: Augenpaar aus je einem zentralen Kreis (mit Zirkeleinstich), drei konzentrischen Ringen (durch Ritzlinien getrennt), und geschwungenem Lid mit ausgezogener Tränenkarunkel und Brauenlinie; zwischen den Augen Zweikampf eines Kriegers mit korinthischem Helm, Lanze in der Rechten, Rundschild in der Linken sowie Brustpanzer und einer Amazone mit attischem Helm, Lanze in der Linken, Rundschild in der Rechten, Brustpanzer und Beinschienen

B: wie A, Amazone nach links ohne Beinschienen, Hoplit mit kurzem Mantel; über dem Wulst des Fußes Strahlenkranz, darüber zwei Bänder aus je drei umlaufenden Linien, in den Henkelzonen Weinranken

Datierung: um 530/520 v. Chr.

Zuschreibung: Kreis der Andokides-Gruppe

C.W. Goettling, Das Archäologische Museum der Universität Jena (1854) 43, 217. – D. v. Bothmer, Amazons in Greek Art (1957) 71, 20. – W. Müller, Keramik des Altertums (1963) 26f. Abb.12. – Paul-Zinserling, SAK 33f. Abb.16.

R. H./T. K.

## 89

Jena, SAK Inv. 172

Attisch-schwarzfiguriger Skyphos

Maße: Dm. 12,0 cm; H. 8,7 cm

Beschreibung: A: nach rechts laufender nackter Jüngling zwischen zwei stehenden, ihm zugewandten Männern in Himatien; neben den Henkeln je eine aus einer Ranke emporwachsende Palmette

B: wie A

Datierung: Mitte 6. Jh. v. Chr.

Beazley, Paralipomena 87. – J. D. Beazley, Greek Vases in Poland (1928) 4 und Anm. 6. – Paul-Zinserling, SAK 33 Abb. 15.

R. H./T. K.

## 90

Jena, SAK Inv. 170

Attisch-schwarzfigurige Olpe

Maße: H. mit Henkel 24,3 cm (ohne 23,8 cm)

Beschreibung: Dionysos nach rechts mit Chiton, Mantel, Kantharos in der Rechten,

Kranz im Haar und langem Bart, gefolgt von einer Mänade im Chiton und Mantel mit Binde im langem Haar, im Hintergrund Zweige; Rahmung durch zwei Linien, Punktbändern und Schlüsselmäander; Palmetten und Efeublätter an der Mündung
Datierung: um 500 v. Chr.
Zuschreibung: Maler von Vatikan G 49 (Beazley)
Beazley, Paralipomena 268.

R. H./T. K.

**91**

Jena, SAK Inv. 197
Attisch-rotfigurige Oinochoe
Maße: Dm. 17,7 cm; H. mit Henkel 22,8 cm
Beschreibung: nach links blickender, bekränzter Dionysos im kurzen Chiton und Himation, in der Linken einen Thyrsos, neben ihm ein Doppelflöte spielender Silen nach rechts mit Kranz im Haar; Bildfeld unten von Kreuzplattenmäander und oben von einem Palmetten-Spiralranken-Band abgeschlossen
Datierung: um 450 v. Chr.
Zuschreibung: nahe dem „Ethiop Painter" (Beazley)
Auktionskatalog Slg. Vogell Taf. 3 Nr.12. – Beazley, ARV 465, 6. – G. van Hoorn, Choes and Anthesteria (1951) 133f. Nr. 563, Abb. 51.

R. H./T. K.

**92**

Jena, SAK Inv. 198
Attisch-rotfigurige Oinochoe
Maße: H. am Henkel 18,8 cm
Beschreibung: sitzender bekränzter Silen, ihm zugewandt ein stehender Silen mit Thyrsos in der Linken und Kranz im Haar, rechts eine stehende bekränzte Mänade im Peplos mit Thyrsos in der rechten Hand; umlaufendes ionisches Kyma als Standfläche des Bildfeldes; unter dem Henkel zwei gegenständige Palmetten und Spiralranken; am Halsansatz ionisches Kyma
Datierung: um 400 v. Chr.
P. Jacobsthal, Ornamente griechischer Vasen (1927) 162f. Taf. 83, 6. – Hahland, Studien 56. – H. Metzger, Les représentations dans la céramique attique du IVe siècle (1951) 338 ff. Nr.69.

R. H./T. K.

**93**

Jena, SAK Inv. 176
Attisch-schwarzfiguriger Psykter
Maße: Dm. der Mündung 7,1 cm; größter Dm. 15,6 cm; H. 19,2 cm
Beschreibung: A: zwei tanzende nackte Jünglinge; Linie, Efeublattfriese und Stabband als Rahmung
B: zwei Krieger nach links mit Rundschild, Helm, Schwert und Beinschienen; Linie, Punktband bzw. Knotenband und Stabband als Rahmung
Datierung: um 500 v. Chr.
unpubliziert; vgl. CVA Mus. Naz. Tarquiniense (2) Taf. 22, 2. – Zur Form: S. Drougou, Der attische Psykter (1975).

R. H./T. K.

**94**

Jena, SAK Inv. 193

Attisch-rotfiguriger Kelchkrater

Maße: Dm. der Mündung 26,0 cm; Dm. des Fußes 12,3 cm; H. 29,7 cm

Beschreibung: A: Mänade mit erhobener rechter und Tympanon in linker Hand, die von Silen mit Kranz in der linken Hand und Teller mit Früchten in der rechten verfolgt wird; zwischen beiden ein Rhyton, rechts Eros mit Tänien in der rechten Hand

B: drei Männer in Mantel mit Binde im Haar, der linke hält in der erhobenen Rechten eine kleine Pyxis, der rechte einen Kasten, oben halbes Oval mit Diagonalkreuz; ionisches Kyma als Standflächen der Bildfelder, unter der Lippe linksläufiger Ölzweig mit Früchten

Datierung: 3. Viertel 4. Jh. v. Chr.

unpubliziert; vgl. CVA Genève (1) Taf.17, 10. 19, 6.

R. H./T. K.

**95** **Taf. 7**

Jena, SAK Inv. 192

Attisch-rotfiguriger Kelchkrater

Maße: Dm. der Mündung 23,5 cm; Dm. des Fußes 11,3 cm; H. 26,6 cm

Beschreibung: A: Satyr auf Maultier nach rechts, links schreitender Satyr mit erhobenen Armen, rechts thyrsosschwingende Mänade im Peplos

B: zwei Manteljünglinge, linker mit Diskos in der Rechten; Kreuzplattenmäander als Standflächen der Bildfelder, unter der Lippe linksläufiger Ölzweig, Fuß oben von einem Streifen begrenzt, Wulst zwischen Fuß und Kraterkörper oben sowie unten von je einer Linie begrenzt

Datierung: 2. Viertel 4. Jh. v. Chr.

unpubliziert

R. H./T. K.

**96**

Jena, SAK Inv. 180

Attisch-schwarzfigurige Halsamphora

Maße: H. 23,8 cm; Dm. an der Mündung 11,6 cm

Beschreibung: A: Herakles und Meerwesen; weiße und rote Streifen auf dem Leib des Meerwesens, rote Details an den Köpfen

B: Auszug zweier Krieger: schwerbewaffneter Krieger und Frau in Chiton und über den Kopf gezogenem Mantel; weiterer Hoplit und bärtiger Mann im Mantel mit Stab; die Hopliten jeweils mit heruntergezogenem Helm, Rundschild, Schwert und Lanze; Inkarnat der Frau in Weiß, in Rot Details auf den Gewändern und Helmen; Bildzonen von je einer hängenden und einer stehenden Palmette gerahmt, auf dem Hals Palmetten-Lotos-Fries, unterhalb der Bildzone Lotosknospenfries über Strahlenkranz

Datierung: um 500 v. Chr.

Zuschreibung: Maler von Villa Giulia M 482 (Beazley)

W. Technau, RM 53, 1938, 118. – Beazley, ABV 590, 5. – F. Brommer, Vasenlisten zur griechischen Heldensage (1960) 112 Nr. A 29.

U. L.

## 97

Jena, SAK Inv. 183

Attisch-schwarzfigurige Bauchamphora

Maße: Dm. der Mündung 19,9 cm; H. 46,6 cm

Beschreibung: A: Herakles mit Triton ringend: Meerwesen mit menschlichem Oberkörper und langgestrecktem Fischunterleib, in der rechten Hand ein Delphin, Herakles mit Löwenfell und Köcher über der rechten Schulter; Linie und Lotos-Palmetten-Band als Rahmung.
B: wie A, Meerwesen mit Fisch in der Linken, Herakles mit Keule in der Linken; über dem Fuß Strahlenkranz und Streifen

Datierung: um 540 v. Chr.

W. Technau, RM 53, 1938, 118f. – F. Brommer, Vasenlisten zur griechischen Heldensage (1960) 113 Nr. A 49. – F. Brommer in: Image et céramique grecque (1983) 103-109. – Zur Form: W. Technau, RM 53, 1938, Taf. 23, 1. – Zur Darstellung: B. Luce, AJA 26, 1922, 185f. – K. Schefold, Götter- und Heldensagen der Griechen in der spätarchaischen Kunst (1978) 128f. Abb. 165. 166. – G. Ahlberg-Cornell, Herakles and the sea-monster in Attic-Black-Figure vase-painting (1984) 28f. 95. 99.

R. H./T. K.

## 98

Jena, SAK Inv. 189

Attisch-schwarzfigurige Hydria

Maße: H. 36,5 cm

Beschreibung: Bildfeld auf Bauch mit Abfahrt eines Götterpaares: Zweigespann nach rechts, im Wagenkorb stehender bärtiger Mann im Mantel und kranzhaltende Frau mit vom Mantel bedecktem Kopf, dem Paar zugewandt Frau in Peplos und Mantel, hinter dem Gespann Hermes (frontal, Kopf zum Paar) mit Kerykeion und erhobener Linken, rechts von ihm Frau im Peplos, rechts vom Gespann weitere Frau im Peplos und Mantel, mit der Rechten Pferdestirn berührend; Bildfeld von Palmettenband, Flechtband und Efeublattfriesen gerahmt; Bildfeld auf Schulter: in der Mitte Jüngling auf Pferd nach rechts in Chiton und kurzem Mantel; rechts und links je ein nackter Speerträger, ein Hahn mit Lotosblüte über dem Rücken und ein Manteljüngling; Bildfeld oben von Zungenblättern begrenzt; Bildfelder von zwei Linien auf dem Halsknick getrennt

Datierung: letztes Viertel 6. Jh. v. Chr.

C. W. Goettling, Das Archäologische Museum der Universität Jena (1854) 39, 186. – Vgl. CVA BrM (6) III He Taf. 92, 3-4. – BrM (4) III He Taf. 56,4 a. – Paul-Zinserling, SAK 34 f. Abb. 17. – Zum Thema Hochzeitszug: CVA Copenhagen Mus. Nat. III He Taf. 103, 2 a und 123, 4 a.

R. H./T. K.

## 99 Taf. 8

Jena, SAK Inv. 0450

Bodenfragment einer flachen attisch-rotfigurigen Schale

Maße: Dm. 13,0 cm

Beschreibung: I: Abschied eines Epheben: links Frau im Chiton mit Phiale und Oinochoe, ihr gegenüber Jüngling in Chlamys und Petasos im Nakken, auf Lanze gestützt; von rot ausgesparter Linie umschlossen, z. T. überfirnißt

A: Nackte Füße und Unterschenkel nach rechts, und nackte Füße nach links

B: Nackte Füße nach rechts, dazwischen Palmette

Zuschreibung: Stil B? (Beazley)

Beazley, ARV 883, 61. – Beazley, $ARV^2$ 1515, 67. – Paul-Zinserling, Jena-Maler 120 Nr. 2; 122 mit Anm. 1642 Taf. 68, 1.

U. L.

## 100

Jena, SAK Inv. 156

Omphalosschale mit polychromer Bemalung

Maße: H. 4,6 cm; Dm. der Mündung 18,9 cm

Beschreibung: I: Omphalos mit kleinem weißen und zwei größeren schwarzen konzentrischen Kreisen, weißgelbes Stabband um Omphalos; breite Zone mit zwei fliegenden weißen Vögeln und zwei großen weißgelben Palmettenspiralranken

Datierung: Ende 6. Jh. v. Chr.

unpubliziert

A. L.

## 101 Taf. 9

Jena, SAK Inv. 225

Attisch-weißgrundige Lekythos

Maße: H. 23,0 cm

Beschreibung: Hermes in Chlamys mit Pilos und Kerykeion hinter großem, bis zur Schulter in die Erde eingegrabenen Pithos, aus dem die Schatten der Verstorbenen in Form von schmächtigen nackten Gestalten mit großen Flügeln (Eidola) fliegen

Zuschreibung: Art des Tymbos-Malers (Beazley)

Datierung: um 470 v. Chr.

P. Schadow, Eine attische Grablekythos (Diss. Jena 1897). – J. E. Harrison, JHS 20, 1900, 101 Abb. 1. – L. Deubner, JdI 42, 1927, 172f. Abb. 1. – ders., Attische Feste (1932) 95 Taf. 8, 2. – Beazley, ARV 507, 25. – Beazley, $ARV^2$ 760, 41. – E. Peifer, Eidola und andere mit dem Sterben verbundene Flügelwesen in der attischen Vasenmalerei in spätarchaischer und klassischer Zeit (1989) 92. 119. – Paul-Zinserling, SAK 39 f. Abb. 23.

A. L.

## 102

Jena, SAK Inv. 169

Attisch-schwarzfigurige Olpe

Maße: H. mit Henkel 20,6 cm

Beschreibung: vor Brunnenbecken, das von einem Löwenkopfwasserspeier gespeist wird, kauernder Krieger mit heruntergezogenem Helm, in der rechten Hand zwei Lanzen, am linken Arm Rundschild, im Hintergrund Zweige; Rahmung durch Linie, Punktbändern und Mäander, Schachbrettmuster an der Mündung

Datierung: Anfang 5. Jh. v. Chr.

Zuschreibung: Maler von Vatikan G 49 (Beazley)
Beazley, Paralipomena 267. – Zum Vatikan-Maler G 49: Beazley, ABV 534-537.

R. H./T. K.

**103** **Taf. 10**

Würzburg, Martin-von-Wagner-Museum H 5011
attisch-rotfigurige Kylix, aus mehreren Stücken zusammengesetzt

Maße: H. 9,1 cm; Dm. 23,5 cm

Beschreibung: I: Dionysos und Herakles Arm in Arm nach links laufend, beide mit Efeu bekränzt
A: Mänade in Chiton und Himation zwischen zwei Satyrn, der rechte reicht ihr ein Rhyton
B: zwischen Mänade links und Jüngling mit Trinkschale rechts in der Mitte ein Thyrsosträger im Hüftmantel

Zuschreibung: Jenaer Maler (Beazley); I: Jenaer Maler; A und B: Stil B (F. Hölscher)

CVA Würzburg (2), 16f. Taf. 6, 3. 7, 1-5 (F. Hölscher). – H. Froning, WbJb 1, 1975, 211ff. Abb. 10-12. – Beazley, Paralipomena 500. – E. Simon et al., Kat. Würzburg (1975) 146 Taf. 46. – E. Schwinzer, Schwebende Gruppen in der Pompeianischen Wandmalerei (1979) 69. – Beazley, Addenda 384. – LIMC III (1986) 472 Nr. 584 s.v. Dionysos Taf. 366 (C. Gasparri). – R. Vollkommer, Herakles in the art of classical Greece (1988) 51f. – E. Pochmarski, Dionysische Gruppen. Eine typologische Untersuchung zur Geschichte des Stützmotivs (1990) 17f. Nr. V 13/14 Taf. 4, 1. 2. – Paul-Zinserling, Jena-Maler 23 Nr. 3; 31f. 64 Nr. 9 Taf. 4, 1 (I). 33, 1 (B). 2 (A).

H. M.

**104** **Farbtaf. 3, 1**

Jena, SAK Inv. 0487
Fußfragment einer attisch-rotfigurigen Schale

Maße: Dm. 3,8 cm; H. 8,2 cm

Beschreibung: I: Herakles im Garten der Hesperiden: Hesperide (Hand und Gewandstück) und Herakles (Teile vom rechten Arm) flankieren Baum mit weiß aufgesetzten Früchten, um den sich eine Schlange windet

Zuschreibung: Jenaer Maler (Beazley)

Beazley, ARV 880, 4. – Beazley, $ARV^2$ 1512, 20. – LIMC V (1990) 103 Nr. 2702 s.v. Herakles (G. Kokkorou-Alewras). – LIMC V (1990) 399 Nr. 28 Taf. 289 s.v. Hesperides (I. McPhee). – Paul-Zinserling, Jena-Maler 88 Nr. 1; 89f. Taf. 45, 2.

U. L.

**105** **Taf. 12, 1**

Jena, SAK Inv. 0466b
Fragment einer rotfigurigen Schale

Maße: Dm. 11,0 cm

Beschreibung: I: Jugendlicher Krieger mit attischem Helm, Lanze und Rundschild, nach Beazley mit Beischrift [AX]IΛΛEYΣ; Mäanderband mit Schachbrettfeld
A: Komos: Unterkörper von zwei nach rechts eilenden Jünglingen, Rest eines flatternden Mantels, linker Jüngling mit Fackel, rechts Füße und Gewandrest einer nach rechts schreitenden Frau

Zuschreibung: Maler der Jenaer Schalen (Hahland); Diomedes-Maler (Beazley)

Hahland, Meidias 20 Anm. 41 Nr. 1 Taf. 22b. – ders.,

Studien 58 Nr. 1. – Beazley, ARV 884, 1. – H. Metzger, Les représentations dans la céramique attique du IVe siècle (1951) 293 Nr. 44. – F. Brommer, Vasenlisten zur griechischen Heldensage (1973) 350 Nr. 9. – Beazley, ARV² 1517, 1. – LIMC I (1981) 196 Nr. 909 s.v. Achilleus (A. Kossatz-Deissmann). – M. Robertson, The Art of Vase-Painting in Classical Athens (1990) 270 Abb. 270. – Paul-Zinserling, Jena-Maler 93 mit Anm. 1227; 121f. Taf. 77, 2.

U. L.

## 106

Jena, SAK Inv. 0500

Zwei Randfragmente einer rotfigurigen Schale

Maße: Dm. 15,7 cm

Beschreibung: I: Plattenmäander

A: Frau im Chiton mit Sichel; in der Mitte frontal Orpheus in orientalischem Gewand mit Kithara und rundem Gegenstand (Stein?) nach rechts, Kopf nach links gewandt; rechts Rest einer weiteren Gewandfigur; Palmette

Zuschreibung: Stil B (Paul-Zinserling)

O. Jahn, AZ 108, 1857, 108 Taf. 108, 3. – R. Eisler, Orphisch-dionysische Mysteriengedanken in der christlichen Antike, Vorträge Bibl. Warburg 1922-1923, T. 2, 342 Anm. 4 Taf. 21, Abb. 123 (dort fälschlich als Hallenser Scherbe bezeichnet). – FR III 357 Anm. 10 Abb. 170; 358 Anm. 38 (C. Watzinger). – Hahland, Meidias 20 Anm. 38. – F. M. Schoeller, Darstellungen des Orpheus in der Antike (1969) 60 Taf. II 4; 61 Taf. III. – E. R. Panyagua, Helmantica 70, 1972, Nr. 47. – Paul-Zinserling, Jena-Maler 99ff. Taf. 50, 1. – LIMC VIII (1994) 87 Nr. 59 Taf. 64 s.v. Orpheus (M.-X. Garezou).

U. L.

## 107 — Taf. 11

Gotha, Schloßmuseum Inv. Ahv. 109

Attisch-rotfigurige Kylix, aus mehreren Teilen zusammengesetzt, Fuß sekundär angefügt

Herkunft: Curti bei Santa Maria di Capua Vetere

Maße: H. 7,9 cm; Dm. 18,7 cm

Beschreibung: I: in einer Höhle ein hockender Satyr und eine Mänade, die mit einem Thyrsos auf den Satyr zielt und ihn dabei mit der Linken am Haar gepackt hält; Tondorahmung durch Wellenband, darüber einzelne Efeublätter und Punktrosetten

A: Frau im Peplos nach rechts, die linke Hand erhoben; zwischen den Henkeln je drei Palmetten

B: ein geflügelter Eros links überreicht einer Frau mit Peplos und Haarhaube rechts einen weiß gepunkteten Schmuck

Zuschreibung: I: Kreis des Jenaer Malers (E. Rohde); Q-Maler (Paul-Zinserling); A/B: Stil B oder C (E. Rohde)

CVA Gotha (2) 18 Abb. 1-3. Taf. 67. 68. – E. C. Keuls, ZPE 55, 1984, 287-296. – dies., The reign of the Phallus (1985) 365. – Paul-Zinserling, Jena-Maler 48 Nr. 6; 52f. 75 Nr. 12; 76 Taf. 18, 3 (B). 21, 2 (I).

H. M.

## 108 — Taf. 12, 2

Jena, SAK Inv. 0469

fragmentierte attisch-rotfigurige Schale aus vier Bruchstücken

Maße: Dm. 19,2 cm (anpassende Stücke)

I: nach links tanzende Mänade mit Tympanon in der linken Hand, einem im Gelände sitzenden, nach links blickenden Satyrn zugewandt, der sich mit der rechten Hand auf den Thyrsos stützt, während seine linke auf dem Oberschenkel liegt
A: nackter Mann zwischen zwei Frauen
B: zwei Männer und eine Frau (nur Unterkörper bzw. Unterschenkel erhalten)

Zuschreibung: I: Meister der Jenaer Schalen (Hahland); Jenaer Maler (Beazley)
A: Stil B (Beazley)

Hahland, Meidias 20 Anm. 41 Nr. 7. – Hahland, Studien 59 Nr. 7. – Beazley, ARV 881, 17. – Beazley, ARV[2] 1511, 7. – Paul-Zinserling, Jena-Maler 47 Nr. 2; 49f. 64 Nr. 8; 65 Taf. 11, 1 (I) 32, 1 (A).

T. N.

## 109 — Umschlag

Jena, SAK Inv. 0491

Fragment einer attisch-rotfigurigen Schale

Maße: Dm. 9,8 cm

Beschreibung: I: auf dem Rücken einer bekränzten Mänade hockender Satyr in Felshöhle; flüchtig gezeichneter Mäander
A: Unterteil eines Mannes mit Stab und Mantel, rechts und links Unterschenkel bzw. Füße eines Mannes (Dionysos und Satyr?), rechter Jüngling tritt auf ein Podium

Zuschreibung: I: Meister der Jenaer Schalen, außen viel flüchtiger (Hahland); Jenaer Maler (Beazley); A: Stil B (Beazley)

Hahland, Meidias 20 Anm. 41 Nr. 3 Taf. 23b. – Hahland, Studien 59 Nr. 3. – Beazley, ARV 880, 10. – Beazley, ARV[2] 1511, 6. – Paul-Zinserling, SAK 41f. Abb. 24. – Paul-Zinserling, Jena-Maler 29. 48 Nr. 3; 53 Taf. 21, 1.

T. N.

## 110 — Taf. 13, 1

Jena, SAK Inv. 0465

Acht teilweise anpassende Bruchstücke einer attisch-rotfigurigen Kylix, die zu zwei Gruppen (a bzw. b) zusammengesetzt werden können

Maße: Dm. a 19,5 cm; b 11,5 cm

Beschreibung: I: eine auf einem Greifen nach rechts reitende Person mit langem Gewand, rechts davon ein doppelter Lorbeerzweig, wohl Apollon; Schachbrettmuster abwechselnd mit mehreren Hakenmäandern
A: zwischen den Henkelpalmetten drei Personen, rechts eine Frau in Chiton und Mantel nach links, in ihrer rechten Hand eine Omphalosschale tragend, in der Mitte eine frontale, wohl männliche Mantelfigur, links eine nach rechts gewandte Person mit langem Stab
B: rechts der Henkelpalmette die Beine einer unbekleideten Person mit einem kurzen Mantel über der Schulter nach rechts

Zuschreibung: I: Jenaer Maler; A/B: Stil B (Beazley)

Beazley, ARV 880, 11. – Beazley, ARV[2] 1512, 14. – V. Paul-Zinserling, Eirene 16, 1978, 59ff. Abb. 1. – Beazley, Addenda 383. – LIMC II (1984) 230 Nr. 369 s.v.

Greif (V. Lambrinudakis). – Paul-Zinserling, Jena-Maler 80 Nr. 1; 81f. 84. 98. 106. Taf. 44,1.

H. M.

## 111 Taf. 13, 2; 14, 1

Jena, SAK Inv. 0468

Fünf anpassende Fragmente einer attisch-rotfigurigen Kylix (mit Randstück)

Maße: Dm. 22,1 cm

Beschreibung: I: Frau auf einem Greifen nach rechts, die Beine von einem langen Gewand bedeckt, die in der linken Hand am Hals des Tieres einen länglichen Gegenstand, wohl eine Fackel hält, wohl Artemis; Schachbrettfeld abwechselnd mit vier Hakenmäandern

A: Zwischen den Henkelpalmetten mit Henkelansätzen rechts ein sitzender nackter Mann nach links mit um den Arm geschlungenem Mantel und Thyrsosstab, im Haar Weinlaub oder Efeu, in der Mitte eine nach rechts schreitende Frau im Peplos mit einem Tambourin, die den Kopf zurückwirft, ganz links ein nach rechts gewandter Satyr

Zuschreibung: I/A: Maler der Jenaer Schalen (Hahland); Jenaer Maler (Beazley)

O. Jahn, AZ 1857, 107 Taf. 108, 1. – R. Gaedechens, Programm des Archäologischen Museums der Universität Jena zum 100. Todestage Winckelmanns (1868) 5 Anm. 9. – W. Hahland, Meidias, 20 Anm. 41 Nr. 4 Taf. 16b. – Hahland, Studien 35 Nr. 12; 59 Nr. 4. – Beazley, ARV 880, 2. – Beazley, ARV$^2$ 1511, 2. – P. Jacobsthal, Ornamente griechischer Vasen (1927) 191. – V. Paul-Zinserling, Eirene 16, 1978, 59ff. Abb. 2. – Beazley, Addenda 383. – Paul-Zinserling, Jena-Maler 44ff. 65. 80. 83. 98. 106 Taf. 8, 2 (A). 44, 2 (I).

H. M.

## 112 Taf. 15, 1

Jena, SAK Inv. 0467

Zwei anpassende Fragmente a und b einer attisch-rotfigurigen Kylix, mit vollständigem Henkel und dem Ansatz des hohen Fußes

Maße: Dm.: a 12,6 cm; b 10,5 cm; H. des Fußes 3,8 cm

Beschreibung: I: stehende Nike mit großen Flügeln, einem Tropaion mit Schild zugewandt, das sie mit der ausgestreckten linken Hand berührt, die Rechte in den einseitig offenen Peplos gelegt; Schachbrettmuster abwechselnd mit je vier Hakenmäandern

A: Henkelpalmette, rechts davon zwei zusammengehörende nach rechts schreitende unbekleidete männliche Beine (Rest verloren)

B: links der Henkelpalmette Rest eines nackten Fußes

Zuschreibung: I: Meister der Jenaer Schalen (Hahland); Jenaer Maler (Beazley);

A/B: Stil B (Beazley)

Hahland, Meidias 20 Anm. 41 Nr. 2 Taf. 23c. – Hahland, Studien 58 Nr. 2. – Beazley, ARV 880, 3. – Beazley, ARV$^2$ 1512, 21. – Paul-Zinserling, Jena-Maler 76 Nr. 1; 77ff. 98 Taf. 39, 2.

H. M.

**113** **Farbtaf. 3, 2**

Jena, SAK Inv. 0477

Zwei anpassende Bruchstücke einer attisch-rotfigurigen Kylix (mit Fußansatz)

Maße: Dm. 9,0 cm; H. des erhaltenen Fußes 4,5 cm

Beschreibung: I: Aphrodite, nur mit Kreuzband und Hüftmantel bekleidet, geschmückt mit Haarhaube und Ohrringen, nach rechts blickend, auf ihrem Schoß ein ihr zugewandter nackter Knabe (Eros) mit Harfe, die er stimmt oder spielt

A: Henkelornament, am linken Fragmentrand Reste eines langen Gewandes

Zuschreibung: „dem Meister der Jenaer Schalen verwandte Art" (Hahland) I: Jenaer Maler (Beazley); A: Stil B (Beazley)

O. Jahn, AZ 1857, 107 Taf. 108, 4. – Hahland, Meidias 21 Anm. 41 Nr. 1 Taf. 22c. – Hahland, Studien 60 Nr. 1. – H. Metzger, Les représentations dans la céramique attique du IVe siècle (1951) 53f. Nr. 33. – Beazley, ARV 880, 1. – Beazley, ARV$^2$ 1511, 1. – W. Müller, Keramik des Altertums. Vasen aus der Friedrich-Schiller-Universität Jena, Sammlung antiker Kleinkunst (1963) 33 Abb. 23. – Beazley, Paralipomena 499. – Beazley, Addenda 383. – V. Paul-Zinserling in: E. Kluwe (Hrsg.), Kultur und Fortschritt in der Blütezeit der griechischen Polis (1985) 247ff. Taf. 1. – J. Boardman, Rotfigurige Vasen klassischer Zeit aus Athen (1991) Abb. 358. – M. Robertson, The Art of Vase-Painting in Classical Athens (1992) 269 Abb. 268. – Paul-Zinserling, Jena-Maler 70 Nr. 1; 71ff. 78 mit Anm. 992; 120 Taf. 11, 2. – Zum Instrument: R. Herbig, AM 54, 1929, 164-193 (bes. 181f. mit Nr. 4 und Abb. 9; Typus „phrygische Harfe").

H. M.

**114**

Jena, SAK Inv. 0470

Drei anpassende Fragmente einer attisch-rotfigurigen Kylix

Maße: Dm. 22,8 cm

Beschreibung: I: links Frau mit hochgebundenem Haar nach rechts auf einem tieferen Niveau, rechts daneben unbekleideter Mann, der sie anblickt und über seinem Kopf einen großen Hammer schwingt (Anodos der Aphrodite?); Hakenmäander im unregelmäßigen Wechsel mit einzelnen Schachbrettmustern

A: Henkelpalmetten zwischen Henkelansätzen; Füße und Gewandrest zweier nackter Jünglinge, die einer in ihrer Mitte stehenden Gewandfigur zugewandt sind

Zuschreibung: I: Meister der Jenaer Schalen (Hahland); Jenaer Maler (Beazley)

A: Stil B (Beazley)

A. Furtwängler, JdI 6, 1891, 114f. – E. Buschor, Feldmäuse, SB München (1937) 28ff. Abb. 11. – M. P. Nilsson, Die eleusinischen Gottheiten. Opuscula Selecta 2, 1952, 614ff. – F. Brommer, Satyrspiele (1959$^2$) 54 Abb. 51. – Hahland, Meidias 20 Anm. 41 Nr. 6. – H. Metzger, Les représentations dans la céramique attique du IVe siècle (1951) 75 Nr. 16. – C. Bérard, Anodoi. Essai sur l'imagerie des passages chthoniens (1974) 76. 115f. Taf. 11, Abb. 39. – Beazley, ARV$^2$ 1512, 12. – E. H. Loeb, Die Geburt der Götter in der griechischen Kunst der Klassik (1979) 130. – V. Paul-Zinserling in: E. Kluwe (Hrsg.), Kultur und Fortschritt in der Blütezeit der griechischen Polis (1985) 247ff. Taf. 3. – Beazley, Addenda 383. – E. Simon in: Beiträge zur Ikonographie und Hermeneutik. Festschrift für Nikolaus Himmelmann (1989) 200. – M.

Robertson, The Art of Vase-Painting in Classical Athens (1992) 270. – Paul-Zinserling, Jena-Maler 70 Nr. 4; 73f. 120 mit Anm. 1639 Taf. 32, 2.

H. M.

**115** **Taf. 15, 2**

Jena, SAK Inv. 0428 (1030)

Boden- und Randstück einer fußlosen attisch-rotfigurigen Schale

Maße: H. 4,3; Dm. 14,6 cm

Beschreibung: I: Manteljüngling nach links mit nackter rechter Schulter, rechte Hand in Hüfthöhe über profiliertem Altar haltend, sich nach rechts zu einem hohen Pfeiler umwendend

unpubliziert

G. S.

**116** **Farbtaf. 4, 1**

Jena, SAK Inv. 0437 (1007)

Bodenstück einer fußlosen attisch-rotfigurigen Schale

Maße: Dm. 13,6 cm

Beschreibung: I: Manteljüngling nach links zwischen zwei Pfeilern; Hakenmäander durch Längsstrich geteilt

unpubliziert

G. S.

**117**

Jena, SAK Inv. 0472 (824)

Bodenstück einer attisch-rotfigurigen Schale

Maße: Dm. 12,0 cm

Beschreibung: I: Manteljüngling mit Strigilis in der rechten Hand vor Altar; Hakenmäander mit Schachbrettmuster

A: unterer Teil einer stehenden Person im Himation; Henkelpalmette

Beazley, ARV 881, 26. – Beazley, ARV$^2$ 1514, 66.

G. S.

**118** **Taf. 16, 1**

Jena, SAK Inv. 0473

Fragment einer attisch-rotfigurigen Schale

Maße: Dm. 14,0 cm

Beschreibung: I: Nackter Jüngling mit Strigilis, das rechte Bein auf einer Geländestufe aufgestellt, die linke Hand an der Hüfte; vor ihm ein auf zwei Stufen gesetzter Pfeiler, hinter dem linken Fuß Rest eines zweiten Pfeilers (Beazley: Jüngling am Altar)

A: zwei einander zugewandte Gewandfiguren, die rechte mit Stab; rechts Unterteil einer nach rechts gerichteten Gewandfigur, vor ihr Rest eines nach links gerichteten Fußes

Zuschreibung: Stil B (Beazley)

Beazley, ARV 881, 25. – Beazley, ARV$^2$ 1513, 42. – Paul-Zinserling, Jena-Maler 120 Nr. 8; 123 mit Anm. 1651f. Taf. 70, 2.

R. S.

**119**

Jena, SAK Inv. 0504

Randstück einer attisch-rotfigurige Schale

Maße: Dm. 10,7 cm

Beschreibung: I: Mäander

A: Rest einer Figur (Hand, Gewand?), rechts davon stehender

nackter Athlet mit Strigilis, ihm zugewandt ein Manteljüngling (rechte Schulter unbedeckt) mit Schwamm in der Rechten

Zuschreibung: A: Stil B (Beazley)

Beazley, ARV 881, 28. – Beazley, ARV[2] 1513, 35. – Paul-Zinserling, Jena-Maler 120 Nr. 11; 123 mit Anm. 1651 Taf. 71, 2. R. S.

**120**

Jena, SAK Inv. 0512

Randstück einer attisch-rotfigurigen Schale

Maße: H. 5,6 cm; Dm. 7,2 cm

Beschreibung: I: grober Mäanderrest

A: Palmettenrest, rechts davon nach links laufender und sich zurückwendender nackter Jüngling mit Strigilis in der Rechten

Zuschreibung: Stil B (Beazley)

Beazley, ARV 881, 29. – Beazley, ARV[2] 1513, 37.

R. S.

**121** **Taf. 14, 2**

Jena, SAK Inv. 0495

Bruchstück eines kleinen attisch-rotfigurigen Tellers

Maße: Dm. 5,8 cm

Beschreibung: I: links eine Frau im Peplos (der obere Stoffrand des Überschlags mit zwei antithetischen Seepferdchen versehen) mit Haube und Ohrring, mit ihrer linken Hand ein mit Sternen verziertes Gewand hinter ihrem Rücken hochziehend; rechts eine Sitzende mit nacktem Oberkörper nach links, das Gewand (auch mit Seepferdchen verziert) um die Hüften geschlungen; sie balanciert auf dem Ellbogen ihres angewinkelten rechten Armes einen Kreisel

A: schwarzer Firniß

Zuschreibung: I: dem Maler der Jenaer Schalen eine „verwandte Art“ (Hahland); Jenaer Maler (Beazley)

O. Jahn, AZ 15, 1857, 107 Taf. 108, 2. – RE VIII (1913) 1754 s.v. Hippokampos (Lamer). – Daremberg-Saglio V (Nachdr. 1963) 541 Abb. 7173 s.v. Turben/Turbo (Lafaye). – Hahland, Meidias 16f. 21 Anm. 41 Nr. 6 Taf. 22a. – Hahland, Studien 60 Nr. 2. – Beazley, ARV 883, 71. – Beazley, ARV[2] 1515, 79. – E. Kluwe in: Reichtümer und Raritäten I (1974) 161 mit Abb. – Paul-Zinserling, Jena-Maler 46 mit Anm. 583; 112 mit Anm. 1506. 118ff. 122 Taf. 66, 1.

H. M.

**122** **Farbtaf. 4, 2**

Jena, SAK Inv. 0484

Fragment einer attisch-rotfigurigen Schale

Maße: H. 7,0 cm

Beschreibung: I: Beine eines hockenden Jünglings, der auf dem rechten Bein einen Kantharos balanciert

Zuschreibung: Stil B (Paul-Zinserling)

Paul-Zinserling, Jena-Maler 123 mit Anm. 1658 Taf. 78, 1.

A. L.

**123**

Jena, SAK Inv. 0501

zwei anpassende Randstücke einer attisch-rotfigurigen Schale

Maße: Dm. 12,4 cm

Beschreibung: I: Mäander; Rest eines Thyrsoskopfes
A: Jüngling mit Thyrsos zwischen zwei bekleideten Frauen in Chiton und Mantel; rechte Frau mit einer Schale auf erhobener Hand (Beazley: Dionysos mit zwei Mänaden)
Zuschreibung: A: Stil B (Beazley)
Beazley, ARV 881, 13. – Beazley, ARV[2] 1511, 9. – Paul-Zinserling, Jena-Maler 46 Nr. 6; 65ff. Taf. 31, 1.
U. S.

**124**
Jena, SAK Inv. 0481 abc
Drei Bruch an Bruch anpassende und ein viertes, nicht anpassendes Fragment (c) eines attisch-rotfigurigen Schalenskyphos
Maße: Dm. a 15,5 cm; b 9,5 cm; c 6,6 cm
Beschreibung: I: geflügelter Eros nach rechts, rechts vor ihm eine Person, von der nur noch die verhüllten Füße erhalten sind; Fragment c mit dem unteren Teil eines Köchers oder eines Musikinstrumentes; Hakenmäander abwechselnd mit einzelnen Schachbrettmustern
A: drei Personen, links eine wohl weibliche Figur im langen Gewand mit ausgestreckten Händen, in der Mitte stehender Mann mit Schrägmantel und Thyrsosstab und rechts ein Satyr nach links, der in seiner Rechten ein Rhyton trägt
B: (Frgt. c) Reste einer Henkelpalmette und einer Gewandfigur
Zuschreibung: I: Jenaer Maler (Beazley); A/B: Stil B (Beazley)
Beazley, ARV 880, 12. – Beazley, ARV[2] 1512, 15. – V. Paul-Zinserling in: E. Kluwe (Hrsg.), Kultur und Fortschritt in der Blütezeit der griechischen Polis (1985) 247ff. Taf. 2. – Beazley, Addenda 383. – Paul-Zinserling, Jena-Maler 64 Nr. 5; 65f. 68. 70 Nr. 2; 71ff. Taf. 30, 2 (A) 34, 1 (I).
H. M.

**125**
Jena, SAK Inv. 0508
Randstück einer attisch-rotfigurigen Schale
Maße: Dm. 10,7 cm
Beschreibung: A: rechts Oberkörper einer Mänade mit Thyrsos in der rechten Hand; links von ihr bekleideter Oberkörper eines Jünglings (Dionysos?)
Zuschreibung: Stil B (Beazley)
Beazley, ARV 881, 15. – Beazley, ARV[2] 1511, 10. – Paul-Zinserling, Jena-Maler 64 Nr. 6a; 65f. Taf. 31, 2.
U. S.

**126**
Jena, SAK Inv. 0490
Mittelstück und Fuß einer attisch-rotfigurigen Schale
Maße: Dm. 5,4 cm
Beschreibung: I: Unterkörper und Oberschenkel eines nackten tanzenden Mannes mit Mantel über dem linken Arm, vor ihm ein rechter Oberschenkel, Hüfte und angewinkelter Ellenbogen eines nach rechts schreitenden Mannes (Gewandrest flattert hinter dem Rücken hervor)

Zuschreibung: Jenaer Maler (Beazley)
Beazley, ARV 881, 31. – Beazley, $ARV^2$ 1513, 28. – Paul-Zinserling, Jena-Maler 121 Nr. 24; 122ff. Taf. 77, 3. A. L.

## 127

Jena, SAK Inv. 0506
Randfragment einer rotfigurigen Schale
Maße: Dm. 9,5 cm
Beschreibung: I: eingestempeltes Muster aus zwei konzentrischen Kreisen und zwei Eierstäben, dazwischen sieben kreisförmig angeordnete Palmetten
A: rechts stehender, nackter Jüngling nach links, einem mit Himation bekleideten, auf Stab gestützten Mann zugewandt, (Köpfe und Oberkörper nicht erhalten), zwischen beiden Rest einer Figur (nackte Füße) auf einem echinusartigen Untersatz; flankierende Henkelpalmetten
B: rechts stehender Jüngling mit ausgestrecktem rechten Arm nach links, ihm gegenüber bekleideter Mann (nur Beine und Gewandrest erhalten) mit ausgestreckter Phiale, zwischen beiden ein Altar
Zuschreibung: Stil C? (Beazley)
A. D. Ure, JHS 64, 1944, 71 Nr. 15 Taf. 5 Nr. 15 A. B. Taf. 7 Nr. 15. – Beazley ARV 883, 58. – Beazley $ARV^2$ 1514, 58.
U. L.

## 128

Jena, SAK Inv. 485
Fragmentierter attisch-rotfiguriger Schalenskyphos mit einem erhaltenen Henkel
Maße: Dm. 15,8 cm
Beschreibung: I: gestempelt: im Kreis eingestellter Eierstab, umrandet von sternförmiger Palmette, Rand mit Eierstab
A: in der Mitte nach links blickende Mänade mit Thyrsosstab; links nach rechts blickender Manteljüngling mit Strigilis in der rechten Hand; rechts Manteljüngling nach links blickend
B: rechts Rest eines Mantels erkennbar; in der Mitte nach links gewandte Mänade mit Thyrsosstab, rechts Manteljüngling
Zuschreibung: Stil C
A. D. Ure, JHS 64, 1944, 70 Nr. 11 Abb. 6. 7 Taf. VII Nr. 11. – Beazley ARV 882, 50. – Beazley $ARV^2$ 1515, 60. H. M.

# Glossar

*Achilleus* Griechischer Held im Kampf vor Troia

*Aglaurion* Höhlenheiligtum der Kekropstochter Aglauros am O-Hang der Athener Akropolis

*Agora* griech. Marktplatz

*Akropolis* griech. Oberstadt; in Athen ursprünglich burgähnliche Anlage, später Hauptheiligtum

*Andron,* Pl. *Andrones* wörtl. Männerraum; repräsentativer Raum im griechischen Wohnhaus, vor allem für Symposien

*Aphrodite* Göttin der Liebe und Schönheit

*Apollon* Gott der Künste und des Lichts, Orakelgott, Sohn des Zeus und der Leto, Zwillingsbruder der Artemis

*Ariadne* Tochter des kretischen Königs Minos, die den athenischen Held Theseus durch den „Ariadnefaden" aus dem Labyrinth half, später Gattin des Dionysos

*Artemis* Göttin der Jagd, Tochter des Zeus und der Leto, Zwillingsschwester des Apollon

*Aryballos* kleines kugelförmiges Tongefäß für Salböl

*Atalante* Heroine aus Arkadien oder Böotien, Teilnehmerin an der kalydonischen Eberjagd

*Aulos* griechisches Blasinstrument mit doppeltem Blatt, häufig auch paarig als Doppelaulos verwendet

*Barbiton* griechische Art der Leier mit langen Armen

*Bilingue* „zweisprachiges" Gefäß, auf der einen Seite rotfigurig, auf der anderen schwarzfigurig bemalt

*Chlamys* griechischer kurzer Männermantel ohne Ärmel, bes. für Reiter

*Demeter* Göttin der landwirtschaftlichen Fruchtbarkeit, Mutter der Persephone; sie sandte Triptolemos zu den Menschen, um diesen den Getreideanbau zu lehren

*Diomedes* griechischer Held aus Argos, der vor Troja kämpfte und am Zug der Epigonen gegen Theben teilnahm

*Dionysos* Gott des Weines und der Fruchtbarkeit, Sohn des Zeus und der Semele

*Emporion* Handelsstützpunkt

*Ephebe* junger Mann (18 bis 20 Jahre alt), in Athen und anderen griechischen Städten vor der Aufnahme in die Bürgerschaft zu militärischen und religiösen Diensten verpflichtet

*Eros* Gott der Liebe, Sohn und Begleiter der Aphrodite, meist als geflügelter Knabe dargestellt

*Etrusker* Volksstamm in Mittelitalien, wichtiger Handelspartner der Griechen

*Gigant,* Pl. *Giganten* Nachkommen der Gaia und des Ouranos, die einen erfolglosen Kampf gegen die olympischen Götter führten („Gigantomachie")

*Großgriechenland* griechisch besiedelte Gebiete in Sizilien und Unteritalien

*Gymnasium* Ausbildungsstätte für Knaben in sportlichen und geistigen Disziplinen; größerer Baukomplex mit Hallen, geschlossenen Räumen und einem freien Platz, der Palaistra, in der Mitte

*Hades* Gott der Unterwelt, der Persephone raubte und sie zur Frau nahm

*Helle* Tochter des Athamas und der Nephele, die auf der Flucht vor ihrer Stiefmutter Ino vom goldenen Widder ins Meer stürzte (namensgebend für den „Hellespont")

*Herakles* griechischer Heros bzw. Halbgott, Sohn des Zeus und der Alkmene; er erfüllte zwölf Taten für den König Eurystheus

*Herme* Kultmal aus vierkantigem Schaft und skulpiertem Kopf

*Hermes* Gott der Händler und Diebe, Götterbote und Begleiter der Verstorbenen in die Unterwelt; Sohn des Zeus und der Maia

*Hetäre* griech. Gefährtin, Freundin, Freudenmädchen; Unterhalterin der Männer beim Symposion

*Himation* aus einem Stück Stoff bestehender langer Mantel ohne Ärmel, von Männern und Frauen gleichermaßen getragen

*Ionische Städte* griechische Städte an der Westküste Kleinasiens, die durch die sog. Dorische Wanderung um 1200 v. Chr. vom griechischen Mutterland aus gegründet wurden

*Kelten* Volksstamm, der zur Zeit der Antike in Gebieten Mitteleuropas lebte

*Kithara* leierartiges Saiteninstrument mit eckigem hölzernen Schallkasten

*Kline* griech. Bett, Liege; Liegestatt zum Ruhen und Schlafen, wurde auch als Speiselager beim Symposion verwendet

*Kolonisation* gezielte Neugründung von griechischen Ansiedlungen außerhalb des ursprünglichen griechischen Siedlungsgebietes

*Komos* ausgelassener Umzug der Zecher mit Tanz und Gesang nach dem Symposion

*Kugelaryballos* s. Aryballos
*Lekythos* hohes schlankes Gefäß zur Aufbewahrung von Salböl, häufig im Zusammenhang mit Grabkult oder als Beigabe verwendet
*Lenäen* Dionysosfest in Athen, an dem Theateraufführungen, bes. Komödien, stattfanden; hauptsächlich von Frauen gefeiert
*Levante* die Ostküste des Mittelmeeres
*Louterion* Waschbecken, meist große flache Schale auf hohem Untersatz
*Lyra* Leier
*Mina,* Pl. *Minen* aus dem Orient übernommene Gewichts- und Währungseinheit, in Athen 436, 6 Gramm (Silber); eine Mine entsprach 100 Drachmen, 60 Minen einem Talent
*Muse,* Pl. *die Musen* die neun Töchter des Zeus und der Mnemosyne, für Wissenschaften und Künste zuständig
*Nike* Siegesgöttin, als geflügelte Frau dargestellt
*Orpheus* griechischer Sänger aus Thrakien
*Palaistra* Sportplatz, s. Gymnasium
*Palladion* kleines Standbild der Göttin Pallas Athena, meist in Athen oder Troja
*Peleus* König von Phtia in Thessalien, Gemahl der Thetis, Vater des Achilleus
*Persephone* Tocher der Demeter, Gattin des Hades, Fruchtbarkeits- und Unterweltsgottheit
*Petasos* Reisehut mit breiter Krempe
*Pinax,* Pl. *Pinakes* griech. Tafel, archäologische Fachbezeichnung für rechteckige bemalte Tontäfelchen, meist Weihegeschenke an Götter
*Polis,* Pl. *Poleis* griechischer Stadtstaat
*Sparte* namensgebende Heroine der Stadt Sparta, Tochter des Königs Eurotas und der Kleto, Gemahlin des Lakedaimon
*Strigilis* gerundetes Schabeisen, mit dem sich Athleten nach dem Wettkampf Staub und Öl vom Körper abstreiften
*Tänie* Stoffbinde, häufig auch als Schmuck oder Auszeichnung um den Kopf gebunden
*Thetis* Meeresgöttin, Gattin des Peleus und Mutter des Achilleus
*Thyrsos* mit Efeu und Weinlaub umwundener Stab, der in einem Pinienzapfen endet; Attribut des Dionysos und seiner Anhänger
*Triptolemos* Sohn des Okeanos und der Gaia, der das Getreide, die Gabe der Demeter, zu den Menschen bringt; Erfinder des Pflügens
*Tropaion* Siegeszeichen aus erbeuteten Waffen, das an der Stelle errichtet wurde, wo sich der Feind zur Flucht wandte („Trophäe")
*Tympanon* griechische Handpauke, Tamburin
*Zeus* oberster Gott der Griechen, Gott des Himmels und der Naturgewalten

# Abbildungsnachweis

Abb. 1 Das Fotoalbum der akademischen Senatsmitglieder von 1858 (1983) Abb. auf S. 81.
Abb. 2 Fotoarchiv C. Hartan.
Abb. 3 A. Papageorgiou-Venetas, Hauptstadt Athen. Ein Stadtgedanke des Klassizismus (1994) Abb. 138.
Abb. 4 W. Hoepfner, Das Pompeion und seine Nachfolgebauten. Kerameikos, Ergebnisse der Ausgrabungen 10 (1976) Taf. 13.
Abb. 5 G. Keyssner in: Theodor Fischer. Öffentliche Bauten (1922) Abb. auf S. 27.
Abb. 6 ebenda, Abb. auf S. 43.
Abb. 7 Berlin, Staatliche Museen Preussischer Kulturbesitz, Antikensammlung Inv. F 871: J. V. Noble, The techniques of painted Attic pottery (1965) Abb. 75.
Abb. 8 Karlsruhe, Badisches Landesmuseum: Inv. 67/90: Photo Museum Neg.-Nr. R 10334; Aufnahme: T. Goldschmidt.
Abb. 9 H. Bloesch, Formen attischer Schalen (1940) Abb. nach S. XI.
Abb. 10 Boston, Museum of Fine Arts Inv. 01.8073: J. V. Noble, The techniques of painted Attic pottery (1965) Abb. 208.
Abb. 11 Berlin, Staatliche Museen Preussischer Kulturbesitz, Antikensammlung Inv. F 873: E. Brödner, AW 8, 1977, H. 4, 48 Abb. 6.
Abb. 12 Mailand, Slg. Torno (Caputi) Inv. C 278: J. V. Noble, The techniques of painted Attic pottery (1965) Abb. 74.
Abb. 13 München, Antikensammlung Inv. 1717: FR I Abb. auf S. 159
Abb. 14 Cambridge/Mass., Fogg Museum Inv. 1960.321: M. Eisman – L. Turnbull, AJA 82, 1978, 395 Abb. 1.
Abb. 15 Caltagirone, Museo regionale della ceramica Inv. 961: G. Libertini, MonAnt 28, 1922, Taf. 1.
Abb. 16 Athen, Akropolismuseum Inv. 1332: Scheibler, Töpferkunst Abb. 110.
Abb. 17 Zeichnung H. Meschederu.
Abb. 18 Diagramm G. Schörner nach Angaben von H. Meschederu.
Abb. 19 Diagramm G. Schörner nach Angaben von H. Meschederu.
Abb. 20 Berlin Staatliche Museen Preussischer Kulturbesitz, Antikensammlung Inv. V. J. 3768; Aufnahme: J. Tietz-Glagow.
Abb. 21 Ensérune, Musée de l'oppidum o. Inv.: Paul-Zinserling, Jena-Maler Taf. 47, 2.
Abb. 22 Paris, Cabinet des Médailles Inv. C 24620: Paul-Zinserling, Jena-Maler Taf. 55.
Abb. 23 Korinth, Museum Inv. CP 885: Paul-Zinserling, Jena-Maler Taf. 6, 1.
Abb. 24 Zeichnung St. Nomayo.
Abb. 25 Brüssel, Musées royaux d'art et d'histoire Inv. A 717: Simon, Vasen Taf. 111.
Abb. 26 München, Antikensammlung Inv. 8935: J. Boardman, Rotfigurige Vasen aus Athen. Die archaische Zeit (1981) Abb. 25
Abb. 27 München, Antikensammlung Inv. 2643: G. Nachbaur, ÖJh 54, 1983, 36 Abb. 3.
Abb. 28 Paris, Louvre Inv. G 156: Simon, Vasen Taf. 151.
Abb. 29 P. Ducrey – J. R. Metzger – K. Reber, Eretria. Fouilles et recherches VIII. Le Quartier de la Maison aux mosaiques (1993) Abb. 45.
Abb. 30 ebenda Abb. 65.
Abb. 31 Travlos, Athen Abb. 673.
Abb. 32 München, Antikensammlung Inv. 2305: Kunst der Schale Abb. 78. 3.
Abb. 33 Delphi, Museum Inv. 8410: I. Wehgartner, Attisch weißgrundige Keramik (1983) Taf. II.
Abb. 34 München, Antikensammlung Inv. 2432: Kunst der Schale Abb. 78. 11.
Abb. 35 R. S. Young, Hesperia 20, 1951, Taf. 50a.
Abb. 36 Oxford, Ashmolean Museum Inv. 1931.39: Paul-Zinserling, Jena-Maler Taf. 49,1.
Abb. 37 dito: Paul-Zinserling, Jena-Maler Taf. 18, 1.
Abb. 38 Zürich, ehem. Slg. Roš: Paul-Zinserling, Jena-Maler Taf. 15, 1.
Abb. 39 dito: Paul-Zinserling, Jena-Maler Taf. 15, 2.
Abb. 41 Oxford, Ashmolean Museum Inv. 1946.52: Paul-Zinserling, Jena-Maler Taf. 19, 1.
Abb. 42 dito: Paul-Zinserling, Jena-Maler Taf. 20, 1.
Abb. 43 Neapel, Museo Nazionale Archeologico Inv. 2419: Simon, Vasen Taf. 213.
Abb. 44 Florenz, Museo Archeologico Inv. 81947: J. Boardman, Athenian red figure vases. The classical period (1989) Abb. 286.
Abb. 45 Rom, Museo Nazionale di Villa Giulia Inv. 2382: Hahland, Meidias Taf. 13a.
Abb. 46 London, British Museum Inv. E 432: J. Board-

man, Athenian red figure vases. The classical period (1989) Abb. 376.

Abb. 47 Wien, Kunsthistorisches Museum Inv. 203: Paul-Zinserling, Jena-Maler Taf. 37, 2.

Abb. 48 Ferrara, Museo Archeologico Nazionale Inv. T. 2 (3038): Paul-Zinserling, Jena-Maler Taf. 40, 2.

Abb. 49 Ferrara, Museo Archeologico Nazionale Inv. T. 893: Paul-Zinserling, Jena-Maler Taf. 76, 2.

Abb. 50 Rom, Musei Vaticani Inv. 17934: Paul-Zinserling, Jena-Maler Taf. 40, 1.

Taf. 4 Photo: Erlangen, Sammlung der Universität; Aufnahme: G. Pöhlein.

Taf. 5 Photo: Würzburg, Martin-von-Wagner-Museum Neg.-Nr. PF 13/1; Aufnahme: K. Öhrlein.

Taf. 10 Photo: Würzburg, Martin-von-Wagner-Museum Neg.-Nr. PF 9/9; Aufnahme: K. Öhrlein.

Taf. 11 Photo: Gotha, Schloßmuseum.

Alle übrigen Photographien: Jena, Friedrich-Schiller-Universität; Aufnahme: U. Thomas.

# TAFELTEIL

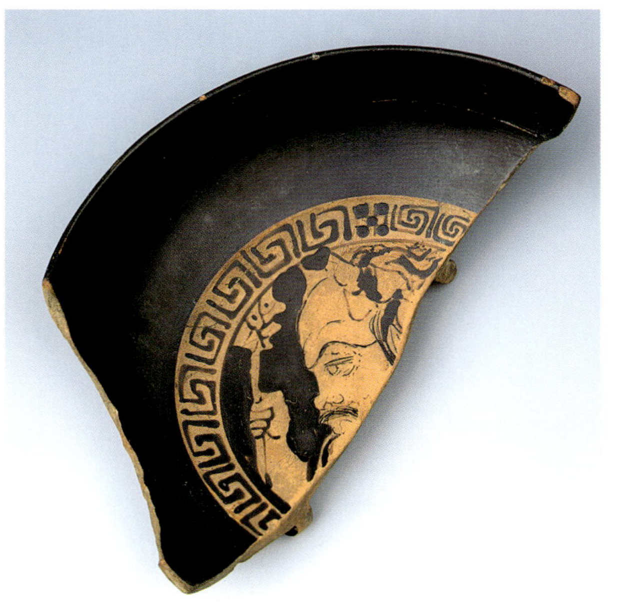

1 Kat. 1

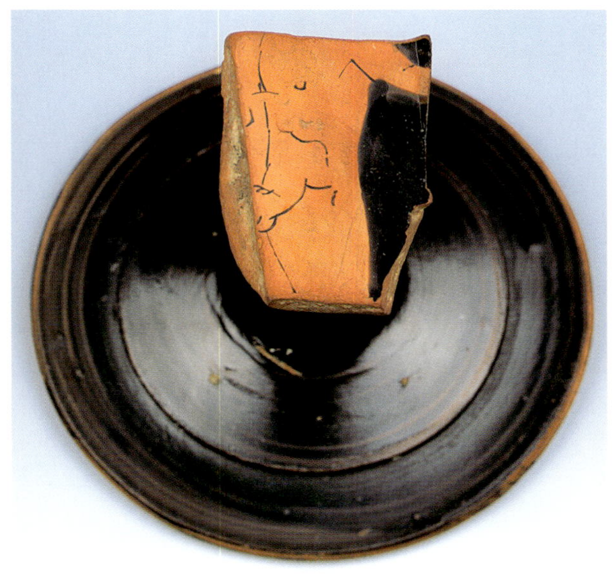

2 Kat. 37

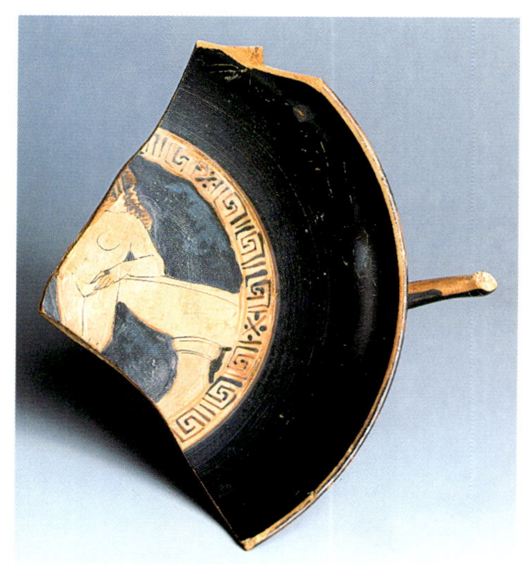

1 Kat. 84

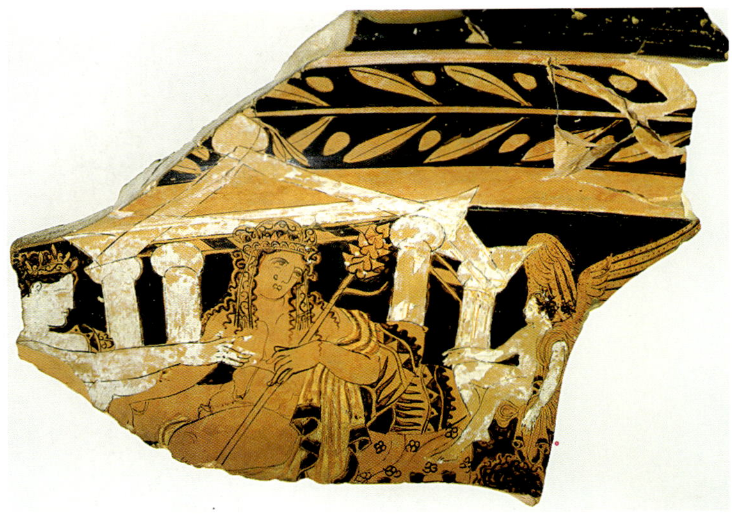

2 Kat. 85

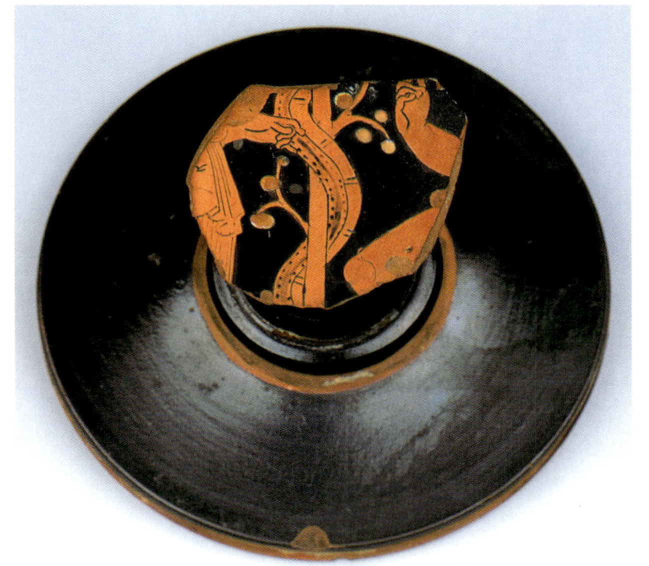

1 Kat. 104

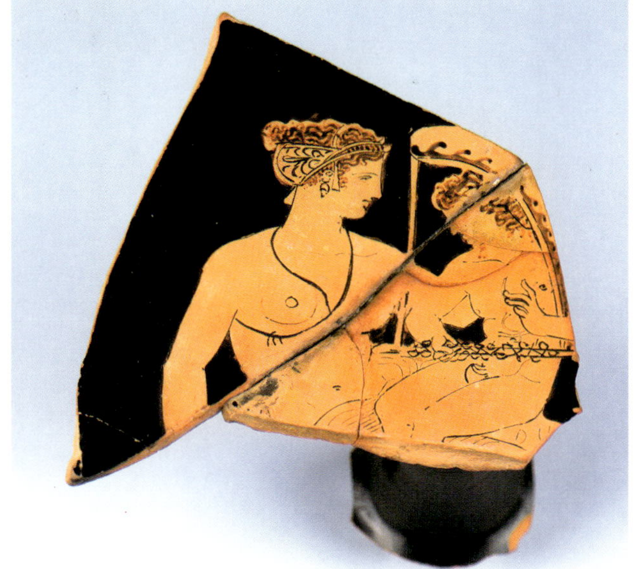

2 Kat. 113

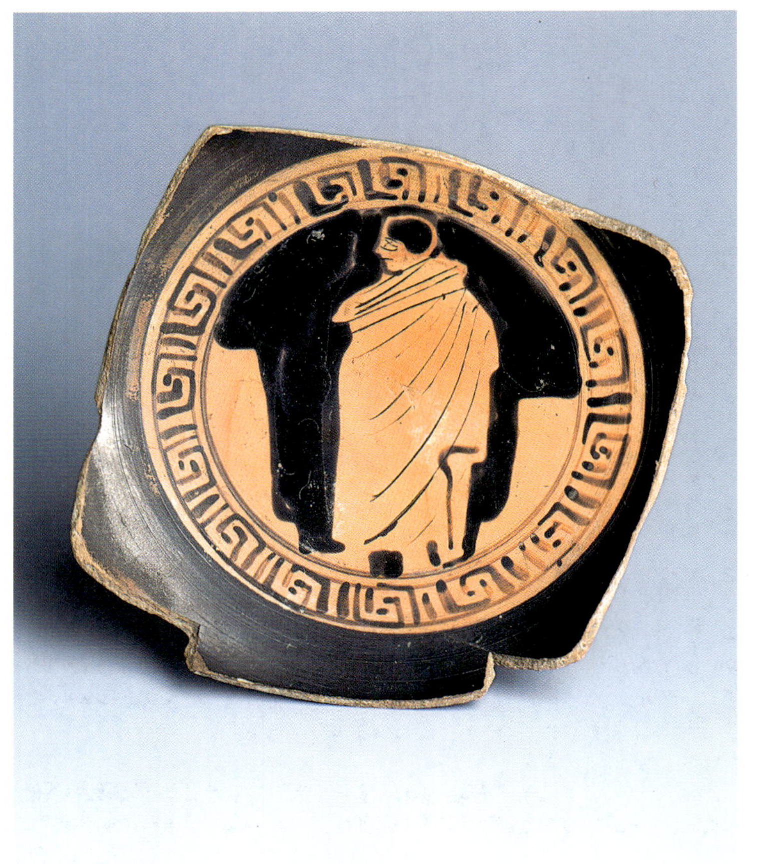

1 Kat. 116

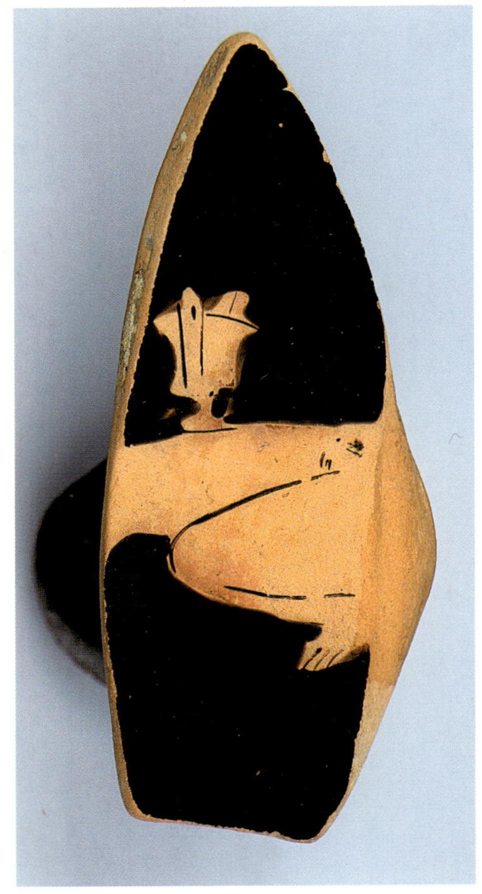

2 Kat. 122

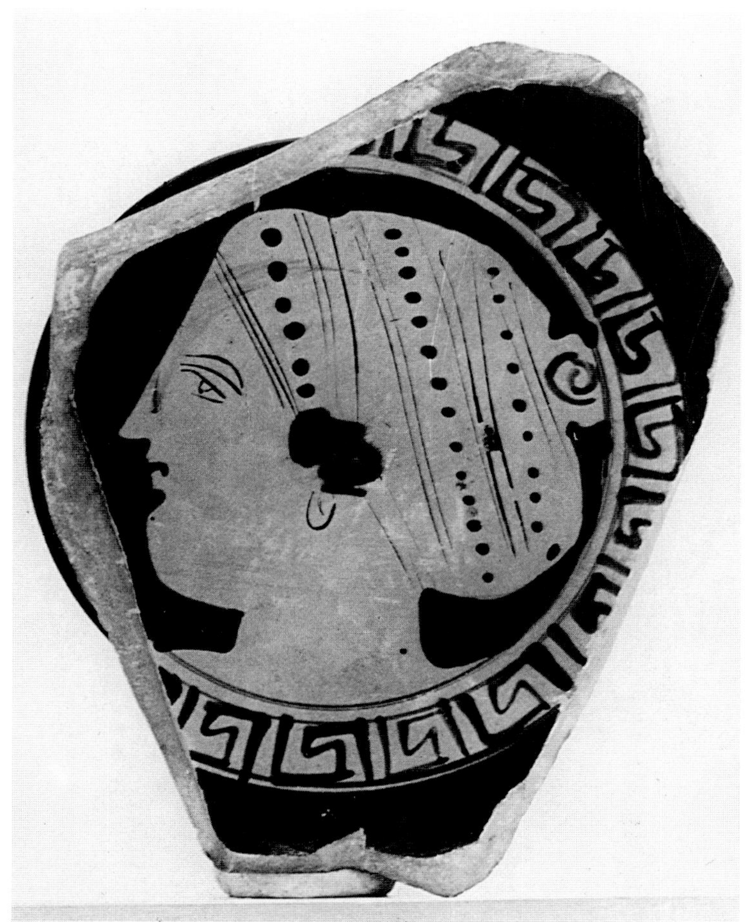

1 Kat. 2

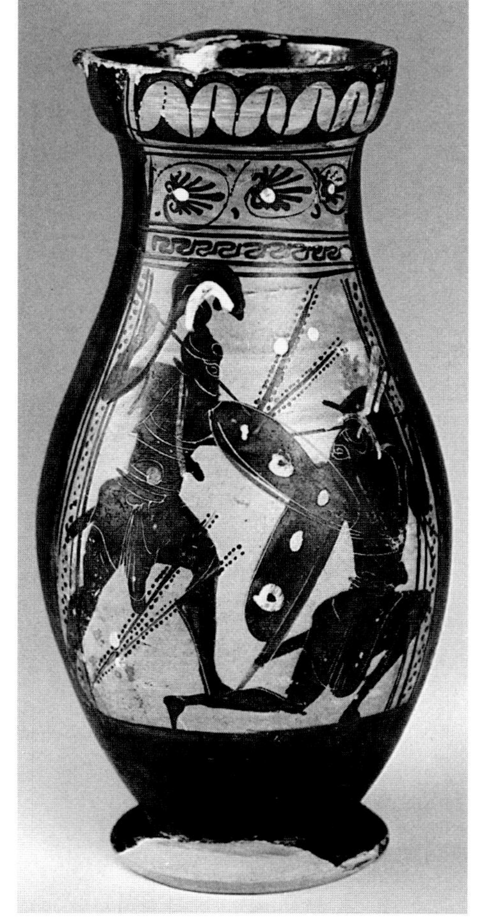

2 Kat. 33

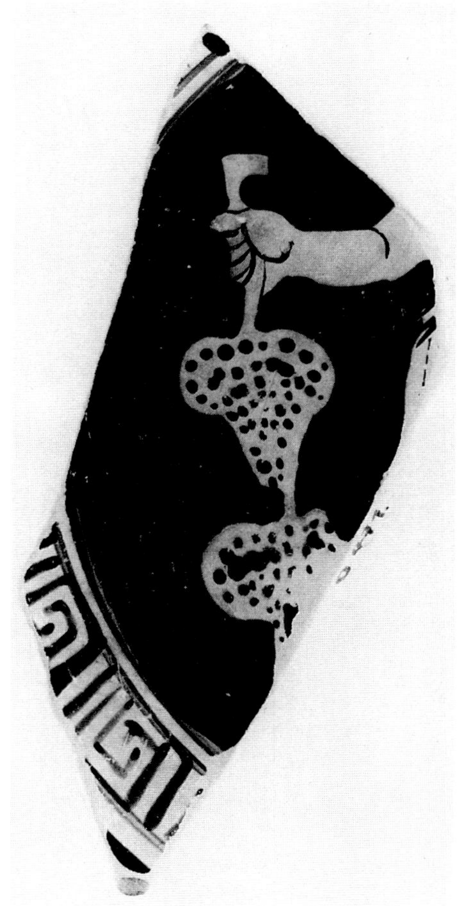

1 Kat. 36

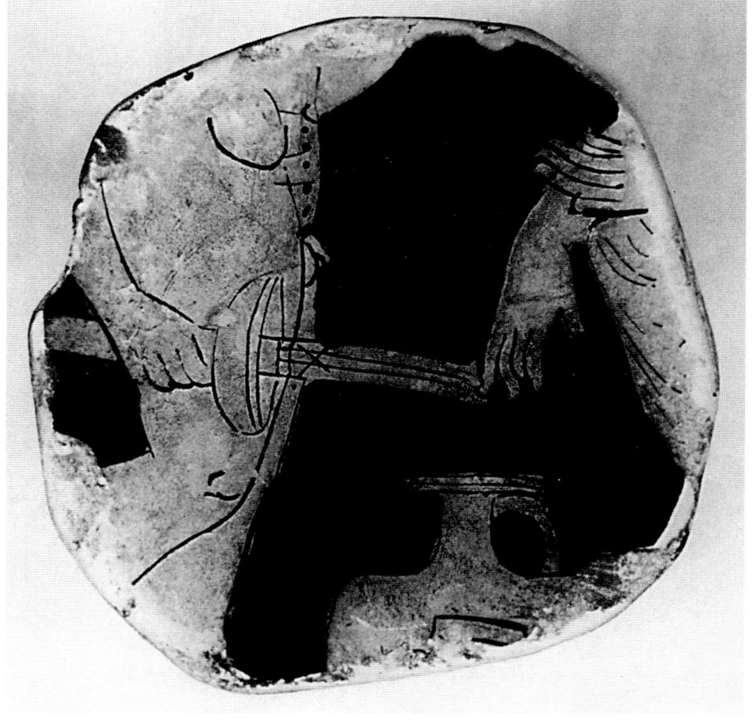

2 Kat. 82

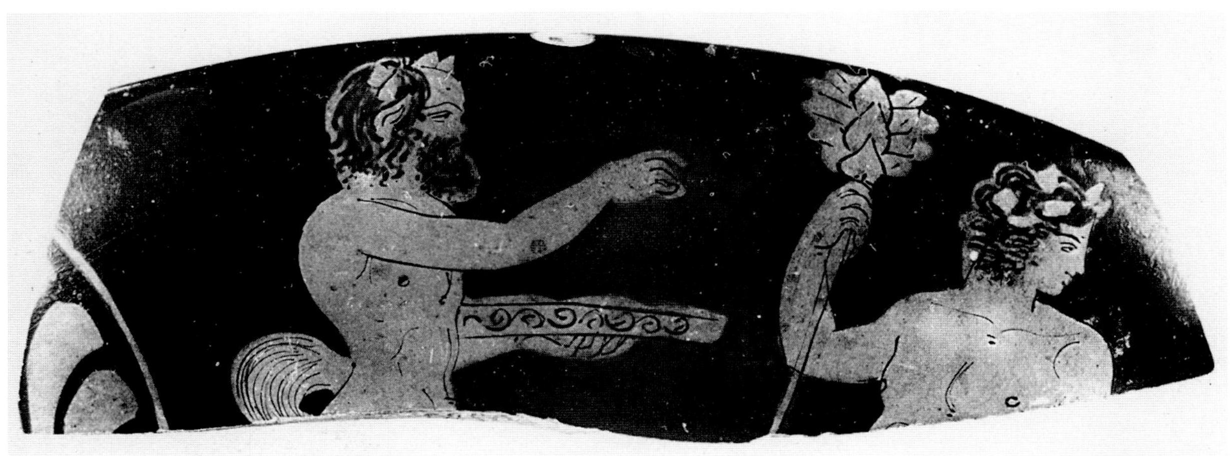

1 Kat. 42

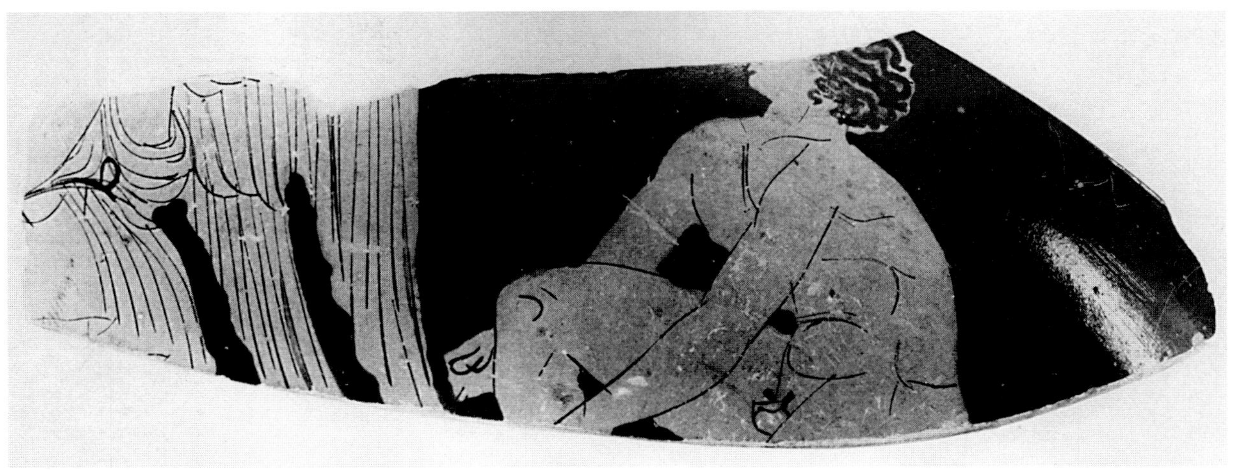

2 Kat. 43

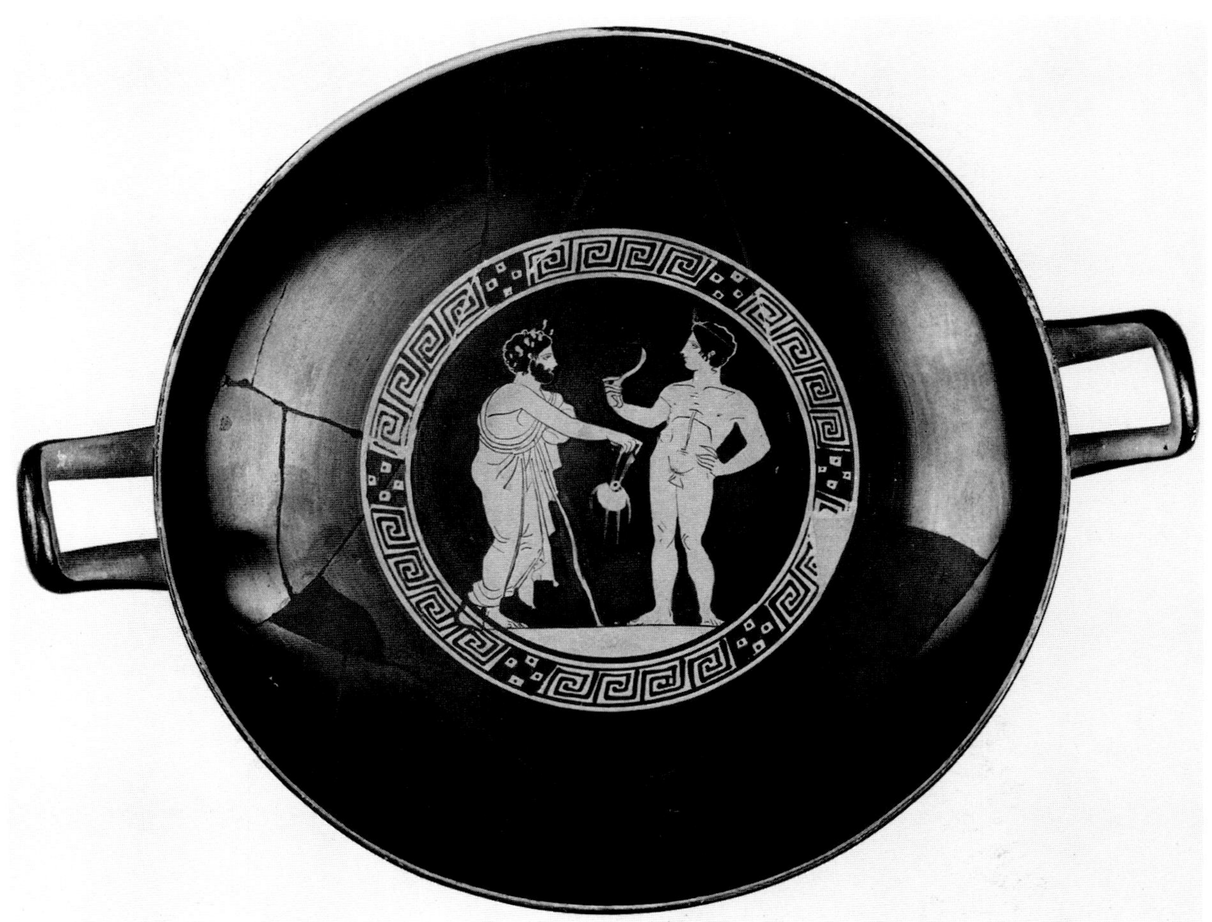

Kat. 86

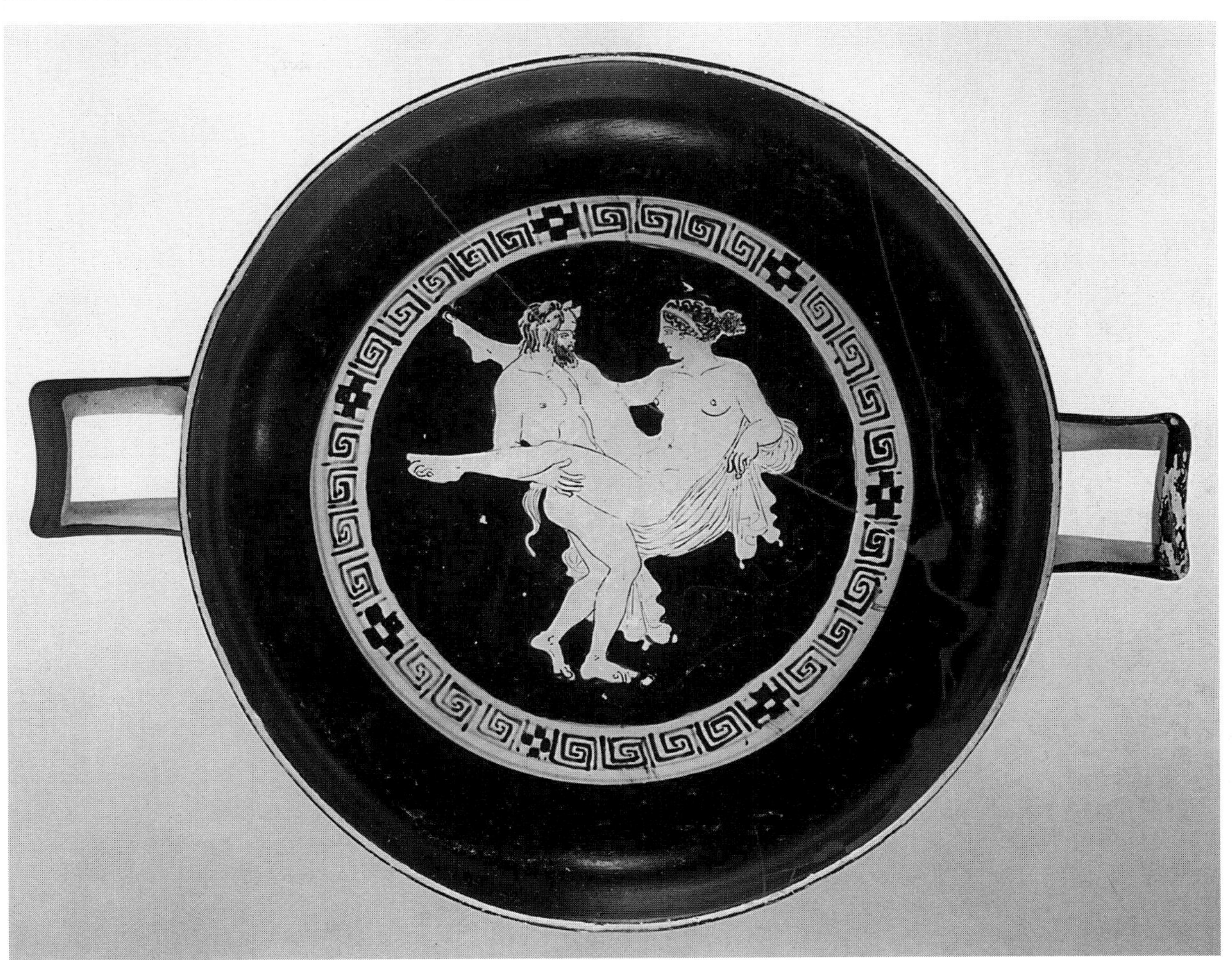

Kat. 87

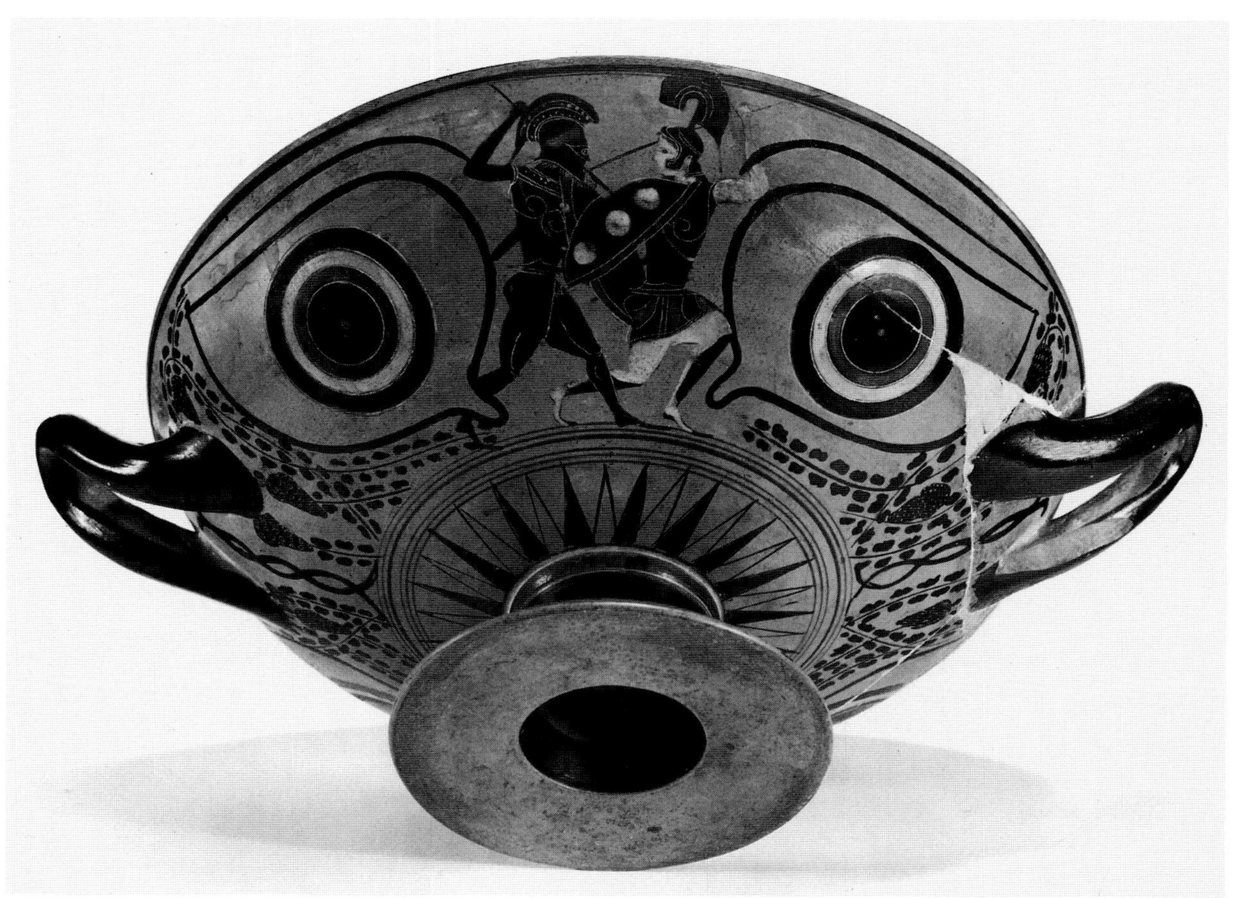

Kat. 88

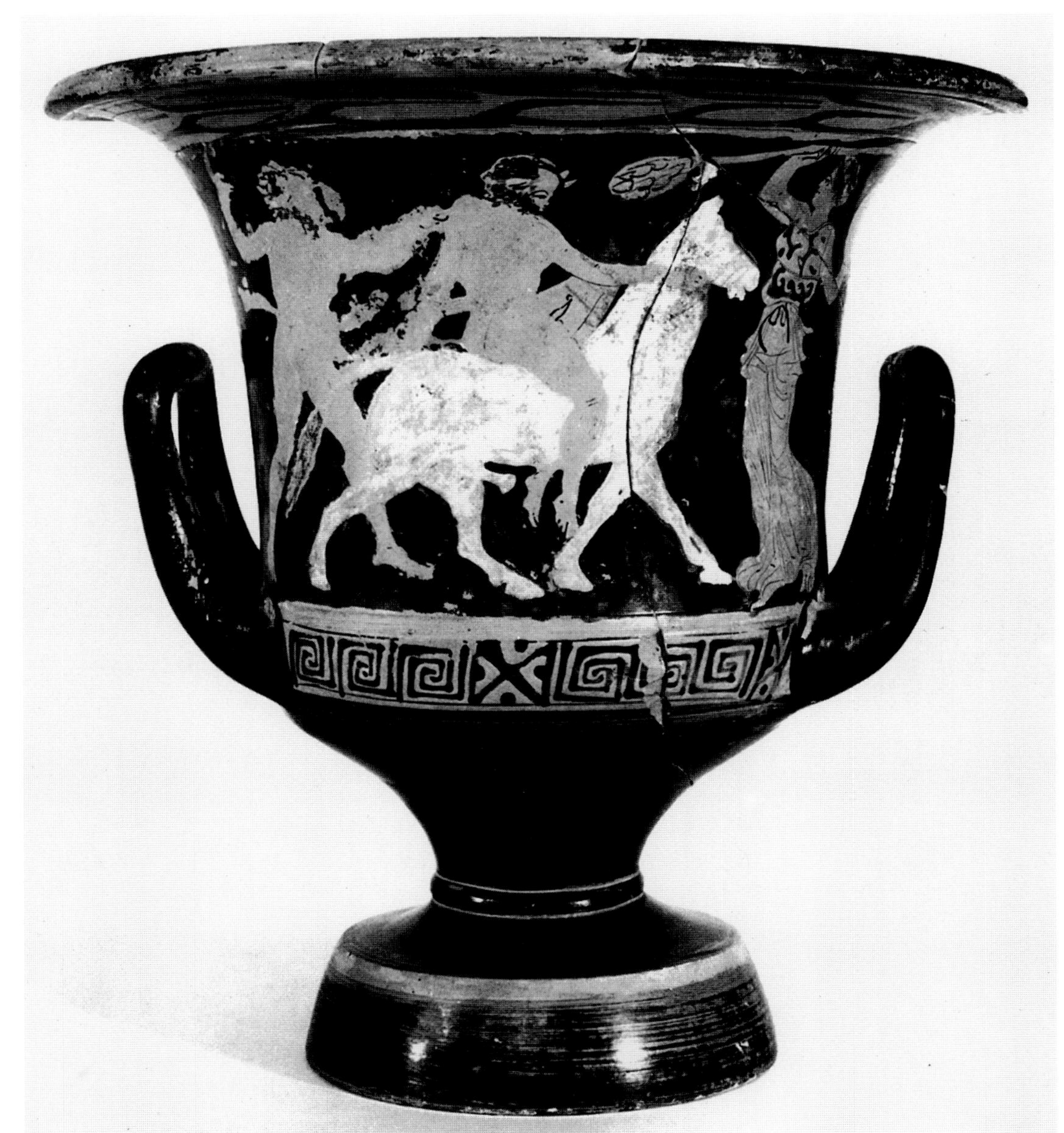

Kat. 95

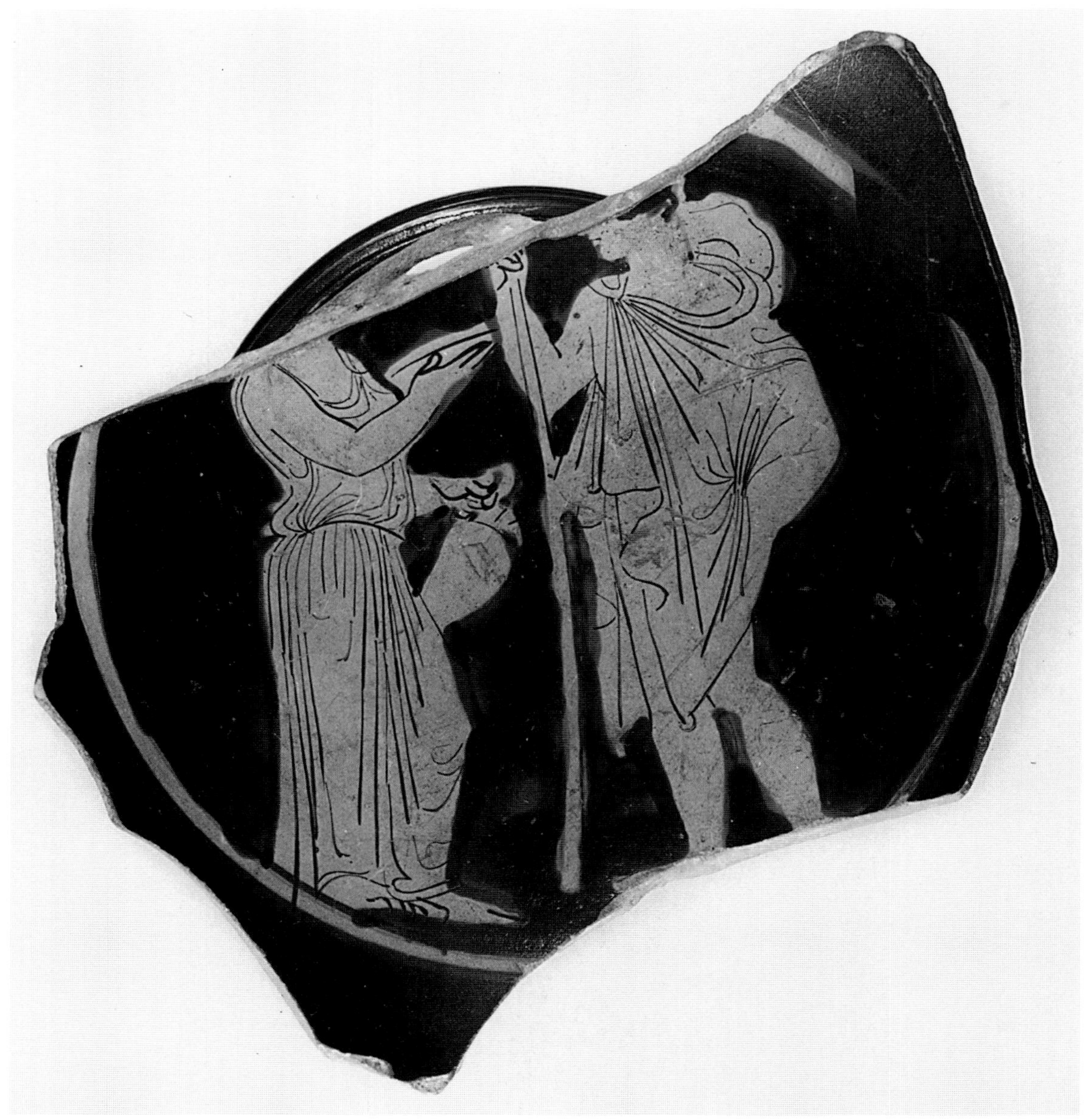

Kat. 99

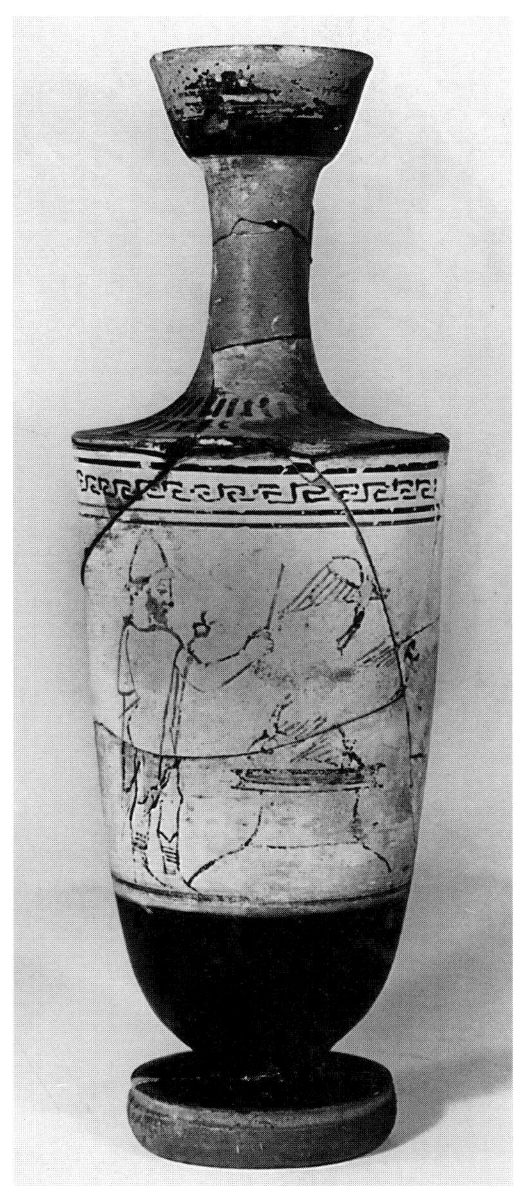

Kat. 101

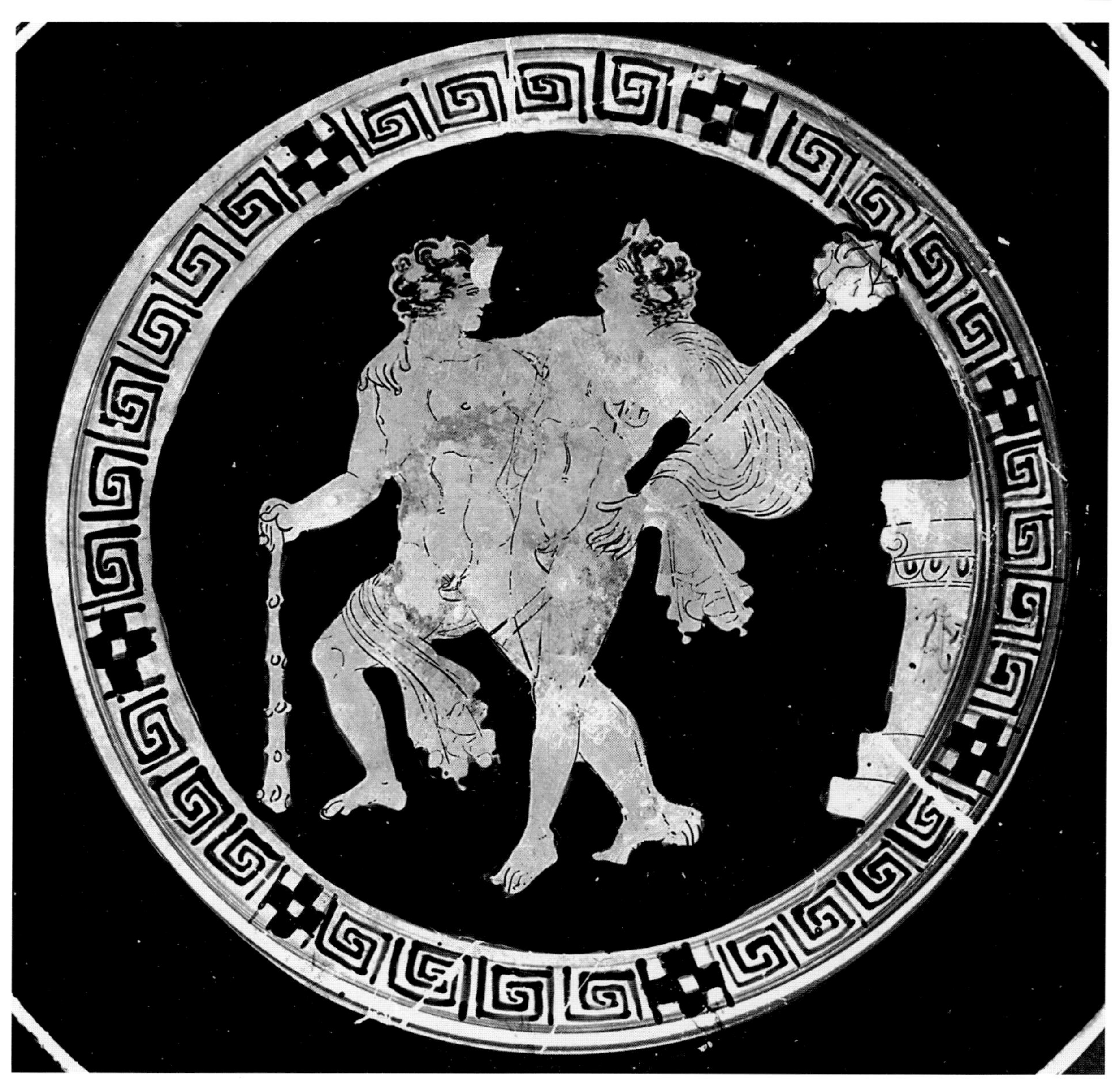

Kat. 103

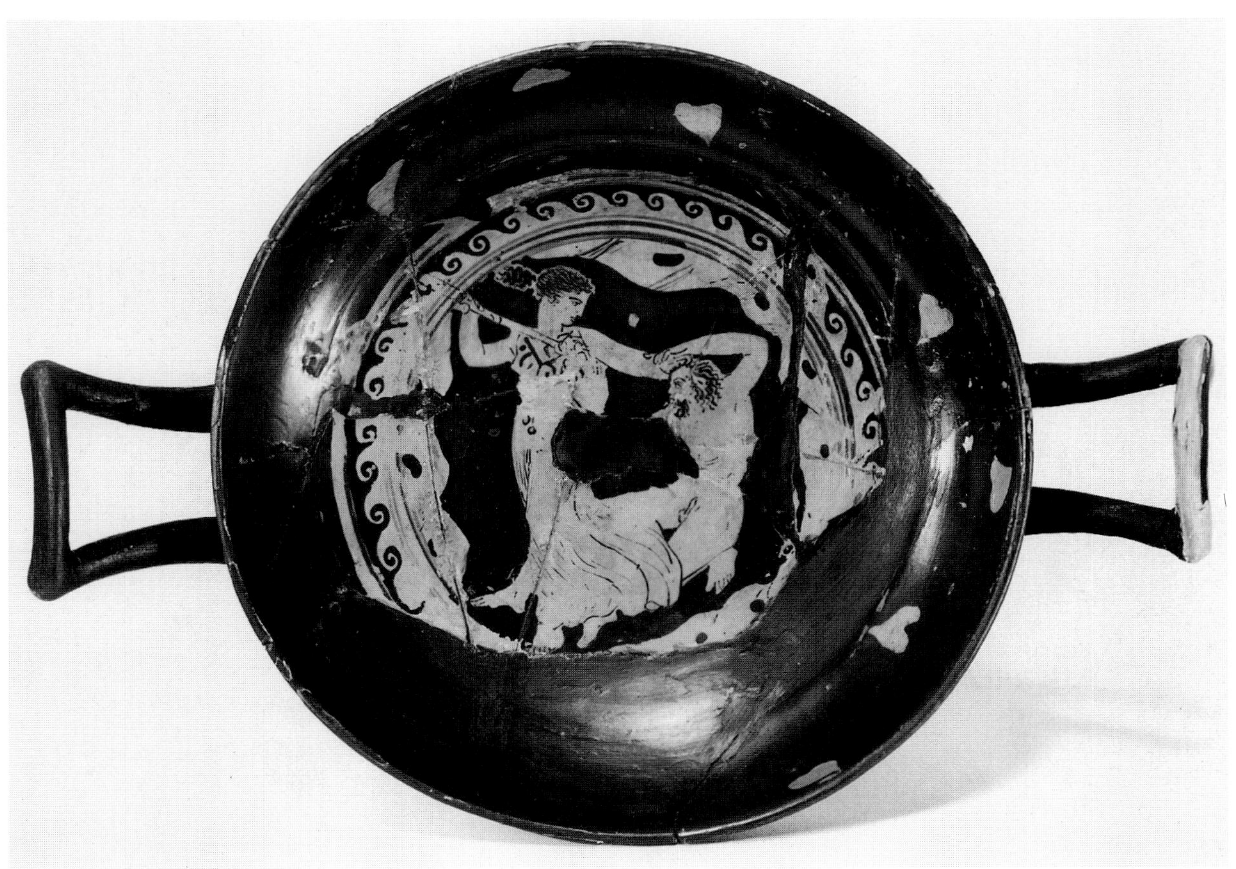

Kat. 107

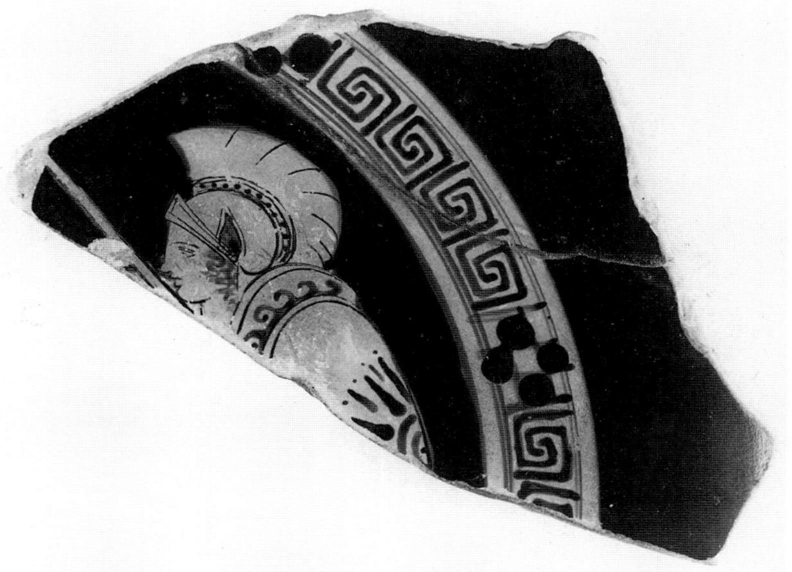

1 Kat. 105

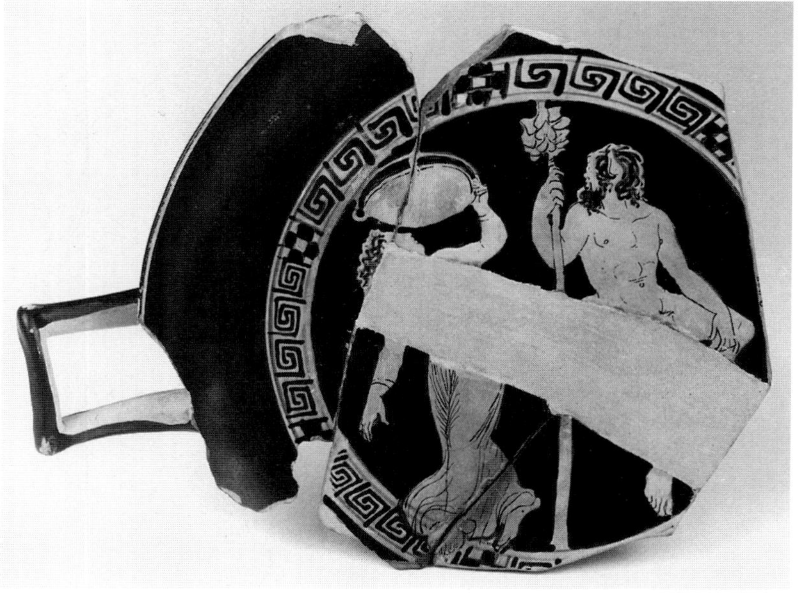

2 Kat. 108

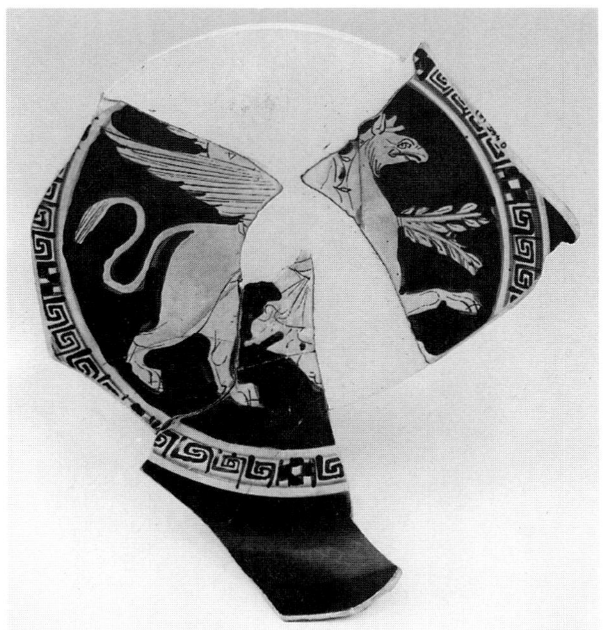

1 Kat. 110

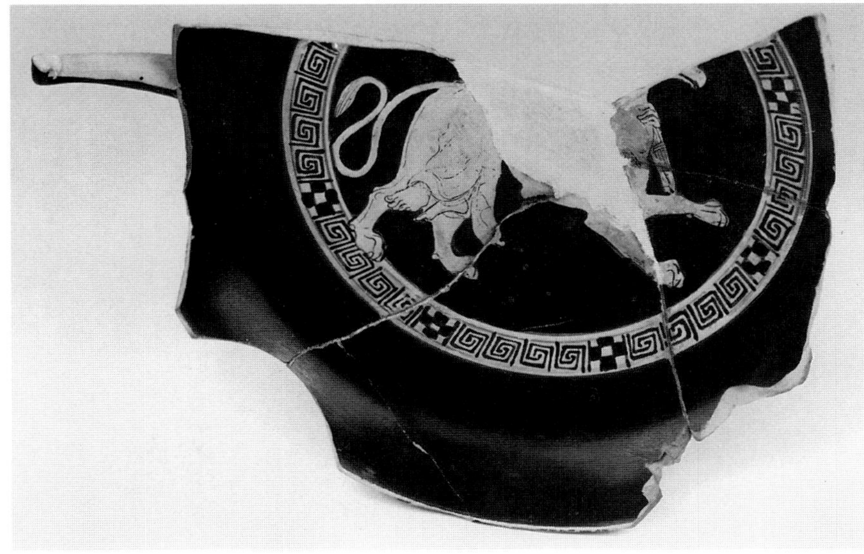

2 Kat. 111

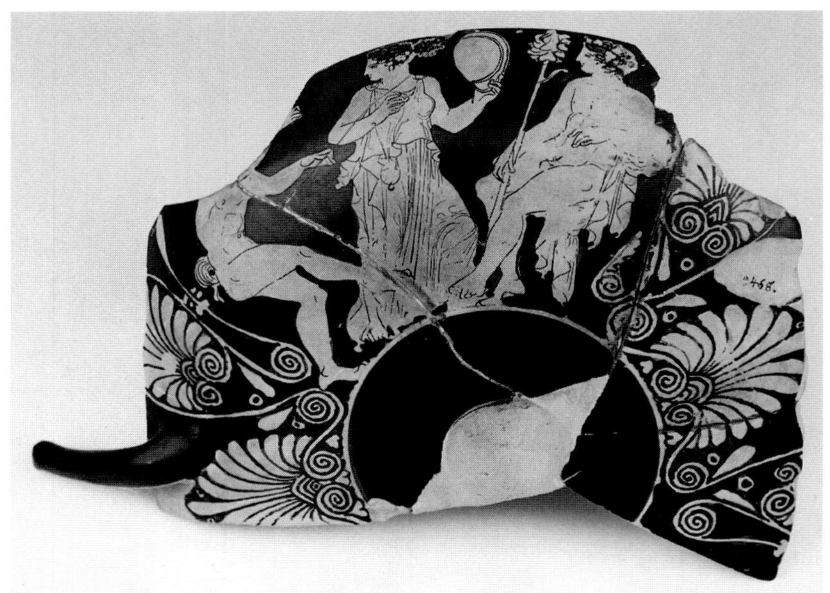

1 Kat. 111

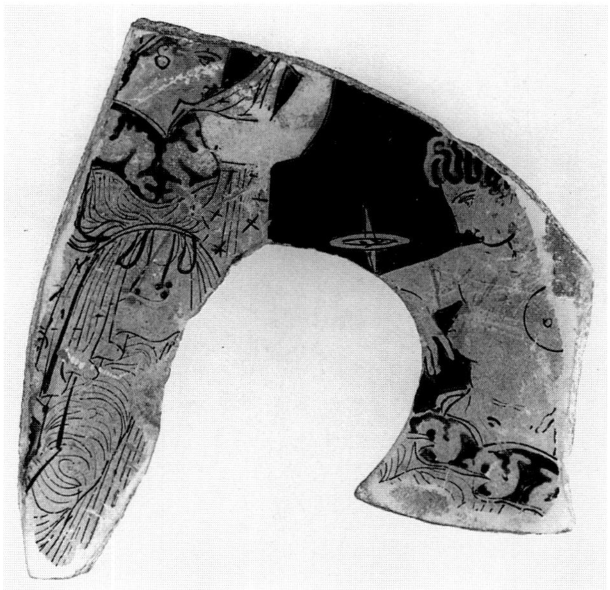

2 Kat. 121

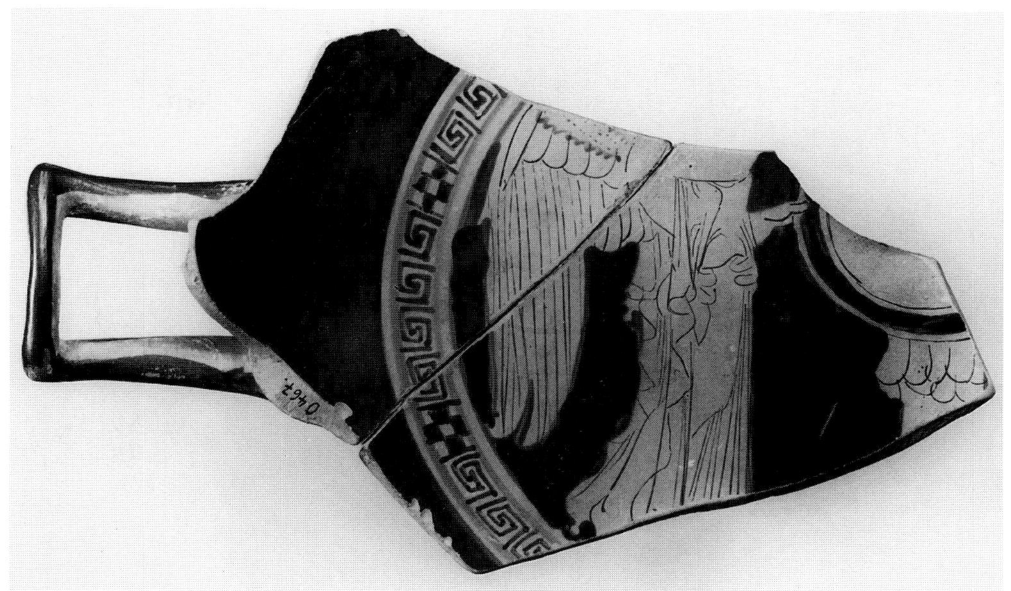

1 Kat. 112

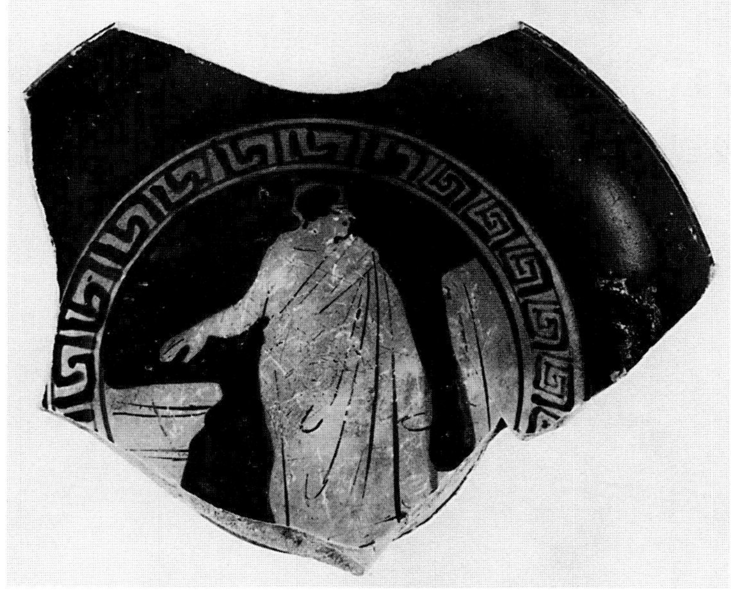

2 Kat. 115

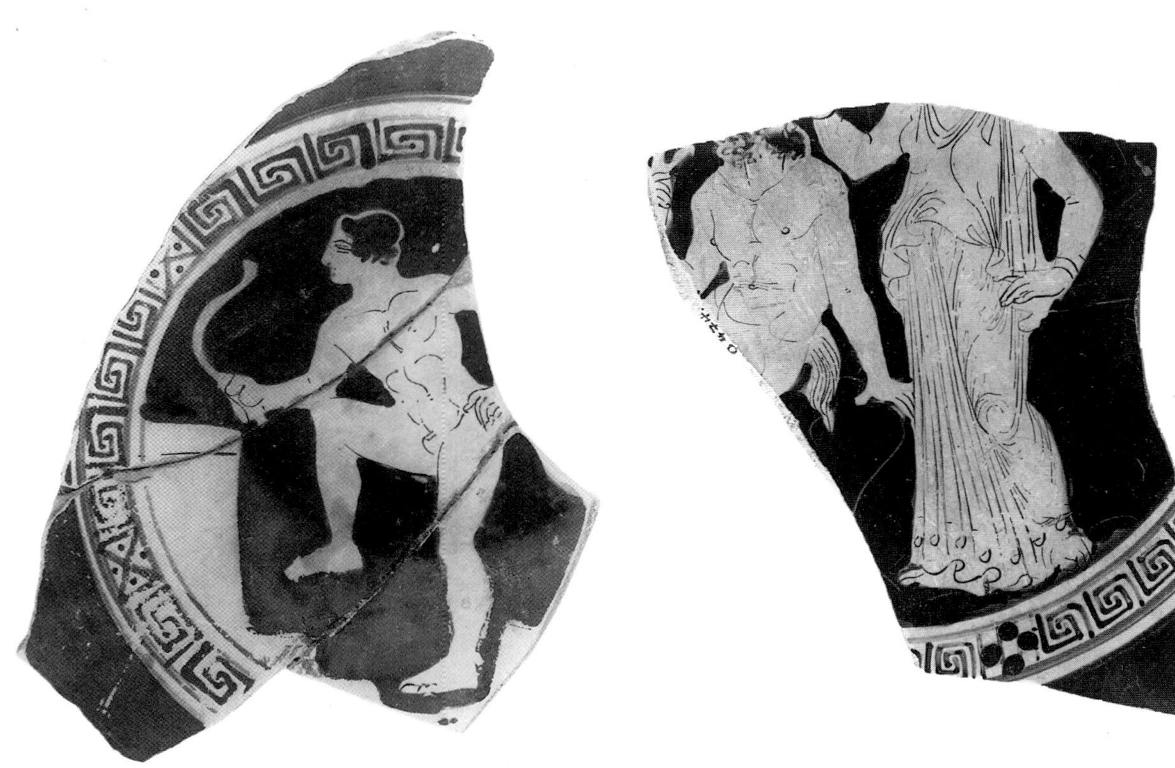

1 Kat. 118 2 Kat. 80